Os novos camponeses
Leituras a partir do México profundo

ARMANDO BARTRA VERGÉS

Os novos camponeses

Leituras a partir do México profundo

Tradução
Maria Angélica Pandolfi

Revisão técnica
Bernardo Mançano Fernandes
João Pedro Stédile
Silvia Beatriz Adoue

© 2011 Cultura Acadêmica
Título original: *Los nuevos campesinos*

Direitos de publicação reservados à:
Fundação Editora da UNESP (FEU)

Cultura Acadêmica
Praça da Sé, 108
01001-900 – São Paulo – SP
Tel.: (0xx11) 3242-7171
Fax: (0xx11) 3242-7172
www.culturaacademica.com.br
feu@editora.unesp.br

CIP–Brasil. Catalogação na fonte
Sindicato Nacional dos Editores de Livros, RJ

B296n

Bartra, Armando (Bartra Vergés), 1941-
  Os novos camponeses: leituras a partir do México profundo / Armando Bartra Vergés; tradução Maria Angélica Pandolfi; revisão técnica Bernardo Mançano Fernandes, João Pedro Stédile, Silvia Beatriz Adoue. – São Paulo: Cultura Acadêmica; Cátedra Unesco de Educação do Campo e Desenvolvimento Rural, 2011.

  Tradução de: Los nuevos campesinos
  Inclui bibliografia
  ISBN 978-85-7983-230-7

  1. Geografia agrícola – México – História. 2. Sociologia rural. 3. México – Condições rurais. I. Cátedra Unesco de Educação do Campo e Desenvolvimento Rural. II. Título.

11-8269.
CDD: 630.972
CDU: 63(09)(72)

Editora afiliada:

Sumário

Prefácio   VII
Apresentação   XIII

1 Economia política do campesinato   1
   As classes agrárias e o estatuto da produção camponesa   1
   A exploração do trabalho camponês pelo capital   11

2 Os camponeses em questão   65
   Sobreviventes: histórias na fronteira   65
   Marginais, polifônicos, transumantes: os camponeses do milênio   93

3 Êxodos   115
   A pátria peregrina   115
   Quando os filhos se vão: dilapidando o "bônus demográfico"   146

4 Identidades multinacionais   159
   Mesoamericanos: atualizando uma identidade coletiva   278

5 Camponeses em movimento   291
   As guerras contra o ogro: o movimento camponês mexicano
   entre dois séculos   291
   Morte e ressurreição do movimento camponês
   de autogestão   305

Referências bibliográficas   333

Prefácio

Bernardo Mançano Fernandes[1]

Este livro inaugura a série "Vozes do Campo", publicada pela Cátedra Unesco de Educação do Campo e Desenvolvimento Territorial, vinculada ao Instituto de Políticas Públicas e Relações Internacionais (IPPRI) da Universidade Estadual Paulista "Júlio de Mesquita Filho" – Unesp.

Este é o primeiro livro de Armando Bartra publicado no Brasil, país em que é pouco conhecido pela maior parte dos estudiosos, embora seja um dos principais teóricos do campesinato na América Latina. Isto se deve ao longo tempo em que as relações entre pesquisadores brasileiros com os de outros países latino-americanos eram escassas. Felizmente, nas últimas duas décadas, aumentaram consideravelmente os intercâmbios na região, o que também beneficia a produção científica.

Bartra tem se ocupado da questão agrária com uma abordagem transdisciplinar que abarca história, sociologia, ciência política e

---

[1] Coordenador da Cátedra Unesco de Educação do Campo e Desenvolvimento Territorial, vinculada ao Instituto de Políticas Públicas e Relações Internacionais (IPPRI) da Universidade Estadual Paulista "Júlio de Mesquita Filho" – Unesp.

antropologia, sendo a multidimensionalidade de seu enfoque um dos componentes mais provocativos de sua obra. Seu primeiro trabalho sobre a questão agrária é uma reflexão a respeito das classes sociais no campo mexicano, publicado em 1977, em *Cuadernos Agrarios*, do qual é fundador. Na época já chamava atenção para uma visão das classes rurais como cultura em movimento.

Recentemente, Bartra tem animado um profícuo debate e uma intensa polêmica sobre a condição camponesa, em que se alinha com a tendência *campesinista* do paradigma da questão agrária. A este respeito, destacamos duas contribuições: sua proposta sobre a teoria da renda da terra, em que desenvolve criticamente os estudos de Karl Marx sobre este tema e identifica a "renda ao contrário", chave econômica da reprodução do campesinato no capitalismo; e sua análise das mobilizações camponesas que comoveram o México na década de 1970. A ênfase nos estudos de mobilizações populares excêntricas, a partir da perspectiva das lutas de classes, aproximava o paradigma europeu dos novos movimentos sociais, embora Bartra se empenhasse na construção de um paradigma latino-americano.

Os anos 1990 colocaram em primeiro plano a questão indígena. Diferente de outros estudiosos que, depois de 1994, adotaram o neoindianismo como perspectiva político-conceitual, Bartra enfatizou a questão agrária de países colonizados: um mundo camponês e indígena, onde as questões de classes e etnia estão inextricavelmente entreveradas.

Nesta primeira década do novo século, Bartra tem se dedicado a estudar a emergência indígena latino-americana, aprofundando sua análise sobre a questão agrária de "Nuestra América", pesquisando a experiência boliviana e as propostas conceituais de um continente objeto de conquista, onde a opressão colonial se entrevera com a opressão de classe. Os protagonistas dessa mudança podem ser categorizados como "campesíndios". Ao aprofundar este *"abigarramiento"* ou a mescla de diversos povos, cores e classes em perspectivas multiescalar e multidimensional, Bartra adota o conceito de "grotesco" para designar não somente a realidade socioeconômica bizarra, mas também as insurgências populares em que o velho tem um embate com o novo e o passado ignora o futuro. É neste contexto que o mito coexiste com a utopia, dando às lutas populares do continente um caráter carnavalesco, que Bartra tem chamado de carnavalização da política.

Bartra nasceu em Barcelona, em 1941, mas vive no México desde 1948, onde estudou Filosofia na Universidad Nacional Autónoma de México, na qual ministra aulas e, desde 2008, é também professor e pesquisador da Universidad Autónoma Metropolitana – Xochimilco. Entre suas principais obras, destacamos: *El México bárbaro*, *Guerrero bronco*, *El capital en su laberinto*, *El hombre de hierro*, *Tomarse la libertad* e *Tiempo de mitos y carnaval*.

Para os estudiosos do campesinato, este é um livro instigante pela diversidade temática que apresenta e por desafiar o leitor com questões que exigem profunda reflexão sobre a atualização do conceito de camponês a partir das mudanças ocorridas na sociedade capitalista. Se para alguns pesquisadores é mais fácil entender que o camponês sucumbiu em meio ao processo de modernização da agricultura no capitalismo, para Bartra é muito mais fácil compreender como o campesinato reage a esse processo, renovando-se na sua recriação mediada por suas resistências e na subordinação ao capitalismo.

O México é uma referência importante para entender tais contradições por conta de sua rica história camponesa e indígena, como por exemplo: as ações ocorridas desde a Revolução Mexicana em 1910 ou o levante do Exército Zapatista de Libertação Nacional (EZLN), até 1994. Armando Bartra estuda o México profundo, expressão utilizada para se referir às realidades pouco conhecidas, de tempos de outrora até o presente e de espaços centrais até os territórios mais distantes. Estudo este realizado por meio da intensidade da análise com referencial teórico construído na elaboração do método e na aplicação da metodologia.

De fato, este é um livro profundo. Além de excelente pesquisador e teórico, Bartra é erudito. Na tradução, procuramos ser minuciosos com as expressões que explicam o campesinato mexicano. Essa condição foi fundamental para permitir correlações com a cultura camponesa brasileira, de modo a dar ao nosso leitor referências para compreender a riqueza da história, da organização e da cultura do campesinato mexicano.

Com este livro, os estudiosos brasileiros são apresentados a um novo aparato teórico para comparar as realidades do campesinato, tanto por suas semelhanças quanto por suas diferenças. Nesta série, publicaremos livros sobre a questão agrária de outros países, como Cuba, Bolívia, Argentina, Paraguai, Uruguai, Colômbia etc., que, em certa medida, contribuirão para ampliar as análises e aproximar os pesquisadores da questão agrária latino-americana.

O leitor certamente verá uma relação do pensamento de Bartra com os de três estudiosos brasileiros do campesinato: Manuel Correia de Andrade, José de Souza Martins e Ariovaldo Umbelino de Oliveira. As temáticas deste livro – como a renda da terra, economia política do campesinato, lutas de classes e formas de resistência e recriação, a migração e o futuro do campesinato – foram estudadas profundamente por esses pesquisadores.

Esta obra rompe, ainda, com o preconceito popular e teórico contra o camponês, que o define como sujeito atrasado, ignorante e sem perspectivas. No capítulo "Camponeses em movimento", o autor discute o que denomina "As guerras contra o ogro: o movimento camponês mexicano entre dois séculos", em que analisa as trajetórias dos camponeses na construção de suas identidades por meio de relações controversas que revelaram seus limites e possibilidades, ao mesmo tempo que se revelam como importantes protagonistas da história mexicana.

É nesse contexto que Bartra apresenta seu entendimento do campesinato, que não pode ser reduzido apenas a produtor agrícola, nem mesmo a uma família ou a uma comunidade, mas a um complexo sistema de relações socioterritoriais que supera a relação campo-cidade e, muito mais, extrapola as relações internacionais, quando estuda as relações dos migrantes mexicanos nos Estados Unidos, como comunidade transterritorial formada pelos migrantes e suas famílias, que partiram, mas não foram esquecidos.

Bartra privilegia, em sua análise, os êxodos, as identidades multinacionais dos camponeses em movimento. Ele contempla o novo camponês em um turbilhão de destruição, exploração e expropriação. No entanto, para entender esse processo, Armando inicia o livro com um capítulo teórico sobre a economia política camponesa com base no materialismo histórico dialético, em que analisa as classes, estatuto da condição camponesa e a exploração do trabalho camponês pelo capital.

Esse capítulo é fundamental para a compreensão da existência do campesinato no capitalismo. Hoje são poucos os professores que trabalham esse tema nas universidades, por causa do predomínio do paradigma do capitalismo agrário que defende a ideia da inexistência da questão agrária. Essa postura tem criado uma lacuna na compreensão do papel fundamental dos camponeses para o desenvolvimento do país.

No capítulo "Os camponeses em questão", Bartra discute de que maneira resistem os sobreviventes nas fronteiras da história, como marginais, polifônicos e transumantes, em suas palavras: os camponeses do milênio. Por meio desta leitura, o autor inova ao apresentar sua visão sobre o campesinato mexicano, que com sua história torna-se uma referência de resistência para seus irmãos campesinos, ou campesíndios, noutro novo conceito.

Muitos estudiosos do campesinato desistiram de estudá-los, porque foram desafiados pela história em interpretar as mudanças e continuar explicando esse sujeito que não se enquadra, que não sabe que tem um fim determinado pela teoria que não o aceita no mundo moderno. Que só consegue vê-los no passado. Armando Bartra constrói um corpo teórico que possibilita ver as perspectivas do campesinato neste século XXI, formada por desafios, pela morte e pela ressureição desse sujeito impertinente.

Com esta obra, Bartra desafia os monopólios do saber e democratiza o conhecimento, construindo interpretações que nos aproximam dos camponeses e indígenas da América Latina, tomando como base as experiências da Mesoamérica que liga mundos desiguais e tão próximos.

Prezado leitor, se até hoje você teve dificuldades para entender o campesinato, Armando Bartra escreve de forma tão esclarecedora que certamente o ajudará a avançar em sua compreensão. Mas este não é um livro fácil, e como toda obra consistente, exige dedicação e reflexão.

Boa leitura.

Fevereiro de 2013.

Apresentação

> Tantas vítimas deram meus currais, tanto queijo suculento levei para a cidade ingrata e nunca pude retornar dela com a bolsa cheia.
>
> Virgílio, *Bucólicas*, 40 a.C.

Para a tarefa de esboçar intelectualmente o esquivo poliedro que, para não nos afastar do conhecido, continuamos a chamar de camponês, não nos servem reducionismos econômicos, sociológicos ou antropológicos. No entanto, são *úteis* as aproximações múltiplas, disciplinarmente complementares e sempre provisórias; espécie de infinitude de estratégias alternativas, que se satisfazem em chegar o mais perto possível de uma realidade sempre fluente e evasiva. Nesse ofício, as definições – essas vazias e rígidas primas dos conceitos – servem apenas para comprovar que a realidade era mais variada e complexa do que quando a tomamos, além de já ter mudado. Aquele que procura definições breves, acabadas e definitivas, equivocou-se de livro.

Mas fluidez ou fugacidade não significam inconsistência ou falta de raízes. Extremamente diversificados, os camponeses compartilham discretos sinais de identidade: um certo ar familiar que lhes permite o reconhecimento mútuo em festas sociais e a capacidade de conspirar além de oceanos e continentes, superando diferenças abismais de cultura, sociabilidade e tecnologia. Obrigatoriamente inquietos, pois de outra maneira naufragariam em um mundo instável e constantemente fatal, os camponeses permanecem, não tanto por suas supostas invariáveis mas, sobretudo, por seu modo de se transformar, por valores e projetos implícitos em suas múltiplas e complexas estratégias de sobrevivência.

Paradoxalmente, quando as Ciências Sociais enfatizam as mudanças da ruralidade – às vezes "descobrindo" novidades duvidosas que, na verdade, não são tão novas assim – é mais pertinente recontar o que persiste, porque resiste, do que valorizar aquilo que teima em se sobrepor a sucessivos vendavais políticos, sociais, técnicos e até civilizatórios. O que sobra, quando o resto se desvanece no ar, é um escarnecido sujeito coletivo tributário de uma contradição de prolongada vigência histórica e portador de uma profunda racionalidade específica. Este que, como escreveu Virgílio há mais de 2 mil anos, nunca consegue voltar da cidade com a bolsa cheia.

Há tempos a Coca-Cola deixou de ser uma e única. Hoje, a palavra de ordem é diversidade. No âmbito mais generoso e legítimo das ciências e dos movimentos sociais ou socioterritoriais, o reconhecimento do plural é mais valorizado do que a pretensa uniformidade, seja conceitual ou política. Assim, há camponeses clássicos, associativos, originários, neorrurais, polifônicos, intermitentes, virtuais, nômades, exilados, multinacionais e vocacionais (aqueles que ainda não o são, mas desejam ser). Portanto, contra o que postulava o velho paradigma burguesia-proletariado – que desejava vê-los mundialmente uniformizados, alguns de cartola, outros de macacão – o campesinato não é uma ex-classe que hoje se desagrega e se dissipa em sua diversidade centrífuga; ainda que abandonado por alguns, é um movimento vigoroso e centrípeto, possui uma identidade polifônica sempre em construção e cuja força reside precisamente na união dos diferentes.

Os processos de diferenciação econômica, social e cultural não são incompatíveis com a convergência política dos plurais. Como exemplo temos a Via Campesina, uma rede mundial que abrange diversos agricultores de todos os continentes, desde o francês José Bové ao guatemalteco Juan Tinei; a Coordenação Latino-Americana de Organizações do Campo (Cloc), que abrange organizações rurais de mais de vinte países, incluindo o brasileiro Movimento dos Trabalhadores Rurais Sem Terra (MST), no qual militam camponeses recentemente assentados, mas também e, sobretudo, protocamponeses atualmente sem terras, que alimentam sua vocação agrária em combativos acampamentos; o Movimento Indígena e Camponês Mesoamericano (Moicam), formado por agrupamentos da América Central e de parte da América do Norte, que inaugurou o terceiro milênio reinventando a Mesoamérica pré--colombiana como espaço atual de encontro, luta e integração de seus povos. No México, há o movimento O Campo não Aguenta Mais!, que extraiu sua energia, legitimidade e veia propositiva da enorme diversidade geográfica, econômica, étnica, gremial e política das organizações que o formaram. Tudo isso porque a força da unidade está na diversidade.

Os nove ensaios que compõem este livro foram publicados antes em livros e revistas. Escritos ao longo de trinta anos, são o testemunho de uma prolongada vocação "campesinista". Para a presente edição, decidi reuni-los em cinco capítulos: no primeiro estão os textos mais antigos que, como sinal dos tempos, privilegia a abordagem econômica; o segundo reúne trabalhos mais recentes e de caráter socioantropológico que buscam atualizar o conceito de campesinato, o qual no fim do século XX foi assediado pelas políticas preconizadas pelo "Consenso de Washington"; o terceiro capítulo trata da crescente migração austral dos trabalhadores rurais, mas também dos urbanos, aqueles que a transformação neoliberal deixou sem futuro em seus próprios países; no quarto, aborda-se a globalização plebeia, não a econômica que vem em direção ao Norte, mas a política que vislumbra o Sul em uma perspectiva coletiva, de refundação e utópica; finalmente, o último capítulo, que dá conta das vicissitudes do movimento camponês mexicano desde os anos 1920 até o início do novo milênio, tem o propósito de esclarecer o curso e a lógica das lutas agrárias nesse país, ao mesmo tempo que desvela a referência social que, implícita ou explícita, está presente nos demais ensaios. Porque, na hora da verdade, somente é possível falar do camponês a partir de sua própria militância.

ECONOMIA POLÍTICA DO CAMPESINATO

As classes agrárias e o estatuto da produção camponesa

Certamente Marx não esgotou o estudo do problema camponês tal como este se apresenta no sistema capitalista mundial altamente desenvolvido. No entanto, defendo que não podemos empreender um estudo do campesinato do século XX sem tomar como ponto de partida o estudo de Marx. Desse modo, sem o apoio de uma compreensão crítica da economia capitalista, nada podemos dizer sobre uma economia camponesa que se reproduz submetida à lógica do capital global. Em relação ao problema específico da pequena e média produção rural, acredito que Marx contribuiu com os elementos teóricos fundamentais, ainda que não tenha trabalhado todos aqueles necessários à sua compreensão. Nesse sentido, contesto também a interpretação que considera os questionamentos de Marx sobre a produção das unidades camponesas uma simples metáfora.

No tomo III de *O capital*, Marx analisa o camponês a partir da perspectiva do capital em seu conjunto e do processo global de produção-circulação. Ao falar da produção camponesa, Marx está falando de um elemento inserido na reprodução do capital global, um elemento atípico, pode-se dizer, mas que de nenhuma maneira se reproduz de forma independente e com uma lógica própria. A partir dessa perspectiva, qualificar de "capital" os meios de produção nas mãos dos camponeses, definir uma parte do excedente que é transferido como "lucro que deixa de receber" e, finalmente, qualificar sua renda como um "salário autoconsignado" é a única abordagem correta e está longe de ser uma metáfora.

No capitalismo, todo produto lançado no mercado assume a forma de mercadoria capitalista independentemente do processo específico de produção que lhe deu origem. Dessa mesma maneira, a partir de uma perspectiva do capital global, todo meio de produção inscrito em seu ciclo aparece como "capital", independentemente de sua forma de apropriação específica ser ou não capitalista. Por último, sob o ponto de vista do capital global, todo rendimento que se destina ao consumo do trabalhador direto forma parte do capital variável total e é parte constitutiva dos "salários", seja qual for a forma em que tenha sido obtido.

Nesse sentido, se não entendermos que os meios de produção – mesmo aqueles que estão nas mãos do camponês – se reproduzem pela dinâmica do capital e que todo excedente cedido pelo trabalhador direto – seja ele operário ou camponês – transforma-se em mais-valia capitalizada, e se também não entendermos, enfim, que todo rendimento orientado ao consumo do trabalhador funciona como parte do capital variável global, não entenderemos nada.

Mas também é certo que se ficarmos presos a essas regras não conseguiremos passar das determinações mais gerais da reprodução camponesa inserida no capitalismo. Isso porque, em uma perspectiva imanente, os meios de produção do camponês não são considerados como capital. Além disso, o mecanismo por intermédio do qual o camponês "deixa de receber o lucro" e se "autoconsigna um salário" pode funcionar, precisamente, porque no interior da unidade socioeconômica camponesa não atuam as categorias de salário e lucro. A tarefa de estabelecer a especificidade imanente dessa unidade socioeconômica está, em grande parte, por realizar-se. Assim, Marx tem razão, ainda que não a tenha completamente, porém a única forma de desenvolver uma teoria do campesinato é partindo de Marx e não o negando. Grande parte das confusões em torno do caráter da produção camponesa dentro de uma formação social capitalista surge do enfoque metodológico com o qual se aborda a questão. Afirma-se, com certa frequência, que o camponês tradicional, proveniente de outro modo de produção, sofreu uma série de mudanças ao ser absorvido progressivamente pelo capitalismo. O problema é tratado, assim, a partir de um enfoque histórico-genético, mostrando os processos de dissolução que operam sobre o universo camponês quando subsumido por um modo de produção diferente daquele que o gerou. Em minha opinião, essa forma de enfrentar o problema conduz a um beco sem saída. Por isso proponho aqui algumas premissas para um enfoque alternativo:

1. A teoria de um modo de produção é a teoria da lei básica que preside sua reprodução, o que implica não apenas sua formulação geral e abstrata, mas também o desenvolvimento de suas determinações, ou seja, a explicação das mediações e contradições por meio das quais opera.
2. Ao compreendermos dessa maneira a teoria de um modo de produção, verificaremos que a teoria de uma formação social não pode ser a teoria da articulação de dois ou mais modos de produção, um deles sendo dominante. Em uma formação social unitária, a lei econômica básica que preside sua reprodução é somente uma e, dessa forma, o que diferencia uma formação social capitalista de outra são exclusivamente as mediações específicas por meio das quais opera sua lei econômica básica.
3. O que frequentemente são considerados "modos de produção subordinados ao capitalismo dominante" não são mais do que relações socioeconômicas (formas de produção ou circulação, relações jurídicas, políticas ou ideológicas etc.) excêntricas, ou seja, em si mesmas não capitalistas e que, no entanto, se reproduzem por meio da operação do modo

de produção capitalista. A condição de possibilidade de sua existência somente pode ser explicitada pela teoria do modo de produção dentro do qual tais relações são reproduzidas e não por aquela relacionada aos modos de produção diferentes ou anteriores.

4. As relações socioeconômicas em si mesmas "não capitalistas" são, onde o capitalismo é dominante, produto do capitalismo e fator de sua reprodução. Independentemente de terem existido antes de seu domínio ou se historicamente criadas por ele, podemos afirmar que elas são, em um sentido lógico, resultado do capitalismo e, portanto, somente podem subsistir se o capitalismo as reproduz.

5. A existência da pequena e média produção agropecuária nas sociedades capitalistas deve ser explicada logicamente por meio da operação da lei econômica básica do capitalismo. Nesse nível de análise, os conceitos de "herança histórica" ou "remanescentes do passado" são improcedentes, pois querem dar uma solução histórico-genética a um problema lógico-estrutural.

6. O estudo lógico-estrutural de uma formação social que se reproduz pela operação de um modo de produção e através de mediações específicas deve ser coerente dentro de seu nível de análise e não se utilizar de "muletas" histórico-genéticas para resolver dificuldades teóricas. Mas esse fato não significa que tal estudo torne desnecessária a análise histórica; em primeiro lugar, porque somente esse enfoque reconhece as premissas sobre as quais se operou a lei econômica básica; em segundo lugar, porque o comportamento político e ideológico das classes não se origina exclusivamente de seu papel na reprodução do modo de produção, mas também do processo de sua gênese histórica. A reprodução de uma formação social não pode ser explicada com argumentos histórico-genéticos (ainda que se apoie em premissas de origem histórica), da mesma maneira que os processos históricos não podem ser explicados apenas como

resultado da operação dos modos de produção (ainda que estes constituam sua base material).
7. A mesma afirmação, em termos de classe, significa que a existência atual de uma classe social não pode ser explicada por razões de inércia histórica e como herança do passado. Ao contrário, é necessário mostrá-la como *constituída* pela operação do modo de produção imperante. Mas, ao mesmo tempo, a existência de um determinado modo de produção não se justifica simplesmente como resultado mecânico de sua reprodução ou como efeito automático da crise e da transição dos modos anteriores, pois, ao contrário disso, é necessário mostrá-lo também como algo *constituído* por um processo de luta de classes. Em síntese, as classes são *constituídas* pela operação de um modo de produção, mas, ao mesmo tempo, são *constituintes* ou dissolventes desse mesmo modo de produção em um sentido histórico.
8. A pequena e média produção camponesa atual é produto da reprodução do capitalismo e está submetida à operação de sua lei econômica básica: a máxima valorização do capital. No caso específico do México, parte dessa produção camponesa foi "criada" pela reforma agrária pós-revolucionária e a outra parte gerada pelas necessidades de um capitalismo colonial e neocolonial. Em ocasiões excepcionais, essa produção pode ter se originado diretamente das formações sociais anteriores à chegada do conquistador espanhol Hernán Cortés – tudo isso no sentido de sua gênese histórica. No entanto, independentemente de sua origem, em todos os casos ela é permanentemente refundada pelas necessidades mutantes do capitalismo. Dessa maneira, o campesinato mexicano de hoje é um produto da reprodução do capitalismo atual no país.
9. Em outro sentido, o atual capitalismo mexicano é produto da luta de classes e, em particular, de um processo social de guerra camponesa que criou algumas de suas premissas específicas. Os atuais camponeses mexicanos são resultados

de sua própria luta ao mesmo tempo que, estruturalmente, são reproduzidos pelo capital a serviço das necessidades da burguesia mexicana (cuja forma peculiar de hegemonia provém das premissas específicas que, entre outros fatores, a correlação de forças entre as classes lhe impôs).

10. A reprodução da pequena e média produção camponesa dentro do capitalismo mexicano explica-se por uma dupla articulação lógica com as necessidades de reprodução ampliada do capitalismo dependente:

a) constitui uma alternativa ao monopólio capitalista da terra e da produção agropecuária, cuja função é impedir a formação de lucros exorbitantes para o ramo em seu conjunto (renda diferencial como "pagamento a mais"). Além disso, a influência da produção agropecuária de origem camponesa sobre os preços permite uma transferência de valor a outros setores, o qual flui em sentido inverso àquele que a renda teria (inversão do rendimento como "pagamento a menos"). A existência da produção camponesa tem esses efeitos simplesmente ao colocar um limite à produção agropecuária capitalista, limitando seu monopólio sem necessidade de suprimi-la e, inclusive, propiciando uma parte dos grandes lucros da empresa; uma espécie de lucro excessivo que, todavia, não implica necessariamente, nos termos desse setor, em um "pagamento a mais".

b) Regulamenta o abastecimento da força de trabalho requerida pelos capitais agrícola e industrial, e colabora, de maneira importante, para sua reprodução. Essa função é cumprida tanto ao assegurar a subsistência e a disponibilidade dos assalariados agrícolas de tempo parcial, como ao garantir a transferência de força de trabalho adulta e já formada para o setor industrial (o qual, ao mesmo tempo, possibilita a presença de um exército de reserva que permite manter os baixos salários da indústria). O autoconsumo global, incluindo o rendimento obtido pelo trabalho assalariado de tempo parcial entre os camponeses, permite a reprodução integral e permanente de um trabalhador cuja capacidade de trabalho é utilizada apenas parcialmente pelo capital e cujo custo de reprodução total seria oneroso ao capital assumir. Essa contradição explica-se pelas distorções do desenvolvimento capitalista dependente, mas também pela especificidade do sistema de trabalho agropecuário e suas necessidades descontínuas de força de trabalho.

As duas funções anteriores reconhecem a reprodução da pequena e média produção agropecuária, tanto em seus aspectos mercantis como de autoconsumo, devido a razões econômicas e estruturais. No entanto, é necessário levar em conta que o capitalismo não opera como uma entidade autoconsciente capaz de programar suas necessidades estratégicas de reprodução. Nesse sentido, é primordial reconhecer que na fixação das modalidades de existência dos camponeses e na definição das características de seu processo de dissolução-reprodução tem um papel decisivo a sua capacidade real ou potencial de resistência política, produto, em parte, de sua recente origem histórica.

11. A produção camponesa no México constitui, assim, uma forma específica de exploração do trabalho pelo capital (adequada às necessidades de acumulação de um capitalismo dependente) que permite evitar o lucro agrário excessivo que derivaria do monopólio capitalista absoluto sobre a produção agropecuária. Também evita o custo da formação de uma parte importante da força de trabalho adicional que a indústria requer e que emigra do campo já adulta e, finalmente, evita o desperdício do capital variável que as necessidades irregulares de mão de obra imporiam se esta tivesse que ser sustentada integralmente pelo capital.

Assim, pode-se concluir que em um capitalismo em que os processos típicos de produção da grande indústria são minoritários, bloquear a plena subsunção formal do trabalho ao capital (subordinação que pressupõe a transformação de todos os trabalhadores em assalariados) é uma forma de evitar a irracionalidade que representaria para o sistema uma subsunção formal do trabalho pelo capital sem a correspondente subsunção real.

Uma vez estabelecidas as funções estruturais que tornam possíveis a existência e a reprodução da economia camponesa a serviço da acumulação do capital e assinaladas algumas das razões pelas quais essa possibilidade se faz efetiva, resta-nos somente tecer algumas observações sobre os efeitos dessa base estrutural, sobre a configuração das classes exploradas no campo mexicano:

1. Os assalariados agrícolas permanentes e uma parte substancial do proletariado industrial são de origem camponesa recente, como uma pequena parte da burguesia agrária é proveniente de pequenas e médias explorações camponesas que desenvolveram processos de acumulação. Isso significa, sem dúvida, que no campo mexicano são desenvolvidos mecanismos de descamponização. Entretanto, esta drenagem demográfica nos dois extremos de uma classe não significa, necessariamente, que tal classe está se decompondo enquanto classe, na medida em que o processo de polarização desgasta a periferia, mas não cinde seu núcleo central. O campesinato mexicano é, essencialmente, uma classe social reproduzida pelo sistema, e sua reprodução, apesar das aparentes estatísticas, tem aumentado e não diminuído, ainda que em um ritmo de crescimento inferior ao demográfico e também ao do proletariado industrial. Sobre o campesinato operam forças centrípetas – e não somente centrífugas – provenientes do sistema e não apenas de sua resistência à decomposição.

2. Na agricultura, as relações de trabalho assalariado não podem ser isoladas da complexa rede de relações socioeconômicas das quais fazem parte. De um modo geral, o peculiar da agricultura mexicana é o fato de que os produtores diretos não foram separados por completo de seus meios de produção, mas os suficientes meios de produção rurais foram transformados em capital para garantir a exploração camponesa pelo mecanismo de trocas desiguais.

A exploração assalariada de uma parte da força de trabalho rural é um aspecto da exploração da totalidade do trabalho camponês. A reprodução da relação de trabalho assalariado no campo não se explica por si mesma (o montante e a distribuição do capital variável da agricultura não basta para reproduzir como classe os assalariados do campo), mas envolvendo-a em um único sistema com a reprodução da economia camponesa.

3. Vista em seu conjunto, a economia camponesa vende produtos, mas para garantir sua reprodução sente-se obrigada também a vender o excedente da força de trabalho que não pode absorver. Em todos esses intercâmbios, o campesinato se vê submetido a uma transferência de valor. Ao englobar a venda da mão de obra dentro dos intercâmbios assimétricos praticados pelo camponês, torna-se evidente que não apenas a produção mercantil camponesa transfere seu excedente, mas também que uma importância igual à da mais-valia contida na produção para autoconsumo aparece no ciclo do capital quando este incorpora a força de trabalho parcialmente autossustentável.

É evidente que as condições de exploração do trabalho assalariado rural dependem da existência da economia camponesa no que se refere a todos os assalariados temporários que se mantêm diretamente vinculados à pequena produção (seja porque dispõem de parcela própria ou em parceria, porque trabalham eventualmente na exploração familiar ou porque recorrem ao trabalho assalariado com outros camponeses); mas também se pode dizer o mesmo, ainda que não de modo tão evidente, em relação àquele setor que depende exclusivamente da remuneração por jornada de trabalho obtida de empresários capitalistas. Isso se deve, em geral, à não existência de mercado de trabalho rural em tempo parcial e o setor que não apresenta nenhum acesso à terra camponesa está submerso em um oceano de força de trabalho vinculada direta ou indiretamente à pequena e média produção de maneira que, queira ou não, submete-se às regras do jogo do conjunto, ainda que suas condições sejam, geralmente, piores que as do resto. A única exceção é a do setor minoritário de trabalhadores permanentes ou especializados que, por isso, escapam parcialmente das condições gerais do mercado de trabalho rural.

4. As condições específicas da exploração do trabalho rural geram dois tipos de contradições entre trabalho e capital:

   a) Enquanto produtores mercantis, os camponeses médios e pobres enfrentam-se, na esfera da circulação, com o capital comercial e agroindustrial e lutam contra a expropriação do excedente e as formas de controle que a reforçam. Nesse mesmo nível, os pequenos e médios produtores enfrentam os camponeses ricos e empresários enquanto competidores privilegiados.
   b) Enquanto vendedores de força de trabalho, os camponeses pobres e assalariados enfrentam o capital agropecuário porque é este quem tem a posse dos meios de produção que lhes permitiriam uma autorreprodução "independente", principalmente no tocante a terra.

Enquanto o camponês questiona a desigualdade das trocas em suas relações com o mercado de capital ou de produtos, na relação assalariada o que se questiona é a necessidade de vender sua força de trabalho. Nesse sentido, sua posição primeira não é a de solicitar um pagamento maior (ainda que isso também ocorra), mas reivindicar uma parcela de terra e meios para trabalhá-la, condições que o livraria da necessidade de vender sua força de trabalho.

5. A luta dos camponeses médios e dos camponeses pobres por suas condições de reprodução, bem como a luta dos camponeses pobres e assalariados por condições de relativa "autonomia" como produtores são lutas complementares, ambas de caráter genuinamente camponês.

Ao contrário do que desejam os "proletaristas", a forma de origem e a base imediata de toda a luta camponesa é o combate contra a proletarização.

Em primeira instância, toda classe explorada luta por sua existência dentro do sistema em que está inserida. O campesinato é uma classe explorada cuja anulação consiste em transitar (por meio de um longo e doloroso processo de depauperação) a outra condição diferente de exploração: a proletária. Dessa maneira, a luta camponesa por sua existência como classe é, essencialmente, uma luta contra a proletarização ou, mais especificamente, contra o longo processo de empobrecimento que constitui, no México, essa transição forçada.

Politicamente falando, toda atitude favorável ou complacente diante da proletarização rural é automaticamente anticamponesa. Se, no México, for preciso constituir uma aliança operário-camponesa, esta dependerá da disposição dos supostos representantes do proletariado em apoiar e impulsionar a luta dos camponeses por sua existência enquanto classe, ou seja, a luta contra a proletarização.

A exploração do trabalho camponês pelo capital

Na tentativa de reconstruir teoricamente as mediações que colocam o sistema de trabalho camponês a serviço da valorização do capital, contaremos com dois apoios importantes: em primeiro lugar, Marx desenvolveu amplamente, em *O capital*, as *mediações lógicas* que nos permitem passar do conceito abstrato de produção simples de mercadorias ao conceito de produção mercantil capitalista; por outro lado, nos escritos do mesmo autor, é possível encontrar uma série de indicações que nos mostram as *mediações históricas* que nos levam da produção mercantil camponesa e artesanal à produção capitalista desenvolvida. Em ambos os casos podemos reconhecer a mesma orientação metodológica incalculável: a necessidade de desenvolver as mediações e não conectar direta e metafisicamente os termos.

A ausência de certas determinações no conceito de mercadoria dos primeiros capítulos de *O capital* casa-se com a riqueza de determinações da mercadoria, tal como aparece no livro terceiro, por meio de um processo de enriquecimento conceitual em que são reconstruídas as mediações dialéticas que impedem que ambos os níveis sejam contraditórios. Da mesma maneira, as mercadorias pré-capitalistas cruzam-se com as do capitalismo desenvolvido através de um processo histórico cujas mediações e necessidades mostram as primeiras como "premissas" e as segundas como "resultado".

Quando essas mediações lógicas ou históricas são omitidas e não são captadas as diferenças qualitativas que existem entre a mercadoria do produtor direto (como conceito abstrato ou como realidade histórica originária) e a mercadoria que surge do processo de produção capitalista (como conceito concreto ou como realidade histórica madura), é impossível descobrir um terceiro tipo de mediação entre uma e outra que se diferencie das mediações lógicas e das mediações históricas do desenvolvimento do capitalismo. Essas mediações estruturais constituem a forma particular de subsunção do pequeno produtor de mercadorias ao capital ou, dito de outra maneira, constituem a forma mediada adotada, nesse caso, pela unidade do processo de trabalho sob o processo de valorização.

Acreditamos que os três tipos de mediações que relacionam a mercadoria simples com o capital – as lógicas, as históricas e as estruturais – são "correspondentes". No entanto, não interpretamos isso no sentido de que, uma vez estabelecido um tipo, já se descubra também a necessidade interna dos outros. Desse modo, as formas de exploração do trabalho camponês pelo capital deverão ser construídas passo a passo, renunciando a toda transposição mecânica.

O processo imediato da produção camponesa

A economia camponesa apresenta-se de maneira imediata como uma série de processos de produção peculiares e distintos dos processos de produção capitalistas. Em um primeiro momento, é instigante tentar realizar uma análise como a de Marx em *O capital*, ou seja, partir do estudo do processo de produção em seu sentido restrito – tal como realizou Marx para descobrir a chave da exploração do operário – e tentar descobrir a chave da exploração do camponês. Contudo, o problema é qualitativamente diferente, pois enquanto na produção capitalista o processo de trabalho corresponde a um processo de valorização, ou dito de outra forma, um processo de exploração da mais-valia, o processo de trabalho camponês somente se constitui em um processo de valorização por meio de uma série de mediações em que a exploração somente é consumada quando a produção camponesa estabelece uma relação com a circulação capitalista.

Em outras palavras, o processo camponês de produção, em um sentido estrito ou imediato, não contém em seu interior a chave da exploração do trabalho camponês. Esta somente pode ser descoberta quando a produção camponesa é localizada no contexto da reprodução social do capital.

Para relacionar a produção camponesa e a reprodução do capital global podemos seguir dois caminhos: ou partir do capital como um todo para mostrar a economia camponesa como resultado, ou considerar o trabalho camponês como o ponto de partida para se chegar ao capital valorizado como resultado.

O primeiro caminho já foi percorrido em outros textos (Bartra, 2006) quando mostramos a pequena produção não submetida formalmente ao capital como resultado de uma opção capitalista orientada no sentido de evitar a renda da terra. Agora, tentaremos o caminho inverso. Antes, um esclarecimento: mesmo partindo da exposição da economia camponesa para se chegar ao capital valorizado como resultado, teremos o capital global como supostamente originário e aceitaremos como dadas as categorias que explicam sua reprodução.

O processo imediato de reprodução não nos dá a chave da exploração do trabalho camponês, mas sua descrição é indispensável como ponto de partida. Nessa descrição da aparência imediata da produção camponesa será realizada, primeiramente, uma reflexão a respeito das variações e particularidades sobre as quais já se estenderam outros autores para, posteriormente, nos determos, de modo exclusivo, nos elementos necessários ao desenvolvimento da argumentação.

No capítulo VI (inédito) de *O capital*, Marx descreve a teleologia e os principais elementos constitutivos da produção artesanal (refletindo se esta é ou não explorada pelo comerciante) que, com leves matizes, é perfeitamente aplicável ao produtor agrícola que conhecemos como camponês médio. Essa descrição de Marx será utilizada como ponto de partida. Eis aqui o seu resumo (Bartra, 2006, p.65-7):

a) A "base tecnológica" desta unidade de produção é a parcela e os instrumentos de trabalho.
b) O "fator decisivo da produção" é "o manejo do instrumento de trabalho" em uma ocupação "individual e autônoma", ou seja, a capacidade de trabalho concreta do camponês e sua família.
c) O produtor "possui as condições de produção".
d) Por tudo isso, em princípio, "o produto pertence" diretamente ao trabalhador.
e) "Seu capital [...], tanto no que diz respeito à forma material como ao volume de seu valor, é um capital dependente que, de nenhum modo, adquiriu ainda a forma livre do capital. Não constitui uma quantia determinada de trabalho objetivamente (valor em geral) que pode adotar e adota, a seu modo, esta ou aquela forma de condições de trabalho de acordo com

a ponderação por esta ou aquela forma de trabalho vivo para apropriar-se do trabalho excedente." Dito de outro modo, seus meios e objetos de trabalho *não* são capital no sentido restrito.

f) "Somente é possível converter seu dinheiro em capital em seu próprio ofício." Em outras palavras, o dinheiro do camponês não é capital-dinheiro no sentido estrito, pois está vinculado ao seu processo de trabalho concreto.

g) Ainda que explore eventualmente "trabalho alheio", "seu capital está relacionado à determinada forma do valor de uso e, portanto, não encara seus trabalhadores como capital".

h) "Não é o valor de troca, mas o valor de uso do trabalho que aparece como objetivo final" de seu processo de trabalho. Contudo, pelo destino de sua produção, pode produzir "com vistas ao valor de uso imediato" quando o produto é destinado ao autoconsumo ou ao intercâmbio direto com outros pequenos produtores, ou então com vistas ao valor de troca quando seu produto se incorpora ao indiferenciado mercado capitalista.

i) "Não é o valor de câmbio enquanto tal, nem o enriquecimento enquanto tal", mas a reprodução de sua "existência conforme sua posição social apresenta-se aqui como o objetivo e o resultado de seu trabalho e, eventualmente, da exploração do trabalho alheio".

j) A "lei" imanente que regula aqui a escala de produção é a capacidade de trabalho disponível e o "total do consumo previamente existente; não se regula, pois, pelos limites do próprio capital".

Essa breve descrição na qual a produção camponesa se mostra como um processo de trabalho concreto cujo resultado é a produção de valores de uso e cujo objetivo é a reprodução do próprio produtor não é mais que a aparência imediata da pequena e média unidade de produção agropecuária. Até mesmo essa aparência já se mostra frequentemente alterada por diversas formas particulares de subsunção ao capital, ou seja, por diversos graus de decomposição. No entanto, não nos interessa aqui mostrar como esse processo de produção pode ser paulatinamente desmantelado, mas de que modo pode ser posto a serviço do processo de valorização sem que se modifique essencialmente sua aparência.

Tendo em vista que não nos interessa analisar a descamponização, mas a exploração do camponês pelo capital, esse processo de produção camponês mais ou menos puro deve nos servir de ponto de partida.

As mutações da mercadoria entre o camponês e o capital

A princípio, há dois elementos que vinculam o processo de produção anteriormente descrito ao seu entorno capitalista. O primeiro é que para este se reproduzir necessita incorporar valores de uso que ele mesmo não produz; o segundo é que uma parte do que produz não é destinada ao autoconsumo. Esses fluxos de valores de uso adotam a forma de trocas comerciais e acontecem no mercado capitalista. Diante da produção camponesa, o capital se apresenta como único comprador e vendedor. Na circulação, o camponês e o capital se enfrentam como compradores e vendedores e, na aparência, as mercadorias que trocam são de natureza idêntica, de modo que, salvo em condições excepcionais, caberia fixar como regra geral uma troca de equivalentes. Na circulação não há nenhum motivo para que um comprador e um vendedor desenvolvam sistematicamente uma troca desigual, a menos que aquilo que troquem não seja da mesma natureza.

Certamente, os bens provenientes do capital e aqueles que o camponês produz são diferentes, entretanto, o intercâmbio é regido exclusivamente por seus valores, de modo que se ele é desigual, a solução para o problema deve estar na natureza das duas mercadorias enquanto valores de troca. Passaremos, assim, à análise da mercadoria camponesa.

Já apontamos que o processo produtivo camponês tem como objetivo imanente sua própria reprodução como unidade imediata de trabalho e consumo de tal maneira que, mesmo que produza exclusivamente para a venda e adquira no mercado os produtos de seu consumo, seu objetivo continuará sendo o valor de uso. O valor de troca surge, assim, como condição de possibilidade de intercâmbio de valores de uso que, desde uma perspectiva imanente do camponês, constitui o começo, o fim e o objetivo de tal circulação.

Dessa maneira, todos os elementos que participam no processo de produção e consumo (menos o "fator decisivo": a capacidade de trabalho familiar) e todos seus produtos podem ter se desdobrado em valores de uso e valores de troca, mas, para o camponês, o valor de troca não é mais do que o suporte do valor de uso. Assim, foi realizado um desdobramento, mas *não* um investimento.

Sem esse desdobramento, o produto do trabalho camponês não poderia estabelecer uma relação de troca mas, uma vez que não se apresente dentro do processo produtivo a consequente inversão, a mercadoria camponesa entra no mercado capitalista como uma mercadoria peculiar cuja lógica originária é distinta daquela que rege a circulação.

A mercadoria capitalista se encontra desdobrada em valor de uso e valor de troca e este último passa a ser o elemento regulador de sua circulação. Assim, o processo que se configura com base nessa circulação não é M-D-M, mas D-M-D. Este raciocínio somente ganha sentido se entre o princípio e o fim existe uma diferença quantitativa, ou seja, se corresponde a D-M-D' onde D' é maior que D.

Não tem sentido reproduzir aqui todo o pensamento de Marx; basta recordarmos que essa mercadoria é um produto do capital, bem como um meio para sua valorização e que, portanto, não apenas é portadora de valor como também, mais especificamente, de mais-valia. A mercadoria capitalista é uma forma "especificamente social do produto" enquanto contém em si mesma a relação capitalista entre trabalho necessário e trabalho excedente. Desses dois segmentos de valor nos quais a mercadoria se dissolve, o segundo é o elemento motor e qualitativo, já que o intercâmbio não tem a intenção de realizar o valor em geral, mas realizar a mais-valia.

Ao se enfrentarem na circulação, a mercadoria produzida pelo camponês, portadora de valor de troca, e a mercadoria capitalista, portadora de mais-valia, se confrontam; na realidade, trata-se de dois processos produtivos diferentes cuja natureza se expressa na especificidade de seus produtos.

Caso as mercadorias fossem vendidas pelo seu valor, a diferente natureza do produto camponês e do produto do capital seria irrelevante. Contudo, uma circulação desse tipo é incompatível com a reprodução do capital.[1] A circulação capitalista é regulada pelos preços médios de produção e nestes o fator decisivo é a taxa geral de mais-valia transmutada em taxa média de lucro. A decomposição interna do valor de troca de cada mercadoria capitalista em um valor equivalente ao tempo de trabalho necessário e mais-valia recebe, com os preços de produção como reguladores do mercado, um caráter social. Em geral, as mercadorias capitalistas se vendem para realizar a mais-valia, mas para cada capital individual essa mais-valia se apresenta sob a forma de uma taxa média de lucro.

O desdobramento interno da mercadoria capitalista configura um mercado regido pelos preços de produção e não pelos valores e é exatamente nesse mercado que o camponês tem que concorrer. A mercadoria do pequeno agricultor não foi produzida como portadora de mais-valia (ainda que a contenha) e seu valor não foi desdobrado em trabalho necessário e trabalho excedente. Nessa deficiência qualitativa reside a impossibilidade dela impor-se automaticamente no mercado pelo seu preço de produção.

Dizíamos, no início, que o camponês e o capital se enfrentam no mercado como portadores de mercadorias aparentemente da mesma natureza. Acreditamos ter demonstrado que por trás dessa aparência se oculta o enfrentamento de dois produtos qualitativamente diferentes que expressam a índole diferente dos respectivos processos

---

[1] Mais ainda, com base em tal circulação é impossível toda a regulação automática da produção social.

de produção de que são provenientes. Também ficou claro que esse mercado não é um terreno neutro, mas um mercado capitalista, no qual o afã pela realização da mais-valia se expressa sob a forma da supremacia dos preços de produção. Finalmente, nesse contexto a particularidade da mercadoria camponesa mostrou-se como incapacidade de impor-se automaticamente pelo seu preço de produção.

Essa é a condição possível para o estabelecimento de um intercâmbio permanentemente desigual, não em termos de valores – o que é a regra da circulação capitalista – mas em termos de preços de produção. Agora, resta explicar por que esse intercâmbio se apresenta como desfavorável ao camponês.

Posteriormente analisaremos essa transferência de valor com todas as suas mediações e em suas diferentes manifestações: o mercado de produtos, o mercado de dinheiro e o mercado de trabalho. Por enquanto nos limitaremos a descrever apenas sua forma geral.

Na medida em que ingressam na circulação capitalista, as mercadorias de origem camponesa sofrem uma mutação, pois o que o vendedor considera primordial é a simples possibilidade de se estabelecer uma relação de troca, ou seja, seu valor de troca em geral. Por outro lado, as regras do jogo impostas a esse mercado pelas empresas capitalistas não colocam em primeiro plano o valor em geral das mercadorias, mas sim sua condição de portadoras de mais-valia. O camponês vende para poder comprar e esse é o único fim que o condiciona ao mercado; já o capital vende para obter lucro e somente sob esta condição aceita o intercâmbio.

O camponês é aquele produtor que, como regra geral, cede sua mercadoria por um preço de mercado inferior ao seu valor e ao seu preço de produção porque, diferentemente do capital, não pode deixar de vender pelo simples fato de não obter lucros. Além disso, ele não se encontra em condições de passar para outro ramo da economia, pois seus meios de produção não adquiriram a "forma livre do capital".

Posteriormente explicaremos com mais detalhes os mecanismos econômicos que estão implicados nesse processo. Nesse momento nos interessa dizer apenas que o capital, como comprador, tende a diminuir sistematicamente os preços das mercadorias por meio da concorrência e que se estes se mantiverem próximos ao preço de produção é porque o capital, como vendedor, os impõe mediante a mesma concorrência.

Um camponês que necessita vender para poder subsistir e que, ao mesmo tempo, não pode mudar seus meios de produção para meios mais rentáveis, não pode impedir que o capital como comprador obtenha as mercadorias que ele vende sistematicamente a preços abaixo do preço de produção.

Entretanto, independentemente de sua origem, o produto camponês que se incorpora ao mercado capitalista transforma-se em uma mercadoria igual às demais mercadorias capitalistas e, portanto, marcada pelo seu preço de produção. Sua história individual se desvanece e, automaticamente, a mercadoria camponesa é vendida por um preço de mercado em torno de seu custo médio de produção mais um lucro médio.

Para além da capacidade de negociação de seu produtor, toda mercadoria é portadora de certa mais-valia que será realizada. Se em sua origem encontra-se um capital, a mercadoria somente será vendida se o produtor recuperar o valor de custo e obtiver um lucro igual ou superior à média. Contudo, se o produtor oferecê-la a um preço menor, a mais-valia implícita ainda assim será realizada pelo capital após uma série mais ou menos longa de transferências.

A fim de simplificar a exposição, analisamos o intercâmbio desigual entre o camponês e o capital quando o primeiro se apresenta como vendedor e o segundo como comprador. A relação inversa também se constitui em um intercâmbio de não equivalentes e possui as mesmas mediações. Tanto quanto as mercadorias vendidas pelo pequeno produtor, as mercadorias capitalistas que se incorporam ao processo produtivo camponês sofrem uma mutação, ainda que de signo contrário, ao se transformarem em meios de um processo de trabalho concreto.

Os meios de produção são adquiridos pelo capital não apenas porque permitem produzir mercadorias, mas porque permitem produzir mercadorias portadoras de mais-valia. Se, por um lado, o capital como vendedor somente oferece seus produtos visando o lucro, por outro, o capital como comprador somente os adquire diante da possibilidade de gerar com eles uma mais-valia. O camponês, ao contrário, adquire os meios de trabalho para incorporá-los a um processo de produção cujo objetivo é a reprodução do próprio produtor, tendo que obtê-los na medida em que sua reprodução não possa se garantir de outra maneira. O que seu consumo produtivo gerar ou não de mais-valia não entra em suas considerações substantivas.

Em suma, o intercâmbio desigual existente entre a produção camponesa e o capital manifesta-se na medida em que o camponês como comprador e como vendedor realiza intercâmbios em condições que nenhuma empresa capitalista realizaria. A origem dessa particularidade encontra-se no fato de que o camponês como produtor não pode condicionar seus intercâmbios à obtenção de lucros, pois seu processo de trabalho é a condição de sua subsistência e porque seus meios de produção não adquiriram a "forma livre do capital". A base da desproporção quantitativa do intercâmbio encontra-se na diferença qualitativa dos processos de produção.

A chave da exploração do campesinato

A análise dos mecanismos por meio dos quais a produção camponesa é obrigada a transferir um excedente não pode ser reduzida simplesmente à constatação do intercâmbio desigual. Em última instância, trata-se de construir o conceito de campesinato como classe explorada e isso não se consegue apenas revelando sua posição de vendedor em condições assimétricas. Tampouco é suficiente para esclarecer as relações de exploração às quais está submetido; é necessário também revelar a forma em que essas relações se reproduzem através do processo global de produção-circulação do capital.

No processo imediato de produção, o camponês gera um excedente que é transferido no momento da circulação. Ao mesmo tempo, porém, o camponês reproduz a si mesmo como explorado nesse processo; o resultado do ciclo completo é um capital valorizado pelo trabalho camponês e uma economia camponesa recriada em condições de ser novamente explorada.

Já dissemos, anteriormente, que quando a forma de produção camponesa encontra-se subordinada ao modo de produção capitalista seu "tributo" a outras áreas ocorre, fundamentalmente, por meio do mercado e requer a forma de uma transferência de valor baseada em um mecanismo de intercâmbio desigual. Mas trata-se também de uma transferência de valor enquanto perda do excedente camponês que se consuma no mercado. No entanto, essas categorias expressam somente um aspecto da relação.

O intercâmbio de não equivalentes e as transferências que ele implica são fenômenos que correspondem ao âmbito da circulação e que se referem à distribuição da mais-valia entre os diferentes setores, ramos ou capitais individuais. A pretensão de esgotar, por intermédio dessas categorias, a relação do camponês com o capital provém de um enfoque no qual a economia camponesa é considerada simplesmente enquanto unidade mercantil. Mas se atendermos à natureza interna do processo de produção camponês o conceito de transferência por meio do intercâmbio desigual resulta em algo vago e incompleto.

A relação do campesinato com o capital não se limita apenas à transferência de valor, mas também consiste em uma relação de exploração e esta última categoria expressa a essência da articulação, uma vez que ela não se restringe à circulação, mas corresponde também à produção em sentido estrito. A produção camponesa está baseada na unidade do trabalhador e dos meios de produção e, portanto, conserva a união entre o produtor direto e seu produto, de tal modo que quando o camponês se vê submetido como comprador e vendedor a um intercâmbio desigual, o mesmo sujeito, enquanto produtor, está sendo submetido a uma relação de exploração em que parte de seu trabalho lhe escapa na forma de produtos.

No caso do camponês, a relação de transferência é também, diretamente, uma relação de exploração ou, mais precisamente, parte de uma relação de exploração, já que no processo imediato de produção camponesa não se constatou um ato prévio de exploração. Isso distingue qualitativamente a transferência do camponês ao capital no que se refere às transferências entre capitais, ramos de produção ou formações sociais onde a distinção de classes existe já no interior de cada unidade, ramo ou formação, pois nesses casos o ato de exploração ocorre previamente à circulação e à distribuição de um excedente já expropriado.

Quando o excedente circula e se distribui de maneira assimétrica entre as classes ou setores de classes explorados trata-se, precisamente, de uma simples transferência baseada no intercâmbio desigual. Quando o excedente flui da unidade econômica do produtor direto a diversas classes ou setores da classe proprietária, trata-se, a rigor, de uma relação de exploração que contém como um de seus elementos constitutivos um mecanismo de intercâmbio desigual.

Mas vejamos. Qual seria a chave dessa relação de exploração? No processo de produção em seu sentido estrito, encontramos um trabalhador direto que se mantém em unidade imediata com seus meios de produção e cujo objetivo é reproduzir. Aqui não cabe, portanto, o conceito de exploração. No mercado, encontramo-nos com um comprador-vendedor que estabelece o intercâmbio entre suas mercadorias com as do capital. Aqui se constata, portanto, um intercâmbio desigual embora inexplicável. Parafraseando Marx, poderíamos dizer que a solução para desvendar esse mistério da exploração que sofre o camponês não pode surgir de uma análise da circulação e tampouco fora dela, no processo imediato de produção. Nenhum desses dois aspectos, vistos separadamente, nos conduz a uma solução para um enigma cuja chave encontra-se, precisamente, na combinação de ambas as esferas.

A exploração do camponês consuma-se no mercado no momento em que o excedente troca de mãos, mas a base dessa exploração encontra-se nas condições internas de seu processo de produção. Os efeitos expropriadores da circulação não se originam no ato de vender ou comprar, mas na natureza do processo imediato de produção e consumo no qual foram criados os produtos vendidos e serão consumidos os adquiridos.

No que se refere ao operário, a condição para que a exploração seja possível – brilhantemente decifrada por Marx – localiza-se no mercado, com a aparição da força de trabalho como mercadoria. Contudo, o processo de exploração se consuma na produção, no prolongamento da jornada de trabalho para muito além do trabalho necessário. Já no caso do camponês, a articulação entre os dois aspectos é igualmente férrea, mas se apresente invertida: a condição para que a exploração seja possível concretiza-se no processo de produção, durante seu desenvolvimento em prol da reprodução e com meios que não receberam "a forma livre do capital", mas a exploração se consuma, de fato, no mercado, onde o camponês transfere seu excedente por meio de um intercâmbio desigual.

A valorização do capital por meio da exploração do operário apresenta duas fases: a compra-venda da força de trabalho como um intercâmbio de equivalentes, constituindo um "prelúdio", e o consumo da força de trabalho como apropriação do trabalho excedente, que representa "o auge" do processo. Na primeira fase, diz Marx, o trabalhador e o capital aparecem somente como compradores e vendedores e o único fator que distingue o operário dos outros vendedores é "o valor de uso específico do que ele vende".

A valorização do capital por intermédio da exploração do camponês também apresenta duas fases: um processo de produção no qual o trabalhador direto produz excedentes, que constitui um "prelúdio", e a compra-venda de produtos como intercâmbio de não equivalentes, que representa "o auge" do processo. Durante a segunda fase,[2] o trabalhador e o capital aparecem, respectivamente, não apenas como comprador e vendedor, mas como explorado e explorador, e o que distingue o camponês de outros vendedores não é o "valor de uso específico do que ele vende", mas o valor de troca peculiar de sua mercadoria.

No caso da exploração do operário, a compra-venda da força de trabalho, vista no processo global do capital, não é apenas uma premissa, mas é também o resultado, pois o processo de produção em

---

2 Se essa fase for vista como parte do processo global e não em si mesma.

seu sentido estrito gera tanto um capital valorizado quanto operários miseráveis e obrigados a vender novamente sua força de trabalho. Isso se deve, precisamente, ao fato de que o processo global produz suas premissas como resultado, ou seja, reproduz a separação do produtor direto em relação aos meios de produção. É por esse meio que o processo global reproduz a relação.

No tocante à exploração do camponês, a produção camponesa, vista no processo global, não é apenas uma premissa, mas também o resultado, pois a relação de intercâmbio desigual gera tanto um capital valorizado quanto camponeses que mal podem repor suas condições de trabalho e que, portanto, são obrigados a produzir de novo sob as mesmas condições.[3] O processo global reproduz a unidade produtor-meios de produção e com isso reproduz a condição camponesa.

Os diferentes caminhos da exploração

A exploração do campesinato é um processo unitário, mas multilateral cujo esclarecimento exige um distanciamento analítico. Dado que, como vimos anteriormente, a exploração se consuma na circulação, tentaremos desdobrar o processo estudando separadamente os mecanismos de transferência que operam nos três tipos de mercado em que a produção camponesa ocorre: o de produtos, o de dinheiro e o de trabalho.

Vejamos primeiro a relação do camponês, no papel de vendedor, com o mercado de produtos, partindo do pressuposto de que as unidades camponesas lançam no mercado uma boa parte de sua

---

3 Certamente, o intercâmbio pode proporcionar ao camponês mais ou menos que o trabalho necessário contido nos seus produtos e quando uma das duas coisas ocorre sistematicamente, o camponês acumula, transformando-se em capitalista, ou entra em falência, transformando-se em operário em potencial. Nessas duas tendências não se reproduz a relação, mas ela se dissolve, o que constitui o conhecido processo de descamponização. Aqui se trata, entretanto, de estudar a terceira possibilidade: a reprodução do campesinato como tal pelo capital.

produção e esta, por sua vez, constitui uma parte significativa da oferta global de bens de consumo e matérias-primas de origem agropecuária.

No que se refere à magnitude de seu valor, esses produtos, pelo simples fato de terem sido incorporados ao mercado capitalista, rompem todo o nexo direto com sua origem. No mercado são portadores de uma porcentagem de valor social que não guarda nenhuma relação imediata com seu valor individual nem com as condições concretas nas quais foram produzidos. O valor social da massa de mercadorias de uma determinada classe, incluindo as de origem camponesa, não pode ser outro além da soma dos valores dos meios de produção consumidos nelas mais o valor criado pelo trabalho vivo empregado em sua produção. Contudo, na circulação capitalista esse valor não opera diretamente como preço, mas se transforma no preço de produção, o qual, por sua vez, é o regulador do mercado. Esse preço de produção se constitui também como uma realidade econômica pelo simples fato de que uma mercadoria se incorpora à circulação capitalista e sua medida passa, então, a ser dada pela soma dos preços dos meios de produção consumidos, do preço da força de trabalho empregada e do lucro médio do capital.

Todo produto está automaticamente marcado por esse preço e, em condições normais, deveria ser vendido em torno dele, com flutuações próprias da oferta e da demanda, pois sua incorporação ao mercado capitalista o reduz à condição homogênea de mercadoria e o considera automaticamente como um produto do sistema. Se algum mecanismo socioeconômico resiste sistematicamente, no que se refere a uma determinada mercadoria, à operação desse preço de produção como valor regulador do mercado, e esta mercadoria é vendida sistematicamente abaixo de seu valor de produção, teremos a geração de uma transferência extraordinária[4] de valor favorável ao comprador e desfavorável ao vendedor.

---

4 A transformação dos valores em preços supõe, por si mesma, uma série de fluxos de valor que vão dos ramos de composição orgânica baixa aos de composição orgânica alta. Esses fluxos são consubstanciais ao sistema e não constituem, em seu sentido estrito, um intercâmbio desigual. Pelo contrário, o fluxo que agora

Em um mercado no qual concorrem exclusivamente empresas capitalistas, não podem operar tais causas oponentes à lei dos preços. O preço de produção, em um mercado desse tipo, constitui o regulador resultante de duas tendências econômicas contrapostas. Na hipótese de que a oferta coincida com a demanda e que a solvência da segunda seja flexível, haverá uma tendência dos produtos a terem seus preços elevados indefinidamente.[5] No entanto, esta tendência, por afluência de outros capitais a esse ramo, começará a ser enfrentada no momento em que os preços de mercado ultrapassarem o valor da produção e, assim, permitirem um lucro extra. O efeito dessa afluência de capitais será uma oferta adicional que poderá ultrapassar a demanda e reduzir os preços. Nesse momento, deverá ocorrer uma tendência contrária e eventualmente os preços de mercado ficarão abaixo do valor de produção, o que promoverá um fluxo de capitais externos ao ramo, desalentados por lucros inferiores à média. Essas duas tendências têm sua origem na *natureza imanente* do capital, que busca sempre o lucro máximo, e na *mobilidade* que o possibilita. O efeito dessa operação alternada e permanente é a fixação do valor de produção como elemento regulador. Isso somente ocorre porque o valor de produção permite obter um lucro médio e é essa oscilação do lucro para cima ou para baixo da média que o coloca no ponto de inflexão no qual uma tendência é substituída por outra totalmente contrária.

Considerando que o mecanismo socioeconômico que nos interessa é o que possibilita a sistemática redução do preço de mercado abaixo do valor de produção, analisaremos mais detidamente a tendência que impede a baixa definitiva dos preços em um contexto tipicamente capitalista.

---

    analisamos não forma parte dessas transferências normais e pode ser qualificado, a rigor, de "extraordinário".
5 Certamente esse fator pode ser neutralizado pela existência de um monopólio que elimine a concorrência de outros capitais, mas em tal caso o efeito seriam preços superiores ao de produção e não o que estamos analisando: preços sistematicamente inferiores.

Nenhuma empresa capitalista pode vender sistematicamente a preços inferiores ao preço de produção, pois isso pressuporia o sacrifício de parte ou de todo o lucro e em tais condições o capital fluirá por sua própria inércia a outros setores ou empresas que lhe ofereçam a máxima valorização possível. Esse fluir dos capitais que conduz à obtenção de lucros que giram em torno da média é possível por conta de sua própria natureza: o capital não guarda fidelidade para além de sua valorização e é tão fluido como o dinheiro em que está encarnado ciclicamente. Um empresário com perdas pode ser levado à falência, mas seu capital, despersonalizado, escapará de suas mãos e será transferido a outras empresas ou setores mais rentáveis. O efeito dessa mobilidade, que começa a operar quando o lucro diminui para abaixo da média, é a redução da oferta e a tendência ascendente dos preços. Porém, essa fluidez potencial e o lucro médio como limite mínimo por debaixo do qual entra em ação não é consubstancial às unidades de produção capitalistas.

A unidade camponesa não é, em si mesma, uma quantia de capital, pois seu componente básico fundamenta-se em uma determinada capacidade de trabalho e de necessidades, além de uma dotação de meios de produção por meio dos quais ela se reproduz. Sua estabilidade depende da continuidade dessa reprodução, já que a unidade somente corre o risco de desaparecer quando não alcançar sequer seu consumo vital e a simples reposição. Naturalmente, não há nada que obrigue a unidade camponesa a rejeitar a alternativa de maximizar seus rendimentos de modo a torná-los, no mínimo, comparáveis aos de uma empresa capitalista. Contudo, essa alternativa de lucro médio, sempre possível para o capital, provém de sua própria natureza despersonalizada e fluida, enquanto a economia camponesa tem a rigidez de uma unidade que necessita, em primeiro lugar, garantir a subsistência física de seus membros. O camponês não pode transformar seus meios de produção em dinheiro e tampouco transferir seu trabalho a outras atividades mais rentáveis à custa de desfazer sua célula econômica e se proletarizar.

De uma maneira paradoxal, a principal "desvantagem" da unidade camponesa em face da empresa capitalista não se encontra em sua rigidez e incapacidade de se monetarizar e ir em direção a melhores alternativas, mas em sua capacidade de subsistir em condições insuportáveis para o capital. Essa constância, que protela a quebra até o ponto em que toda a reprodução se torna impossível, é a origem de uma distorção na fixação dos preços de mercado e a causa oponente que beneficia uma transferência de valor.

Já nos referimos aqui que a afluência de capitais a um setor bloqueia a permanente elevação dos preços de mercado sobre os preços de produção, enquanto a recusa do capital em operar sistematicamente com lucros inferiores à média bloqueia a queda sistemática dos preços para um nível inferior a esse mesmo valor de produção. A unidade camponesa, como em qualquer empresa, tropeçará com o primeiro desses obstáculos se pretender transgredir o limite superior, mas será que pode, por si mesma, conter a diminuição dos preços a níveis inferiores ao limite da empresa capitalista? A reposta, definitivamente, é não. Tal como nas empresas capitalistas, as unidades camponesas têm que competir entre si pelo mercado, mas, nesse caso, a competição, que diminui os preços, não tem como limite a obtenção do lucro médio abaixo do qual o capital deixa de competir e começa a abandonar a praça; os pequenos produtores diretos podem absorver a queda dos preços a níveis bem abaixo do preço de produção e seu limite é o preço de custo, para além do qual é impossível a reprodução no mesmo nível.

Obviamente, a queda dos preços não pode ser indefinida e também é necessário impor um preço regulador que será fixado, em geral, no limite mínimo da unidade camponesa e não do capital. Esse limite mínimo está acima daquele no qual o produtor não pode alcançar a reprodução simples e sua medida consiste nos rendimentos necessários ao ressarcimento dos meios de produção desgastados e na geração de sua força de trabalho, ou seja, a soma dos custos de reposição mais o consumo vital.

O custo da produção como limite mínimo é o preço regulador de mercado para o produto camponês ao mesmo tempo que o preço de produção, que opera em outras mercadorias, resulta de duas tendências contrapostas: na hipótese de que a oferta e a demanda coincidam, os produtores terão que elevar os preços indefinidamente, mas se esses valores superarem o custo de produção, outras unidades de produção entrarão na concorrência, bem como outras terras até o momento improdutivas ou cujo produto não era comercializado porque o preço não permitia sequer a reprodução simples. Essa concorrência camponesa e não capitalista, que aumenta temporariamente a oferta e permite a redução dos preços, inicia ocasionando tendências à queda não quando o preço permite lucros superiores à média, mas quando o preço garante a reprodução simples em parcelas pouco produtivas (seja pela falta de meios, seja por escassa fertilidade) que antes não eram exploradas ou não tinham produtos comercializáveis. Da mesma maneira que sempre encontramos capitalistas dispostos a aproveitar a conjuntura de lucros abundantes, sempre existirão semiproletários ou camponeses que produzem parcialmente para o autoconsumo dispostos a substituir sua condição de subsistência pela de agricultores.[6]

Para aqueles produtos provenientes, em grande parte, de unidades camponesas que chegam ao mercado, a sociedade, enquanto consumidora e, em última instância, o capital, pagarão um valor que gira em torno do custo de produção e não, como no caso das demais mercadorias, em torno do preço de produção. Por outro lado, nas mercadorias de origem capitalista, os valores a serem pagos consideram o custo mais o lucro médio; já nas de origem camponesa é pago somente o custo. O resultado dessa economia não significa outra coisa senão a transferência de valor que passa do camponês para o capital.

---

6 Para simplificar, estamos supondo que os camponeses são os únicos produtores agrícolas. Entretanto, assinalamos anteriormente que não só é possível, mas inevitável, dentro do capitalismo, a coexistência com agricultores empresariais. Nesse caso, os preços reguladores girarão em torno do custo de produção das unidades camponesas menos produtivas se estas lançam uma parte significativa do produto e se seu custo de produção é igual ou superior ao preço de produção das unidades capitalistas menos produtivas, e a concorrência se dará tanto entre os camponeses como entre estes e os empresários capitalistas, ainda que partindo de limites mínimos diferentes: uns do simples custo de produção e outros do custo mais o lucro médio.

Em resumo: as mercadorias, cujo abastecimento representa um papel significativo para o camponês, têm para o modo de produção capitalista um valor social que não depende de suas condições individuais de produção. Esse valor é transformado em um preço de produção igualmente independente das condições setoriais nas quais o produto foi produzido. Se o valor de venda dessas mercadorias é sistematicamente inferior ao valor de produção e tende a se fixar em torno do preço de custo como regulador, o capital encontra à sua disposição um remanescente extra de valor transferido cuja medida é a diferença entre o custo e o valor de produção. Isso significa que o capital se apropria da massa total de lucros que tal classe de produtos deveria supostamente realizar sem exercer, para isso, o controle sobre sua produção. Já o camponês transfere um volume excedente que coincide com a massa total da mais-valia que seria gerada no caso de ter realizado o trabalho em troca de um salário, sem que, para isso, ele se proletarize.

Sob a ótica do camponês, esse processo não aparece como uma transferência de valor. Seria absurdo realizar o cálculo do valor social e do preço de produção dos produtos que lança no mercado com elementos próprios da forma de produção camponesa quando já está claro que seu processo de produção não corresponde ao da mercadoria capitalista. A determinação do valor e o preço que indicamos em parágrafos anteriores é uma realidade econômica que automaticamente fica subtendida pelo simples fato de que, ao entrar no mercado, o produto camponês não pode ser diferenciado de qualquer outra mercadoria produzida em condições capitalistas, o que não quer dizer que essa realidade econômica que se produz no contexto de circulação tenha, no caso específico do camponês, uma correspondência direta com a realidade de seu processo individual de produção.

Desse modo, o fato de que, sob a ótica do camponês, essa transferência de valor não seja visível não significa que não se possa perceber a perda de seus excedentes e, obviamente, a existência de uma relação de exploração. O camponês cria produtos, lança-os no mercado e, ao mesmo tempo, obtém desse mesmo mercado outros produtos que consome. O que se evidencia para o camponês é o fato de que nesse intercâmbio de valores de uso, a venda do que ele produz permite apenas obter o necessário para manter sua existência física e de sua família, além de reproduzir o processo produtivo no mesmo nível (isso quando não se configuram perdas absolutas e surge a necessidade de completar sua renda vendendo não apenas produtos mas também sua própria força de trabalho).

Essa exploração não pode ser medida pelo camponês em termos de valor porque durante o processo de produção seu trabalho não se transformou em mercadoria e, paralelamente, na perspectiva capitalista, esta transferência de valor não parece surgir da exploração do trabalho porque o capitalista não interfere diretamente no processo de produção. No entanto, em uma visão de conjunto, o processo constitui um mecanismo de transferência-exploração que se realiza na forma de produtos excedentes que se transformam em valor – aparentemente somente transferido – na órbita da circulação.

Para que possamos demonstrar quantitativamente a exploração camponesa, necessitamos superar esses dois pontos de vista unilaterais. A partir de uma perspectiva teórica de uma produção camponesa vista abstratamente em si mesma como produção mercantil simples, o que se está criando é uma mercadoria portadora de um valor individual que, num mercado presidido pela fórmula M-D-M, seria ao mesmo tempo, e de maneira imediata, o valor social, já que tal mercado somente tem sentido como mercado local e sob a hipótese de que cada mercadoria seja produzida em uma única unidade econômica ou em várias unidades da mesma produção. Contudo, a produção camponesa que estamos analisando não concorre com um mercado local utópico e regido pela fórmula M-D-M, mas com um mercado capitalista e, neste, o que caracteriza sua existência econômica é um valor social que não coincide com o valor individual, mas com a média, ou seja, com o tempo de trabalho socialmente necessário e sob a suposição de uma infinidade de empresas produtoras de uma mesma mercadoria cujas produções somente se homogeneízam tendencialmente por meio da concorrência no mercado. Em consequência, o que cada camponês lança no mercado é um produto portador de uma certa quantidade de valor determinada socialmente e que somente coincide com o valor individual segundo uma perspectiva de massa total de mercadorias de uma mesma classe na qual a soma de valores individuais identifica--se com o valor social.

Se admitirmos que, de um modo geral, o camponês somente recupere os custos, a magnitude da transferência será igual à diferença entre o valor do produto e o valor dos meios de produção consumidos mais o valor dos meios de vida necessários para repor a força de trabalho empregada. Contudo, esse cálculo de transferência com base no valor social do produto abstrai as leis de circulação capitalista, nas quais o valor aparece mediado pelos preços de produção. Diante dessa nova perspectiva, a única transferência em sentido restrito, ou seja, a transferência adicional, será medida pela diferença entre o custo e o preço da produção, que surge a partir da adição desse mesmo custo ao lucro médio. Se considerarmos, portanto, que a produção agrícola tem, em geral, uma composição orgânica inferior à média, esse preço de produção será inferior ao valor e, portanto, a transferência em sentido estrito será menor que o tempo de trabalho excedente.

Diante dessa incongruência quantitativa, cabe perguntar qual seria o montante real da exploração camponesa; é a diferença completa entre seu rendimento e o valor de seu produto, ou uma grandeza menor: a diferença entre seu rendimento e o preço de produção de suas mercadorias. Acreditamos que essa incongruência é apenas aparente; concebida como empresa, a unidade camponesa deveria retirar da massa social total de mais-valia uma porção definida pela taxa média de lucro e, na medida em que não se apropria dela, cederá, como empresa, a diferença entre o custo e o valor de produção. Se considerado como trabalhador direto, o camponês cria uma determinada massa de valor e a grandeza do que está cedendo como trabalhador explorado é a diferença entre esse valor e sua renda. Considerando que a unidade camponesa não é, em essência, uma empresa peculiar que sacrifica seu lucro, mas uma unidade de trabalho explorado que cede seu excedente, podemos afirmar que a verdadeira medida do valor expropriado do camponês não se reduz ao valor de produção menos o custo, mas que se eleva a uma grandeza maior: a diferença entre o custo e o valor.

Uma analogia com a exploração do trabalho assalariado pode contribuir para esclarecer essa reflexão: o que o operário de uma empresa é obrigado a ceder é a totalidade do tempo de trabalho excedente cristalizado na mais-valia, independentemente de considerar se esta é maior ou menor do que o lucro obtido pela empresa particular que o contratou. Na hipótese de que a empresa pertença a um ramo de composição orgânico baixo, a massa de mais-valia será maior do que a massa de lucro e o remanescente será transferido aos setores de composição orgânica alta. No caso do camponês que opera em um setor de produção inferior à média, sua contribuição não paga ao capital global é também a totalidade do trabalho excedente e não apenas a parte da mais-valia que lhe corresponderia como lucro se operasse nas condições e com a racionalidade da empresa capitalista.

A especulação e o monopólio comercial são as formas concretas pelas quais se manifesta esse processo de transferência-exploração; contudo, não são, evidentemente, as causas desse processo. Tais mecanismos são possíveis porque o camponês pode produzir e vender ainda nessas condições, mas de maneira alguma cria as condições favoráveis à sua existência. Caso o produtor agrícola fosse uma empresa capitalista não poderia produzir nas condições determinadas pela especulação, o valor de produção seria imposto como preço regulador e os vultosos lucros do capital comercial já não seriam possíveis, pois teriam que ser impostos não pela compra por um preço baixo, mas pela venda por um alto preço, e os interesses do grande capital, direta ou indiretamente afetados, acabariam rapidamente com o parasita.

A especulação e os vultosos lucros do capital comercial agropecuário estão fundamentados nas condições excepcionais em que o produtor camponês não capitalista compra, muito mais do que nas condições em que vende. Em última instância, o comprador rural capitalista apropria-se de uma parte da transferência proveniente do camponês ao pagar-lhe valores que estão abaixo do preço de produção e reduzir a parte da mesma transferência que beneficiaria o capital em geral ao vender-lhe a preços mais próximos do preço de produção. Por outro lado, se pagasse o preço de produção e pretendesse obter todo o lucro atual do monopólio por um aumento no valor de venda, o grande capital industrial pagaria imediatamente essa transferência excessiva favorável a seu par comercial.

Dessa maneira, o camponês não apenas vende, mas também compra, e uma parte importante dos seus meios de produção e de vida provém do mercado.

No tocante aos meios de produção, pode-se afirmar que, eventualmente, o camponês compra ou arrenda a terra, adquire ou aluga maquinários agrícolas, compra fertilizantes, inseticidas, sementes etc. Também tem que pagar, ocasionalmente, por certos processos de transformação prévios à venda de seus produtos, como o debulhamento e o empacotamento. Finalmente, é provável que pague pelo armazenamento e que contrate o serviço de transportadoras que facilitem o acesso ao mercado.

Todos esses elementos constituem meios de produção mercantilista, não importa se o camponês os tenha comprado, arrendado ou contratado. Enquanto produtos ou serviços que circulam em um mercado capitalista, seu preço de venda deveria girar em torno do preço de produção e deixar para seu vendedor um lucro próximo à média, pois seu suposto comprador é um capitalista que somente irá adquiri-los se seu consumo produtivo lhe proporcionar valores suficientes para amortizá-los e ainda obter um lucro médio. Obviamente, o vendedor somente se sujeitará ao valor de produção se qualquer aumento reduzir substancialmente a demanda, o que certamente ocorre quando os compradores são capitalistas que nunca se dispõem a adquirir meios de produção cujo valor diminua drasticamente seus lucros. Por meio desse mecanismo, os preços de venda tendem a ser fixados em torno do preço de produção e, além disso, os encargos próprios dos preços de monopólio tendem a tomar como limite a derrubada da demanda quando o comprador capitalista deixa de ter uma aquisição rentável.

Este fato não ocorre, contudo, quando a demanda não provém de um comprador capitalista. No caso do camponês, a decisão de adquirir, arrendar meios de produção ou contratar serviços não se determina por uma avaliação baseada no critério lucro, mas reside na busca da reprodução de sua unidade de produção. O camponês pode decidir-se pela aquisição de um certo meio de produção inclusive quando seu consumo, após descontado o preço, não lhe proporcionar mais do que um pequeno saldo. É claro que isso deverá ocorrer quando esse meio de produção constituir a melhor alternativa de emprego da capacidade de trabalho disponível e desde que o saldo obtido seja necessário para satisfazer as necessidades de consumo familiar mais importantes.

Em uma analogia com a empresa capitalista, poderíamos dizer que para o camponês pode parecer racional adquirir um meio de produção cujo emprego não lhe proporcione um lucro médio e que não permita, inclusive, pagar completamente a força de trabalho investida em seu consumo produtivo. Essa forma de pensar se repetirá sempre que a aquisição e emprego desse meio de produção lhe permitir a oportunidade de uma reprodução ampliada ou, ao menos, na mesma escala, mas com perspectivas mais estáveis do que aquelas que poderia conseguir sem sua aquisição ou, o que é mais frequente, que sua aquisição seja imprescindível para sua subsistência como camponês.

Naturalmente, pode ocorrer também o contrário, e que uma unidade camponesa, com um nível de reprodução simples, estável ou ampliada, possa não encontrar grande vantagem na aquisição de um meio de produção cujo emprego lhe proporcione, descontando o preço, um saldo superior em relação à média de lucro capitalista. Esse caso, certamente, ocorre com muito menos frequência do que o anterior, além de não ser muito significativo para nossa análise, pois é evidente que não haverá uma queda dos preços capaz de reduzir o lucro do vendedor abaixo da média quando este mesmo vendedor estiver operando a partir de critérios capitalistas.

O mais importante seria considerar, então, que diante da demanda camponesa o vendedor de meios de produção encontra-se com um comprador cuja racionalidade econômica não o desaponta mesmo quando os preços de venda são mantidos sistematicamente acima dos preços de produção. Isso ocorre porque os meios de produção não representam para o campesinato uma forma de produzir lucros, mas um meio de garantir a subsistência e, eventualmente, alguma melhora na condição social.

Esta possibilidade de vender, arrendar ou contratar sistematicamente por preços superiores aos de produção constitui a base de uma transferência de valor da qual se apropria o capitalista, à custa do camponês, já não o enfrentando agora como comprador de seus produtos, mas como vendedor de meios de produção.

Uma vez mais, embora aqui com papeis trocados, o contato entre a produção camponesa e a empresa capitalista por intermédio do mercado teve origem em uma transferência em benefício da segunda. Se no primeiro caso a chave residia no fato de que o camponês podia vender a preços inferiores aos de um produtor capitalista, no segundo a chave reside no fato de que o camponês pode comprar, frequentemente, a preços muito superiores aos que seriam aceitáveis para uma empresa capitalista. Desse modo, no primeiro caso, essa venda seria uma transferência, pois o produto camponês não teria sido criado como portador de lucro e, mesmo assim, entrava em um mercado que já o supõe e no qual não pagá-lo significa apropriação gratuita. No segundo caso, essa compra seria também uma transferência, pois o meio de produção adquirido pelo camponês foi produzido sob a condição de permitir a realização de um lucro médio e o poder de vendê-lo sistematicamente por um preço superior significa, para o vendedor, a obtenção de uma renda extra permanente.

Como já mencionamos anteriormente, o fato de que o camponês "venda barato" é para o vendedor um ato de exploração que recebe a forma de perda de parte do excedente. O fato de que o camponês "compre caro" os meios de produção é também, para o vendedor, uma transferência de valor e, para o comprador, um ato de exploração no qual se sacrifica a outra parte excedente e que não está cristalizado em seus produtos, mas sim no dinheiro que os transformou.

Se a relação com o comerciante monopolizador é a forma concreta que adota esse processo de transferência-exploração na compra dos produtos camponeses, a relação com o introdutor monopolista de meios de produção é a forma assumida pela transferência-exploração na venda de meios de produção ao pequeno agricultor. Assim, seria redundante repetir que o monopólio tampouco é, no segundo caso, a causa do processo, a qual seria, na verdade, o fato de que o comprador tem, com frequência, uma capacidade excepcional de pagar caro. Essa característica permite elevar os preços de monopólio acima do limite que seria imposto pela queda da demanda caso o comprador fosse capitalista.

No que se refere à venda dos meios de produção ao camponês, é interessante acrescentar que o monopólio local dos introdutores, que eleva constantemente os preços e embolsa lucros abundantes, poderia desaparecer caso fossem impostos os interesses dos industriais e dos comerciantes em grande escala, que almejam aumentar as vendas e o volume dos lucros, ainda que para isso seja necessário renunciar às possibilidades de lucros locais abundantes que, como quer que seja, acaba desanimando uma parte dos compradores potenciais. Isso não deve ser interpretado, contudo, como uma prova de que a existência do monopólio local seja a causa da alta dos preços, pois estes se elevam, como já vimos, porque o comprador camponês, diferentemente do comprador capitalista, é capaz de suportá-lo. Certamente, os interesses gerais do grande capital e da indústria produtora de meios de produção podem levar à renúncia da exploração dessa conjuntura em nome de uma grande ampliação do mercado, ainda que a possibilidade de elevação dos preços exista de todas as formas, não tanto pela monopolização da oferta, mas pelo caráter camponês da demanda.

Dentro do mercado de produtos é necessário, finalmente, analisar as relações do campesinato com os vendedores de bens de consumo não produtivo. Também aqui constatamos o fato de que o camponês compra, com frequência, meios de vida excepcionalmente caros. Desconsiderando as compras que constituem, na realidade, intercâmbios com outros pequenos agricultores locais e regionais, quando o campesinato adquire artigos de consumo de origem industrial ou de origem camponesa, mas com a intermediação do capital comercial, ele paga preços muito acima do normal e que não se justificam em face aos gastos com armazenamento e custos financeiros. Desse modo, uma vez mais, o comerciante local como introdutor monopolizador dessas mercadorias obtém lucros abusivos.

Em sua essência, a chave do mecanismo que torna possível essa situação é a mesma; ainda que, aparentemente, a argumentação desenvolvida em momentos anteriores para os capitalistas não seja válida para os camponeses. Com efeito, dentro do mercado capitalista os meios de vida não são adquiridos pela empresa, não constituem compras do capital, mas é o consumidor privado, fundamentalmente a grande massa de trabalhadores assalariados, que adquire artigos de consumo. Não cabe dizer aqui que o critério com que o operário, consumidor típico de meios de vida no capitalismo, adquire bens de consumo está determinado pela necessidade de garantir a obtenção de lucros para o capitalista vendedor dos mesmos. Aparentemente, o camponês e o assalariado típico se apresentam no mercado com as mesmas características enquanto consumidores. Portanto, tanto a demanda de uns como a de outros apresentam as mesmas possibilidades de exigir que os preços de venda dos produtos se mantenham próximos ao valor de produção. Se os critérios capitalistas que regulamentam as compras das empresas são os mesmos que fazem com que o preço de mercado dos meios de produção tenha que girar em torno do valor de produção, sob pena de queda da demanda, nenhuma característica da demanda operária parece obrigar que o mesmo ocorra com os preços dos meios de vida, pois essa demanda não parece distinguir-se em nada daquela que representa as necessidades de consumo vital dos camponeses. Em outras palavras, no tocante ao consumo básico, pouco flexível é a demanda de uns como a de outros.

Isso, no entanto, não é mais do que uma aparência. A medida da capacidade de compra do operário é um salário e este é o preço de sua força de trabalho que é determinada, ao mesmo tempo, pela soma dos preços dos meios de vida necessários à sua subsistência e reprodução.

Dito de outra maneira, o salário do operário é o preço da mercadoria força de trabalho, que é igual à soma dos preços dos bens de consumo necessários para garantir a sua existência presente e futura. Esse preço é, aliás, pago por seu comprador, o capital industrial.

O salário – medida da capacidade de compra do operário – constitui uma parte do custo de produção para o capital industrial. Se os meios de vida têm preços de venda superiores a seus preços de produção, o operário terá que pagá-los sob pena de não garantir sua sobrevivência. Contudo, em última instância, essa supervalorização dos bens de consumo surgirá como uma supervalorização da força de trabalho na qual o proprietário, mais cedo ou mais tarde, exigirá um aumento de salários e, consequentemente, o incremento dos custos de produção industrial. A lógica do operário como consumidor privado não é incompatível com o aumento sistemático dos preços de venda dos bens de consumo em relação aos preços de produção, mas a lógica do capital industrial, cujos custos formam parte deste consumo traduzido em salários, é totalmente incompatível com a supervalorização sistemática dos meios de vida. Se o capital comercial, que realiza de maneira direta os lucros da venda, impusesse sistematicamente um lucro elevado, forçaria uma transferência anormal do valor proveniente do capital industrial que, de imediato, seria submetido à ordem.

As condições do operário, não tanto como consumidor, mas como assalariado, impedem que por meio da compra de meios de vida se gere uma transferência que afetaria, em última instância, os interesses do setor dominante do capital. Ao contrário, a tendência lógica do sistema prima pela manutenção em baixa, na medida do possível, dos preços dos meios de vida dos operários, pois isso resulta em baixos salários, menores custos e máximos lucros para o capital industrial. Evidentemente, nada disso ocorre em relação ao consumo do camponês.

A despesa do camponês com seu consumo vital não pode ser transferida ao comprador de sua força de trabalho visto que, nesse caso, o consumidor é, ao mesmo tempo, o produtor. Os gastos com o consumo têm que ser pagos pelo camponês independentemente da parte do excedente que tenha que ceder em troca. O único limite do camponês, nesse caso, seria o esgotamento total de seus rendimentos presentes ou futuros na medida em que tenha que recorrer ao crédito. Em razão disso, nada pode impedir que os preços de venda dos meios de vida se elevem sistematicamente, acima dos preços de produção, pois com essa transferência o único que sofre é o próprio camponês.

Como pode ser observado, a condição que possibilita a transferência/exploração por meio dos preços do meio de vida do camponês é, em essência, a mesma que possibilitava os mecanismos análogos à compra dos meios de produção e à venda de suas colheitas. O camponês adquire mercadorias para um consumo que não é mercantil mas, ao contrário do operário, não tem que repor, com isso, o suporte material de uma mercadoria – a força de trabalho – necessária ao capital. O consumo improdutivo do operário representa, dentro do sistema capitalista, a reposição da força de trabalho necessária para a indústria e é regulamentado pela lei dos preços. De um modo inverso, o consumo improdutivo do camponês não se encontra, de imediato, submerso no ciclo do capital e, além disso, os altos preços de certos bens que ele consome não afetam diretamente os custos industriais.[7]

---

[7] O caráter relativamente exterior ao ciclo do capital do consumo final camponês, em comparação com o consumo privado do operário, não deve ser entendido no sentido de que os custos de conservação e reprodução da força de trabalho camponesa sejam absolutamente irrelevantes para o capital industrial. Na realidade, quando os meios de vida rurais são supervalorizados, o produto camponês encarece e uma parte do excedente se fixa nos comerciantes locais em lugar de ser transferido na venda da produção. No caso do México, isso explica os esforços estatais para conseguir certo barateamento do custo de vida no campo, que em última instância está orientado para reduzir o lucro excessivo dos comerciantes locais e concentrar as transferências camponesas, sob a forma de preço mais baixo possível para os produtos agrícolas em benefício do capital industrial.

O intercâmbio desigual no mercado de dinheiro

O camponês não apenas compra e vende produtos no mercado capitalista, mas também requer, frequentemente, a obtenção de dinheiro adiantado por meio do qual há a exigência do pagamento de juros.

Certamente, o camponês inserido na órbita mercantil necessita vender para poder comprar e somente pode comprar na medida em que tem algo para vender. Contudo, chega até aqui o limite da complementaridade dessas duas operações, já que na prática elas sistematicamente não coincidem no tempo. Esse fenômeno, mais ou menos generalizado em toda produção mercantil, inclusive a capitalista, agrava-se no caso do camponês por causa do ritmo lento e descontínuo da produção submetida aos ciclos naturais de trabalho agrícola, ao mesmo tempo que as necessidades de consumo vital são contínuas e, também, as necessidades de aquisição de meios de produção que são, evidentemente, anteriores à obtenção da colheita.

A extensão dos ciclos de produção, submetidos por completo aos ritmos da natureza, é incompatível com uma economia natural de autoconsumo, embora entre em contradição com a exigência de recursos monetários que impõem o caráter mercantil do consumo. Tal contradição, que se expressa na falta de coincidência temporal entre os atos de compra e venda, agrava-se em virtude do caráter desigual que caracteriza esses intercâmbios, nos quais se perde um excedente que, uma vez acumulado, permitiria compensar a não correspondência.

Por tudo isso, é evidente que quanto maior a dependência do camponês em relação ao mercado de produtos, maior também é sua dependência em relação ao crédito. Quanto aos outros aspectos, convém destacar que os mecanismos que operam a partir da dependência do camponês em relação ao dinheiro adiantado e seu respectivo juros são os mesmos que regem sua relação no tocante ao intercâmbio de produtos.

Na sociedade capitalista, o dinheiro a juros não é apenas dinheiro, mas também capital que se movimenta segundo a lógica do crescimento. O crédito tem uma função dinâmica, pois torna ágil a movimentação do capital e compensa a falta de correspondência entre as necessidades de pagamento e a disponibilidade de recursos, além de facilitar, assim, a acumulação do capital industrial. Em razão do cumprimento dessa função, o capital a crédito se torna digno de um juro que não é outra coisa senão uma parte da mais-valia gerada na órbita do capital industrial. Nessas condições, é claro que a taxa de juros é condicionada pela escassez de dinheiro, mas também é determinada, em última instância, pela taxa geral de lucro. Isso ocorre de uma tal maneira que a taxa de juros não pode ser superior à taxa de lucro médio do capital. O dinheiro tem um valor, assim como qualquer outra mercadoria, e não pode ser pago sistematicamente por ele um juro superior à média e que é, ao mesmo tempo, sempre inferior à taxa média de lucro.

No que se refere à economia camponesa, o mecanismo é operado de uma maneira radicalmente distinta. O camponês pagará pelos empréstimos, imprescindíveis para ele, um juro que não tem mais limites do que a importância do excedente de sua produção futura comprometida com o crédito. Se esse dinheiro for empregado para adquirir meios de produção, o camponês poderá economizar em seu investimento produtivo uma quantia muito inferior àquela que seria aceitável a um capitalista. O camponês também estará disposto a contrair dívidas se esta for a condição para continuar exercendo sua capacidade de trabalho e se a renda obtida, por menor que seja, consiga suprir uma necessidade importante. Caso o dinheiro seja empregado na aquisição de meios de vida, o camponês estará disposto a sacrificar todos os seus potenciais excedentes futuros e até comprometer seus meios de produção em prol de garantias, pois, nesse caso, o único aspecto a ser considerado é a sobrevivência.

No meio rural, o capital a crédito toma frequentemente a forma de capital usurário e suas taxas de juros são desproporcionais e arbitrárias. No entanto, como já dissemos, fica evidente que não é a existência do usurário o que aumenta os juros, mas a capacidade do camponês de pagar juros exorbitantes que cria as condições de existência do usurário.

A usura sistemática é incompatível com o mercado capitalista de dinheiro. Por outro lado, essa mesma usura é a forma "normal" de crédito quando o demandante é a economia camponesa. Ao emprestar um capital, o que já pressupõe uma determinada taxa de juros, a unidades que não vão consumi-lo como capital, mas como simples meio para o trabalho e consumo e que, portanto, poderão pagar juros sistematicamente superiores à média, a concessão de créditos no meio rural torna-se uma fonte de transferência totalmente distinta da divisão normal dos lucros entre o capital a crédito e o capital industrial.

A partir da perspectiva do camponês essa transferência é, uma vez mais, um mecanismo de exploração, pois os juros que está pagando são parte de seu próprio trabalho materializado. De modo diferente do setor industrial, a unidade camponesa não compartilha com o capital financeiro uma parte da mais-valia por ele expropriada, pois o camponês, enquanto produtor direto, está cedendo seu próprio trabalho excedente no pagamento dos juros. Para o capital, a possibilidade de pagar os juros de um crédito supõe sua valorização prévia mediante um ato de exploração, mas, para o camponês, é justamente no momento de pagar os juros que se consuma a exploração. Desse modo, podemos concluir que enquanto a importância do valor transferido é maior, no caso do capital usurário, os empréstimos mais "brandos" implicam também em uma transferência-exploração, ainda que de menor importância.

Intercâmbio desigual no mercado de trabalho

Com frequência, o camponês não apenas vende produtos, mas também participa no mercado com sua força de trabalho. Já dissemos que a economia camponesa é basicamente uma unidade de produção agropecuária. Nesse caso, se o trabalho constitui um fator originário e elemento organizador, a terra é também seu principal meio de produção. O trabalho agrícola seria, então, o núcleo regulador de sua atividade econômica. Também já havíamos estabelecido que, por definição, somente consideraríamos como camponesas as unidades de produção que canalizam a parte qualitativa e fundamental de seu trabalho mediante meios de produção próprios. Em razão de tudo isto, fica claro que a força de trabalho que o camponês disponibiliza para a venda é somente um saldo de sua capacidade de trabalho total.

O camponês somente vende a parte da força de trabalho – geralmente por jornada – que não pode empregar com meios de produção próprios, seja porque esses meios são insuficientes em termos absolutos, seja porque certas opções de produção com recursos próprios rendem menos do que aquelas em que realiza o mesmo esforço em troca de um salário. Além disso, somente venderá esse saldo de sua força de trabalho caso os rendimentos totais obtidos como produtor independente não sejam suficientes para atingir uma reprodução equilibrada e o esforço empregado em troca de um pagamento diário seja compensado pelas necessidades que o salário satisfaz.

Em resumo, podemos concluir que, de um modo geral e salvo casos isolados em que os salários regionais são excepcionalmente altos, o camponês vende uma parte de sua força de trabalho porque sua renda como produtor direto não é suficiente para garantir a simples reprodução. Na medida em que o camponês compensa com rendimentos salariais a insuficiência de sua renda como pequeno produtor independente torna-se evidente que não há a necessidade de analisar sua unidade de produção como exemplo de um conjunto unitário de atividades que incluem o trabalho pago por dia, pois, de outro modo, a parcela de "infrassubsistência" seria absurda e, inclusive, irracional.

De qualquer modo, a peculiaridade da venda da força de trabalho por parte do camponês seria o fato de que ele lança no mercado somente uma reserva de sua capacidade total de trabalho e as necessidades que procura satisfazer são, em geral, somente uma parte de suas demandas totais. Tudo isso determina que a fixação da renda do eventual assalariado, membro de uma unidade camponesa, escape parcialmente das regras próprias do trabalho assalariado capitalista.

O operário típico do capitalismo carece totalmente dos meios de produção e ao encontrar-se impossibilitado de produzir por si mesmo seus meios de vida procura vender sua força de trabalho como mercadoria, pois esta é a única maneira que ele encontra para garantir sua existência física e a de sua família. Nessas condições, é óbvio que o proletariado lança no mercado a totalidade da sua força de trabalho, e é evidente também que necessita obter por ela um salário suficiente para adquirir a totalidade dos meios de vida necessários para garantir sua existência presente e futura.

Na perspectiva do capital, a força de trabalho é a mercadoria faltante para o desenvolvimento da produção de outras mercadorias e, portanto, para a obtenção de lucro. O valor dessa mercadoria, assim como o de qualquer outra, é determinado pela quantidade de trabalho socialmente necessário para sua produção, que se expressa na soma dos valores dos meios de subsistência do operário e de sua família. No que se refere ao preço, o salário tende a girar em torno da soma dos preços dos produtos indispensáveis ao consumo do operário.

No entanto, a força de trabalho é uma mercadoria peculiar e seu consumo produtivo, em lugar de transferir seu valor ao produto, cria um novo valor quantitativamente superior ao inicial. Em outras palavras, o consumo da força de trabalho transfere ao seu comprador um saldo de valor que, após uma série de transformações, constitui seu lucro. Dado que o excedente de trabalho significa a diferença entre o tempo de trabalho necessário e a totalidade da jornada de trabalho, é evidente que uma das formas mais eficazes de incrementar a mais-valia consiste em revolucionar os meios de produção a tal ponto que a produtividade intensificada pelo trabalho operário permita gerar, em um tempo menor, o equivalente ao valor da força de trabalho e aumente, em temos relativos e absolutos, o tempo de trabalho que sobra.

A existência desse mecanismo possibilita que o capitalista satisfaça sua necessidade de maximizar os lucros sem que, a princípio, seja necessário pagar a força de trabalho abaixo de seu valor, prolongar exageradamente a jornada ou intensificar, de maneira anormal, as horas de trabalho. Um capitalismo plenamente desenvolvido e que opere em condições normais demandará uma intensificação da produtividade como via principal para aumentar o trabalho excedente; ou seja: promoverá a obtenção da mais-valia relativa.

Naturalmente, isso não é o suficiente para que o capital renuncie ao aumento de seus lucros pelo caminho mais cômodo, isto é, pagando a força de trabalho abaixo de seu valor real e aproveitando-a ao máximo, muito além de seu limite normal. Quando o capitalista recorre a esses procedimentos, ou melhor, quando intensifica a mais-valia por meio da via absoluta que vai além dos limites normais, está violentando as leis do mercado capitalista, pois, seja porque a consome demais ou porque paga pouco por ela, está obtendo a mercadoria força de trabalho por um preço inferior ao seu valor. Em relação ao intercâmbio entre o operário como vendedor e o capitalista como comprador, a extração da mais-valia absoluta anormal constitui um intercâmbio desigual e, em última instância, uma exploração do operário. Naturalmente, se considerarmos que o vendedor põe em jogo o seu trabalho e que, nesse caso especial, prolonga-se de maneira anormal o trabalho excedente e ocorre a transgressão do "limite normal" de exploração, é evidente que esse intercâmbio desigual é, em essência, um processo de superexploração.

Em condições puramente capitalistas, esta forma de intensificar os lucros é impraticável no longo prazo, tanto por razões econômicas quanto políticas. Em termos econômicos, a persistência nessa via conduz à destruição e ao esgotamento da força de trabalho adquirida irracionalmente e incapaz de ser reposta ou reproduzida. Em termos políticos, é inevitável que os operários, enquanto classe, defendam seus interesses na venda da força de trabalho, pois além de não ter outra fonte de renda estarão lutando por sua vida. Assim, em condições normais, o pagamento da força de trabalho será equivalente a seu valor e o consumo produtivo desta não poderá exceder sistematicamente os limites de uma jornada de trabalho de duração e intensidade normais e socialmente estabelecidas.

Convém considerar, contudo, que essa normalidade imposta pelos fatores mencionados acima não se cumpre se o vendedor da força de trabalho é ao mesmo tempo um produtor camponês. A suposição de que a força de trabalho que o camponês vende seja paga pelo seu valor e que seja consumida produtivamente somente em um grau normal não funcionam nesse caso, uma vez que estão ausentes os fatores econômicos, políticos e sociais que estariam funcionando no caso do operário, no sentido de forçar o capitalista a cumprir tais condições. Desse modo, contrariamente ao operário típico, o camponês não necessita completamente de meios de vida. A força de trabalho que lança no mercado constitui somente uma parte de sua capacidade de trabalho total e a renda que adquire por este conceito não tem que corresponder, necessariamente, ao custo de reposição da força de trabalho vendida, pois será somada ao restante dos rendimentos de sua unidade econômica e de cujo total resultará, sem dúvida, o sustento da família. Poderíamos dizer, de outra forma, que o camponês como produtor direto pode "subsidiar" a si mesmo enquanto assalariado temporal e compensar com produtos agrícolas para autoconsumo ou com parte da renda agrícola a insuficiência da diária para repor a força de trabalho desgastada. É natural que, desse modo, a economia camponesa não subsidie realmente seus membros, que se contratam como assalariados, mas transfira ao contratante uma parte maior ou menor de seus excedentes.

É importante destacar, no entanto, que sob o ponto de vista do camponês isto não representa um presente ou uma mostra de irracionalidade visto que, de todas as maneiras, a unidade camponesa tem que destinar esses rendimentos ao consumo de seus membros. Para ela, o salário, além de ser uma forma justa de pagamento pela força de trabalho vendida, é também uma renda complementar da qual necessita o camponês para alcançar seu equilíbrio. Esta "afortunada" situação coloca o capitalista, que contrata a força de trabalho excedente do camponês, em condições de obter desta uma transferência em forma de força de trabalho a ser paga por um preço abaixo de seu valor.

A condição dos assalariados parciais que cultivam uma pequena parcela por meio do trabalho temporário tem sido enfocada, constantemente, de maneira inversa. Sobretudo no que diz respeito aos camponeses remunerados por dia de trabalho que somente voltam para sua própria parcela de terra para o cultivo e a colheita e cuja produção volta-se, exclusivamente, ao autoconsumo. Esse setor camponês foi definido como uma camada do semiproletariado que *complementa* sua renda como assalariado contratado por dia com o autoconsumo e *subsidia*, com seu próprio salário, o seu trabalho como agricultor. Essa caracterização apoia-se em certos dados quantitativos: esse camponês trabalha mais dias em troca de pagamento diário do que em sua própria parcela e a renda monetária proveniente do salário é maior do que a renda monetária agrícola e, inclusive, superior ao valor que poderia obter da colheita caso esta não fosse para autoconsumo.

Em minha opinião, esse enfoque seria unilateral já que se apoia em considerações puramente quantitativas e porque essas considerações são insuficientes. Quando afirmamos que a maioria dos camponeses – que são ao mesmo tempo assalariados temporais – *complementa* sua renda como agricultor, por meio do que obtém o salário, não aplicamos um critério quantitativo, mas qualitativo, e nos baseamos no fato de que as demandas de sua parcela e a renda que arrecada são, em geral, seu núcleo regulador e seu ponto de partida. A força de trabalho que lança no mercado é somente aquela que sua parcela não pode absorver e a renda que ali busca obter é somente a diferença entre a própria renda agrícola e a renda necessária à subsistência. Tudo isto independente do fato de que tanto a força de trabalho que falta quanto a renda que sobra podem ser quantitativamente superiores à força de trabalho exercida e à renda obtida por conta própria.

Por outro lado, é difícil sustentar a hipótese de que a renda como assalariado subsidia as perdas como agricultor, pois isso implica no fato de o salário não somente pagar a força de trabalho consumida como também deixar uma quantia restante para compensar as horas de trabalho que resultaram em perdas. Na realidade, essas "perdas" compensadas pela renda assalariada somente existem em termos monetários, pois a parcela própria proporciona ao camponês uma série de bens e serviços dificilmente quantificáveis em dinheiro mas que, sem dúvida, seriam impossíveis de ser adquiridos, mediante o salário, se fossem de origem mercantil. De um modo geral, além da colheita básica para autoconsumo, o trabalho doméstico proporciona ao camponês o produto de outras atividades agropecuárias também para autoconsumo (horta, criação de animais etc.), bens manufaturados de caráter artesanal, uma moradia sem custo monetário etc.

É importante deixar claro, contudo, que mesmo se o contratante pagasse ao assalariado eventual o valor "justo" de sua força de trabalho e esta fosse consumida somente em uma jornada de intensidade e duração normais, esse fato caracterizaria, ainda assim, dentro da empresa, um processo de exploração que corresponderia a um lucro ao capitalista. O mais significativo da situação utópica que estamos analisando reside no fato de que, nesse caso, o único explorado seria o trabalhador como tal e o fenômeno seria um efeito "natural" e inevitável resultante da venda da força de trabalho como mercadoria. Se estas suposições se cumprissem, aquele que realmente sofreria a exploração seria o indivíduo contratado, na condição de que com isso se transforme em operário. No entanto, esse mesmo indivíduo, enquanto membro de uma unidade camponesa que vendeu uma mercadoria, teria de receber um pagamento correto. Dito de outra maneira, se as condições anteriormente mencionadas se cumprissem, o remanescente da força de trabalho lançado no mercado pelos camponeses seria uma via de acesso a um processo de exploração capitalista, mas em termos de circulação nos encontraríamos diante de um intercâmbio de equivalentes e nenhuma transferência de valor se apresentaria por meio do mercado. Definitivamente, o camponês, como vendedor da força de trabalho, não seria explorado por meio do intercâmbio desigual.

Entretanto, essas condições "normais" de exploração assalariada são excepcionais no caso do trabalho remunerado por jornada de origem camponesa. O assalariado eventual proveniente de uma economia camponesa rende, de maneira sistemática e permanente, uma mais-valia absolutamente anormal. Se a superexploração do proletariado é inerente ao modo de produção capitalista e se apresenta eventualmente, dependendo da importância do exército industrial de reserva e da correlação de forças na negociação das condições de trabalho e dos salários, a superexploração sistemática do trabalho assalariado proveniente do camponês é própria da subsunção geral do trabalho camponês ao capital e tem uma base estrutural permanente. Portanto, não depende de situações conjunturais ou correlações de forças. Se a mais-valia absoluta anormal, enquanto intercâmbio desigual no mercado de trabalho, é uma irregularidade em uma circulação que se rege por um intercâmbio de equivalentes, a superexploração da força de trabalho camponesa é a situação "normal" que gera o mercado peculiar no qual se articula a produção camponesa com o capital. Essa superexploração permanente não seria mais do que a manifestação no mercado de trabalho dos mesmos mecanismos de transferência-exploração que operam no mercado de produtos e no mercado de dinheiro.

Vale destacar aqui que a exploração deve ser decomposta, teoricamente, em duas partes: o remanescente que, de todas as maneiras, seria economizado na aquisição da força de trabalho caso esta fosse paga por seu devido valor, e o lucro extra que reporta ao capitalista o fato de poder pagá-la sistematicamente por um preço abaixo de seu valor. A primeira parte da exploração é proveniente da natureza do capitalismo em geral, enquanto a segunda se origina na forma particular em que este está imerso na atividade camponesa.

Com o intuito de empregar os mesmos termos dos parágrafos anteriores, poderíamos dizer que o camponês é explorado e proporciona lucros abusivos ao capitalista porque é capaz de vender sistematicamente sua força de trabalho por valores que seriam insustentáveis em um setor proletário normal.

A exploração do campesinato: visão de conjunto

Encerramos a discussão teórica sobre os diversos mecanismos de transferência-exploração que operam sobre a produção camponesa com a análise do mercado de trabalho de origem camponesa. Agora nos resta, finalmente, realizar algumas observações sobre o processo em seu conjunto.

Como unidade de produção e consumo, a economia camponesa é um todo complexo constituído por diversas atividades organicamente entrelaçadas e não há uma lógica específica para cada uma delas senão o fato de que são guiadas pela racionalidade do conjunto.

No entanto, a unidade camponesa de trabalho e consumo não é mais do que o suporte de um processo produtivo imerso no capital e definido, sobretudo, por sua condição de trabalho explorado. Essa exploração, que se consuma por meio de diversos mecanismos de intercâmbio desigual, é também um todo complexo constituído por diversas transferências organicamente entrelaçadas. As diversas formas de transferência-exploração incidem sobre um mesmo sujeito socioeconômico e constituem um processo único e multilateral, além de a totalidade do excedente camponês, independentemente das diversas atividades das quais se origina, ser saqueada por procedimentos múltiplos e ao mesmo tempo complementares.

A partir dessa perspectiva, é necessário demarcar as análises parciais dos parágrafos anteriores. Quando foi abordada a exploração mediante o mercado de produtos ao qual o camponês recorre como vendedor, foi feita uma abstração acerca das demais articulações entre o camponês e o capital na tentativa de demonstrar que a simples venda de sua produção pode expropriá-lo da totalidade de seu excedente. Isso significa, na prática, que mesmo não vendendo a sua força de trabalho, não utilizando dinheiro a crédito e conseguindo um intercâmbio de equivalentes no mercado dos meios de produção e bens de consumo, o camponês seria saqueado na venda de sua produção.

É evidente, entretanto, que uma situação como essa dificilmente ocorre, pois o mais frequente seria a ação dos diversos mecanismos de maneira paralela e complementar, fluindo uma parte maior ou menor do excedente através de cada um deles. O caráter complementar manifesta-se quantitativamente por meio da soma desses fluxos parciais e sua tendência à identificação com o volume total do excedente gerado.

Assim, por exemplo, se o camponês obtém crédito usurário, emprega insumos supervalorizados e paga um preço muito alto pelos bens de consumo, sua produção será revestida de um custo maior e portadora de uma série de transferências. A renda mínima que necessitará obter para que sua produção garanta a subsistência será esse custo aumentado e não o custo real de reprodução. Nesse caso, a transferência ao comprador que pague tal custo seria inferior ao total do excedente, pois a diferença já teria sido transferida em diversas partes ao usurário e aos introdutores de meios de produção e bens de consumo. Isso explica o caráter complementar de certas políticas estatais, uma vez que a possibilidade de que a produção camponesa seja vendida aos organismos oficiais de intermediação por um "valor de garantia", fixado com a intenção de amparar a reprodução e manter ou estimular a oferta, pode fazer que a parte do excedente transferido seja cada vez menor quanto maiores forem as transferências prévias ao capital usurário e aos introdutores locais. Consequentemente, a concentração e a racionalização, por parte do Estado, das transferências provenientes do camponês não podem se limitar a uma política de concessão de provisões e requer, como complemento indispensável, uma política de crédito, insumos e bens de consumo que feche o círculo e permita captar e concentrar todo o excedente, além de suprimir as fugas que somente beneficiam os exploradores locais.[8]

Uma visão de conjunto dos mecanismos de transferência nos mostra uma característica peculiar da exploração camponesa no marco do capitalismo: seu caráter complexo e multiforme. Em comparação com a exploração do trabalho assalariado do operário ou com a exploração do pequeno produtor em regimes anteriores como o feudal, o camponês do capitalismo integra-se a uma rede de relações de exploração excepcionalmente complexa. Essa multilateralidade tem efeitos sobre as condições de luta defensiva do campesinato, pois

---

8 A mesma "racionalização" e concentração do excedente camponês se manifesta na política de certas empresas agroindustriais e agrocomerciais privadas que integram verticalmente a produção camponesa abarcando a totalidade dos mecanismos de transferência, ao restaurar os cultivos, proporcionar a assessoria técnica e a maquinaria e, finalmente, fazer a colheita em condições de monopólio.

o abatimento ou o desaparecimento de uma relação de exploração tende a ser neutralizado pelos demais mecanismos de exploração de uma tal maneira que os fluxos da transferência podem mudar de canal sem que haja a necessidade de uma redução quantitativa.

Outra característica peculiar é que os mecanismos de exploração operam todos por meio da instância econômica – diferentemente de certos regimes pré-capitalistas. Esses mecanismos têm suas bases nas relações imediatas de produção, e ocorrem de forma diversa à exploração capitalista assalariada através do mercado. O fato de que a exploração se desenvolva, unicamente, por meio da instância econômica e adote a forma de intercâmbio desigual de valores é algo obscuro aos olhos do camponês, tanto a verdadeira natureza de tal exploração quanto seus procedimentos. Para o camponês imerso no capitalismo, a base estrutural que determina a perda de seu excedente é um fato misterioso que somente a crítica da economia política pode revelar.

Até o presente momento, insistimos no fato de que o camponês é explorado em benefício do capital em seu conjunto, pois seu excedente é transferido por meio do mercado e se incorpora à valorização do capital global. Esse fato, que não nos parece essencialmente correto, requer, contudo, um tratamento mais detalhado.

Essa condição não é, certamente, específica do camponês; o operário também cede sua mais-valia em benefício do capital em seu conjunto, pois o empresário individual que o contrata não se apropria diretamente de todo o trabalho excedente gerado sob seu controle, mas simplesmente de um lucro médio – maior ou menor que a mais-valia obtida – retirado do "fundo comum" capitalista e proporcional ao montante de seu capital. A concorrência dos capitais, unida à operação normal do mercado capitalista regido pelos valores de produção, impede que um capitalista individual se aproprie sistematicamente de um lucro superior à média, inclusive no caso em que a taxa de lucro obtida dos operários de sua empresa seja superior à quota média.

No que se refere à exploração do camponês, essa comunidade de interesses do capital pode, teoricamente, chegar ao extremo de uma completa despersonalização dos mecanismos de transferência já que, aqui, a mais-valia é arrancada através do mercado e a função do capital individual como organizador da reprodução é suprida por uma unidade de produção que se autogerencia.

Na prática, porém, essa possibilidade teórica pode transformar em seu contrário. A zona do mercado capitalista onde é realizada a transferência do camponês está sujeita a uma legalidade excepcional, pois nela os valores de produção não operam como reguladores. O que o camponês compra ultrapassa geralmente o valor de produção, mas o que ele vende não chega a alcançá-lo; e em relação ao crédito, tampouco opera necessariamente a média de juros bancários. Dito de outra maneira, o que ocorre é que a faixa de mercado camponês é marcada pelo intercâmbio desigual em sentido estrito e constitui uma descontinuidade dentro do mercado global capitalista que é regido pelo intercâmbio de equivalentes (fato que deve ser entendido como preços de produção e não como valores). A princípio, não há nada que impeça que o excedente que ingressa por essa via seja distribuído equitativamente entre todos os capitais, elevando a taxa média de lucro; tampouco nada impede que certos capitais individuais se apoderem dessa faixa privilegiada do mercado e captem para si uma parte ou a totalidade desse excedente. Essa segunda alternativa é possível devido ao fato de que os capitalistas que conseguem ser colocados nessa posição podem escapar parcialmente da racionalidade pela qual os outros empresários são forçados a se conformarem com o lucro médio. De fato, o império dos preços de produção obriga a maioria dos capitalistas a ceder a mais-valia a um "fundo comum" e a retirar somente a quota média que lhes cabe, mas os capitalistas vinculados à intermediação com o camponês têm em suas mãos a totalidade do excedente gerado pelos produtores diretos e nenhum mecanismo puramente econômico pode obrigá-los a conservar somente a quota média de lucro e a ceder o restante ao "fundo comum".

Em outras palavras, o excedente gerado pelo camponês, com seus próprios meios de produção, pode ser total ou parcialmente interceptado pelos capitalistas que tomaram posse dessa faixa de mercado e que poderão obter um lucro extra que não é proporcional à média de seus próprios capitais. O limite dessa taxa de lucro, ou seja, até que ponto ela pode ser superior à média, é indicado pelo fato de que esses exploradores captam o excedente sem que, no montante de seus capitais, esteja incluído o valor dos meios de produção dos quais dispõe o camponês. Além disso, a quota desse excedente é normalmente superior à taxa média de lucro, pois a composição orgânica do setor camponês de produção é, em geral, muito inferior à média.

A chave desse possível privilégio consiste em que um amplo setor de trabalhadores diretos cede seu excedente através do mercado sem que capitais produtivos individuais tenham atuado no processo imediato de produção. Caso esses capitalistas existissem como exploradores diretos do trabalho rural, eles poderiam impor ao mercado os preços de produção e o capital de intermediação seria forçado a um lucro médio. Na ausência deles, o capital de intermediação exerce diretamente, por meio do mercado, um processo de exploração peculiar que não o obriga a se contentar com um lucro proporcional ao montante de seu capital. O volume desses grandes lucros dependerá somente da importância do excedente camponês e das condições da oferta e da demanda no mercado capitalista, no qual esses capitais atuam como vendedores.

O privilégio de atuar no âmbito da intermediação com o campesinato é transformado em fonte de grandes lucros. Uma vez ocupada essa posição, qualquer capital encontra-se automaticamente em condições de monopólio, não porque elimina a concorrência com outros capitalistas, mas porque opera em um mercado assimétrico em relação aos camponeses. Devido ao fato de gozar dessa posição privilegiada, a concorrência entre os capitais privados pode resultar em uma mudança de mãos dos grandes lucros, embora não os elimine.

A existência, na sociedade capitalista, de uma posição excepcional que garanta grandes lucros permanentemente transforma-se em um cobiçado tesouro que será defendido de todas as formas por aqueles que o usurpam. Contudo, a conservação de uma parte desse território privilegiado depende, em primeiro lugar, da solidez dos nexos econômicos que vinculam o capital que o controla às unidades de produção camponesas que lhe transferem seu excedente. O manejo de uma zona de exploração dessa natureza é, sem dúvida, peculiar e extremamente complexo, pois, diferentemente da exploração operária na indústria, os mecanismos de transferência são multilaterais e o controle do capital sobre o processo imediato de produção pode não existir ou ser exercido indiretamente. De qualquer forma, a base dessa exploração é estrutural e pode operar automaticamente por meio da inércia das coisas, mas, evidentemente, uma estrutura dessa complexidade e cuja base pode ser formada por milhares de unidades formalmente independentes e que devem ser defendidas da voracidade de outros capitais excluídos do privilégio, somente pode ser sustentada se essa mesma base estrutural for reforçada permanentemente mediante formas de controle ideológicas e políticas.

O grau de dominação social e a multilateralidade dos mecanismos econômicos de exploração constituem a medida da força de um monopólio regional ou local sobre a exploração camponesa. Os mecanismos de coação extraeconômica não favorecem a exploração que, nesse caso, é estrutural, mas são um complemento de primeira ordem, não só para manter o fluxo do excedente, mas também para preservar de outros capitais a zona de influência.

Essa forma de exploração peculiar, a complexidade de seu funcionamento e a necessidade de defendê-la como um monopólio é a origem de uma estrutura socioeconômica típica das zonas rurais de caráter camponês. Se na indústria a concentração dos meios de produção na fábrica opera como um autômato e, ao mesmo tempo, como um autocrata que garante por si mesmo o controle do processo, a exploração camponesa exige, por outro lado, um mecanismo de controle social mais complexo e paralelo às relações econômicas propriamente ditas. Esse autocrata rural e suas funções de coação extraeconômica são mencionados frequentemente junto com o conceito de "caciquismo". Entendido dessa forma, o "caciquismo" seria uma estrutura complexa de controle político-ideológico e exploração que se define por uma zona de influência monopólica, cuja base é constituída pelas unidades de produção camponesa formalmente independentes e espoliadas, fundamentalmente, por meio da intermediação.

O caciquismo tem, sem dúvida alguma, uma longa trajetória histórica, além de cumprir funções políticas muito diversas. No entanto, acreditamos que sua existência atual e sua forma de reprodução são possíveis devido às exigências político-ideológicas de uma forma peculiar de exploração determinada por sua base econômica. O monopólio sobre uma zona de exploração pode mudar de mãos e suas formas externas podem ser modificadas consideravelmente, mas enquanto o mecanismo econômico for multilateral e sua base composta por uma diversidade de unidades independentes, sua tendência será a de reproduzir esquemas socioeconômicos semelhantes e, em última instância, um território do caciquismo será substituído por outro. O complemento de coação extraeconômica pode aparecer como um poder informal despótico ou paternalista ou, ainda, pode fundir-se a outras estruturas institucionais de poder; pode, inclusive, estar respaldado por um direito jurídico que define uma zona monopólica de influência; pode, finalmente, assumir uma aparência moderna e tecnocrática ao ser encarnado na imposição despótica ou paternalista de técnicos ou administradores. Contudo, há em todos os casos mencionados a reprodução de um único esquema: os mecanismos de exploração econômica apresentam-se acompanhados de formas de controle e dominação extraeconômicas, sejam estas jurídicas, políticas ou ideológicas, formais ou informais, paternalistas ou despóticas. No caso do camponês, o autômato econômico da exploração opera em tais condições de dispersão e multilateralidade que somente pode ser eficiente se estiver vinculado, imediatamente, a uma estrutura paralela e complementar de controle. Isso, por sua vez, possibilita que o controle extraeconômico se transforme em uma via de exploração e acumulação.

A concentração e a centralização dos trabalhadores em torno dos meios de produção e a simplicidade dos mecanismos de exploração permitem, na indústria, a existência separada e autônoma de uma classe empresarial que exerce a exploração econômica, além de uma série de agentes que, a partir do sindicalismo pelego, ou por meio do Estado, podem exercer o controle político sem funções econômicas diretas. A dispersão das unidades econômicas camponesas e a multilateralidade de uma exploração que se consuma *a posteriori* e por meio do mercado exigem e reproduzem as mais variadas formas de "caciquismo" rural, que é entendido como uma estrutura socioeconômica complexa na qual se fundem o controle político-ideológico e a exploração.

As características socioeconômicas da exploração camponesa que acabamos de analisar tiveram sua origem em uma suposição: a de que um setor do capital valoriza o privilégio exclusivo da apropriação do excedente camponês e obtém grandes lucros. Todavia, havíamos afirmado que, em princípio, não há nada que se oponha à transferência dos produtos excedentes dos trabalhadores rurais ao capital global e seu consequente aumento da taxa geral de lucro. Agora, ficou claro que isso somente será possível se essa faixa privilegiada do mercado capitalista, onde impera o intercâmbio desigual à custa do camponês, for vedada aos capitais privados e se movimentar por meio de um representante dos interesses globais do sistema disposto a transferir integralmente o excedente camponês ao capital em seu conjunto. Em outras palavras, o único procedimento capaz de colocar o trabalho camponês a serviço de uma taxa de acumulação mais elevada e uma quota superior à média de lucro é a instrumentalização das funções de intermediação com esse setor através do capitalismo de Estado.

As funções cumpridas pelos "caciques" locais e regionais e, inclusive, as que são desenvolvidas por certas empresas agroindustriais e agrocomerciais privadas, podem ser, ao menos teoricamente, substituídas por empresas estatais, nas quais o excedente camponês será transferido através dos preços e em forma de subsídio à totalidade dos capitais privados. A forma mais "racional" de colocar em prática a exploração massiva do campesinato a serviço do capital global, e a única maneira de eliminar lucros extras que fixam parte da mais-valia de um setor privilegiado e improdutivo, é a nacionalização do mercado camponês: o monopólio estatal sobre a terra, o crédito, o abastecimento de insumos e meios de vida, bem como a comercialização do produto camponês.

Para finalizar, convém acrescentar uma última consideração. Se a análise da produção camponesa como unidade de trabalho e consumo nos fizesse pensar em uma economia cujo ponto de equilíbrio encontra-se em diferentes proporções de esforço e satisfação e, portanto, em diferentes graus de bem-estar, podemos depreender da análise do camponês como explorado que, em relação à racionalidade do sistema e de maneira tendencial, seu nível de reprodução será fixado em um nível muito próximo daquele que marca o consumo mínimo vital. Além disso, é provável que em uma extremidade empobrecida do setor muitas unidades não chegarão a estabelecer seu ponto de equilíbrio e desenvolverão um processo de reprodução em escala limitada, paralela à proletarização de alguns dos membros, até alcançar sua completa desintegração. Por outro lado, na *extremidade superior* do setor, algumas unidades camponesas que disponham de mais ou melhores terras e meios de produção relativamente superiores poderão conseguir uma renda suficientemente mais elevada do que o restante, fixando pontos de equilíbrio e bem-estar crescente e desenvolvendo uma reprodução em grande escala.

No segundo caso, a acumulação dos meios de produção não pode ser identificada mecanicamente com a acumulação de capital, pelo menos enquanto o elemento regulador da produção for o trabalho familiar e o objetivo do processo continue sendo enfocado sob a ótica da reprodução do status social. É possível, desse modo, que a reprodução em grande escala seja autolimitada e se mantenha proporcional à capacidade de trabalho familiar, conservando o caráter camponês da unidade. Contudo, a onipresença da racionalidade capitalista tende a ser imposta sobre essas unidades relativamente privilegiadas e os meios de produção modernos e o dinheiro obtido a crédito tenderão a impor, automaticamente, suas próprias regras do jogo no tocante à amortização e à rentabilidade de modo que, para um camponês inscrito no sistema é difícil, senão impossível, manter uma reprodução em grande escala e, ao mesmo tempo, estar de acordo com o crescimento de suas necessidades familiares e na proporção que lhe é ditada por sua própria disponibilidade de trabalho. Arrastada a essa dinâmica, o ritmo da reprodução em grande escala é, geralmente, fixado em torno da taxa máxima de acumulação. Quanto à escala de produção, esta procura sua fixação em função dos meios de produção disponíveis, independentemente da capacidade de trabalho familiar. O resultado desse processo será, mais cedo ou mais tarde, uma mutação qualitativa e um investimento nas relações internas da unidade e em sua racionalidade econômica: os meios de produção transformados em capital impõem como motor o máximo de lucro e se tornam um elemento organizador da reprodução. Acrescenta-se, também, o fato de que o trabalho assalariado deixa de ser complementar para transformar-se na fonte principal da força de trabalho e os rendimentos da empresa começam a prover, fundamentalmente, a mais-valia gerada por seus assalariados. Em síntese, a unidade econômica deixa de ser camponesa e passa a ser capitalista, deixa de ser explorada e passa a explorar.

Entretanto, a capacidade de reter sistematicamente um excedente suficientemente grande para ser acumulado em forma de capital propriamente dito é excepcional. Para a grande maioria dos camponeses, as únicas tendências operantes são a proletarização ou a reprodução da qualidade socioeconômica de pequenos produtores explorados.

Em relação ao setor que reproduz sistematicamente sua condição camponesa, não se deve supor que ele desenvolva, necessariamente, um processo circular de reprodução simples. Na realidade, é perfeitamente possível que no setor predominantemente camponês apareça, também, um certo desenvolvimento das forças produtivas que pressupõe, ao mesmo tempo, um certo grau de reprodução em grande escala. Desse modo, a tendência predominante é a expropriação da totalidade do excedente gerado pelo camponês e os mecanismos econômicos, anteriormente descritos, permitem que essa tendência seja imposta à grande maioria das unidades. Contudo, a partir do ponto de vista do capital que se valoriza, esse procedimento apresenta uma limitação importante: os lucros são provenientes da mais-valia absoluta, pois o esgotamento da produtividade impede que se reduza o tempo de trabalho necessário. O camponês transfere todo o seu excedente, mas não consegue incrementar a transferência sem correr o risco de que a simples reprodução se torne impraticável e então morra a galinha dos ovos de ouro.

Ao submeter-se às condições da exploração industrial, essa limitação é superada por meio do desenvolvimento das forças produtivas, o incremento da produtividade do trabalho e a geração da mais-valia relativa. No caso do camponês, isto não é possível se não se favorece o desenvolvimento de suas próprias forças produtivas, o que significa reter uma parte de seu excedente, não para elevar seu consumo, mas para melhorar ou incrementar seus meios de produção.

Para o capital, em seu conjunto, ou para os capitais individuais que se apropriam diretamente do excedente camponês, constitui um investimento rentável, no médio prazo, o sacrifício de uma parte do excedente expropriável e sua fixação nas unidades camponesas que poderiam aumentar, assim, a produtividade de seu trabalho e, portanto, gerar um maior excedente relativo que, por sua vez, incrementaria o volume das transferências futuras. No caso do campesinato, o desenvolvimento da exploração por meio da mais-valia relativa é inseparável de uma certa acumulação controlada em forma de mais e melhores meios de produção que, embora não proporcione ao produtor direto uma autonomia que lhe permita romper com o monopólio e escapar da exploração, transformando-se em empresário capitalista, possibilita um aumento da produtividade e, portanto, das transferências, sem que o capital perca o controle de sua zona de exploração.

As formas mais primitivas e tradicionais de exploração do campesinato dificilmente adotam uma estratégia de maximização futura dos lucros e, com isso, reduzem a extração de todo o excedente possível, bloqueando toda a acumulação e impossibilitando o desenvolvimento das forças produtivas. No entanto, as zonas de exploração camponesa controladas por capitais "modernos" ou pelo próprio Estado desenvolvem sistematicamente uma política para aumentar a produtividade, mas mantêm os meios de produção apenas formalmente sob o controle dos camponeses. Os créditos para manutenção da unidade produtiva e a assessoria técnica das empresas agroindustriais, agrocomerciais ou da banca oficial significam efetivamente a fixação no campo de uma parte dos excedentes, mas o controle político, econômico e administrativo, que é exercido sobre os meios de produção que encarnam, garante que, na essência, o incremento da mais-valia relativa gerada por sua utilização continue fluindo pelos canais tradicionais.

Esse tipo de acumulação e reprodução ampliada da economia camponesa tem muito pouco a ver com a dinâmica da empresa capitalista e responde muito mais a um mecanismo de exploração ampliada pela via da incrementação relativa da mais-valia. A conjuntura que permite a incrementação da produtividade de certas unidades camponesas não responde a uma debilidade da exploração, mas a um reforço dos mecanismos de controle unido a uma estratégia externa de maximização de lucros. Os camponeses são tão pouco donos desses novos meios de produção quanto dos excedentes incrementados que, graças a eles, poderão ser transferidos no futuro.

Os camponeses em questão

Sobreviventes: histórias na fronteira

> Disse a duquesa: e a moral disso é [...] "Seja o que parece ser" [...] ou caso prefira que te diga com palavras simples: "Nunca imagine que você é distinto de como parece aos demais, que o foi ou poderia ter sido é diferente do que você teria sido se aos demais você tivesse parecido diferente..."
>
> Lewis Carroll. *Alice no país das maravilhas*.

Encerrada pela atordoada iconografia indianista, a imagem do camponês se desvanece. Os camponeses mexicanos tiveram que fazer uma revolução para despontar e reinventar seu rosto. Do exotismo condescendente dos *pizcadores*[1] e *tlachiqueros*[2] fotografados por Waite aos sublimes lavradores dos murais de Diego, Orozco e Siqueiros existe uma guerra popular; uma triunfante insurreição camponesa cujos ecos podem ser apreciados na escola mexicana de pintura, mas também nas gravuras e cartazes de agitação política oriundos da Oficina da Gráfica Popular, nos rancheiros de calendá-

---
1 *Pizcadores* são as pessoas que fazem a colheita.
2 *Tlachiqueros* são as pessoas que coletam mel de cacto para fazer uma bebida chamada pulque.

rio de Jesús Helguera, no cinema camponês fotografado por Gabriel Figueiroa, nos ares rurais do nacionalismo musical, na invenção do mariachi...

A indústria cultural pós-revolucionária foi imposta ao camponês por força dos estereótipos, sobretudo do típico cantor marcado pelo improviso animado, mas também de um camponês mestiço, com traços que remetem à tipologia do altiplano, ao homem de sombreiro e calças de manta ou mantilha. Rancheiros com ponchos e lavradores de sandália que nivelam a diversidade rural diluindo as diferentes origens e mestiçagens. Na galeria pós-revolucionária de ícones rurais figura o "indiozinho", pois não se costuma discernir etnicamente o indígena; quando isto ocorre, é no exotismo do ritual ou da festa vernácula.

De repente, tal como vampiros legendários, os camponeses foram apagados do espelho. A representação antropológica que por mais de meio século se envolveu em hieratismos de ponchos e mantilhas, hoje os menospreza. Por outro lado, é opressora a iconografia do "México profundo".

Os indígenas se apossaram da imagem rural. Dois em cada três homens do campo são mestiços, mas, no revés da demografia do fim do milênio, a representação do rústico e do comunitário torna-se patrimônio exclusivo da etnicidade.

Os quinhentos anos de obstinada resistência e o chamado neozapatista da selva se misturaram em uma década de intensa movimentação indígena que, associada a um súbito "reviver" do autóctone em um setor da classe média ilustrada, colocaram os povos indígenas em uma avançada rebelião popular, no mero centro do espectro político.

Hoje, não ser indígena é algo depreciativo; menos profundo, menos mexicano, menos camponês. Não porque o protagonismo indígena seja uma conquista meritória dos originários, dos lutadores, mas, sobretudo, por se tratar de uma passageira moda intelectual.

Uma classe esquiva

> Compreender é complicar.
>
> Lucien Febvre. *Estudio sobre el espíritu político de la Reforma.*

> As classes se produzem na medida em que homens e mulheres vivem suas relações de produção e ao experimentar suas situações [...] com uma cultura e expectativas herdadas, e ao moldar essas experiências em formas culturais. De modo que, no final, nenhum modelo pode nos proporcionar o que deve ser a "verdadeira" classe. A classe se define a si mesma em seu efetivo acontecer.
>
> E. P. Thompson. *¿Lucha de clases sin clases?*

Repelido pelos recentes olhares sociológicos, o camponês, assim como o vampiro, está aí, na sombra. Com uma invisibilidade que não se origina somente do seletivo ponto de vista do observador mas, também, de sua própria e esquiva condição. Pois o camponês é esquivo por natureza. Sua verdadeira imagem, como seu conceito, são difíceis de capturar.

O fazendeiro possui a terra, o burguês tem o capital e o proletário vende força de trabalho. E o camponês? O que possui? O que produz? O que vende? O dinheiro que recebe é uma renda, um lucro ou um salário? O camponês pode ter terra e até um módico capital, vende ou come o que planta e pode contratar temporariamente peões, outras vezes é ele mesmo quem vende sua força de trabalho por um salário. O camponês é um pouco fazendeiro, um pouco burguês e um pouco proletário. É um fantasma multiforme definido por sua intrincada complexidade.

Não se trata da natural plasticidade de todos os grupos sociais, mas de um polimorfismo substantivo e estrutural. Porque o camponês, diferentemente de outras classes, tem um suporte material múltiplo, diverso e obscuro.

A presença social de fazendeiros, capitalistas e proletários poderia ser derivada de suas respectivas bases econômicas: a terra, o capital e o trabalho. O camponês, ao contrário, aparece primeiro como evidência social; como protagonista de movimentos reivindicatórios, como projeto e utopia, como socialização rural, como cultura, como discurso, como imaginário coletivo, como nostalgia. Sujeito de todos os paradoxos, na luta que liberta diversos tipos de demandantes de terra – que apesar de serem camponeses, não cultivam para si e, em certas ocasiões, vivem na cidade – o camponês surge como vontade de ser, como projeto, como carência e aspiração.

Não conformados com seu polimorfismo perverso, os camponeses são anacrônicos e utópicos, uma classe abandonada pela economia e pela história, condenada à morte em todos os tribunais da modernidade. As revoluções burguesas deveriam enterrá-los juntamente com o feudalismo; o desenvolvimento capitalista tende a fragmentá-los em empresários agrícolas e proletários do campo e o socialismo procura combatê-los por considerá-los como sementeira de uma desprezível burguesia rural. Tampouco os livros fazem bons presságios aos camponeses. As teorias sociais de maior prestígio tendem a remetê-los ao passado junto com as velharias do antigo regime, expulsando-os para a periferia do sistema como sobras pré-capitalistas e referindo-se à diversidade de ofícios que ocupam e à decadente renda agrícola a fim de colocar em dúvida sua própria identidade.

Talvez por sua localização fronteiriça e sua condição de eternos marginalizados, os camponeses tornam-se, em tempos de darwinismo social e exclusão descontrolada, símbolo de resistência e opção de socialização solidária. Na passagem dos milênios, uma nova reforma agrária ganha destaque na ordem do dia, tanto nos países da África e América Latina – onde isso nunca ocorreu e onde persistem oligarquias latifundiárias –, como naqueles onde já há precedentes, mas o quadro está sendo revertido em função das contrarreformas neoliberais. Esse fenômeno também tem ganhado força em países socialistas de agricultura relativamente desestatizada, como Cuba, em países socialistas de mercado, como China e Vietnã, e em países pós-socialistas como os do Leste Europeu, onde os camponeses têm se libertado do cooperativismo autoritário do Estado e demonstrado a vitalidade e a eficiência da agricultura familiar ao mesmo tempo que reconstroem formas associativas voluntárias e reivindicam políticas agrícolas comprometidas com o emprego, a segurança alimentar e a preservação do meio ambiente. Os próprios agricultores da União Europeia estão concentrados em uma reforma agrária pós-moderna e antiprodutivista que almeja substituir o modelo intensivo e depredador por uma agricultura familiar compatível com a saúde ambiental e alimentar, preservando a cultura camponesa e a paisagem rural.

Diante do reconhecimento do componente autoritário de muitas conversões agrárias do passado, que repartiram terra em troca de submissão econômica e política, o novo projeto de reforma tem a explícita premissa da democracia social e cidadã. Esse novo projeto também não pretende seguir o modelo patriarcal que outorga todos os direitos ao "chefe de família"; pelo contrário, a refundação agrária do novo milênio deve ter um rosto feminino. Por último, é necessário assumir a lição que nos deram os povos indígenas ao reclamarem não apenas a terra como meio de produção, mas também como espaço de autogoverno.

Esse movimento internacional, comprometido com a segurança alimentar, com o ambientalismo, com a perspectiva de gênero, com os direitos relativos à autonomia é, antes de tudo, um movimento dos pequenos e médios produtores rurais e suas comunidades. No fim do milênio, os agricultores familiares saíram da tumba e decidiram apostar no futuro. Como observou Barrington Moore (1973) ao tratar das origens sociais da ditadura e da democracia: "Os camponeses constituíram a grande base social do radicalismo [...] os mananciais da liberdade humana não estão somente onde Marx os viu, nas aspirações das classes ascendentes, mas talvez mais em [...] uma classe que a onda do progresso está prestes a destruir".

No que se refere aos camponeses mexicanos, basta lembrar o vigor com que fizeram a revolução no início do século passado, nos anos 1930 abrigaram o reformismo do presidente Cárdenas, nas décadas seguintes deram peso agrarista ao sistema político autoritário e no final do século passado foram os veementes protagonistas do levante popular que deixou em crise o velho regime. Os camponeses de hoje são os que ocupam as propriedades em Chiapas, os que bloqueiam os poços petrolíferos de Tabasco, os que questionam impetuosamente o Acordo de Livre-Comércio da América do Norte (Nafta) ao mesmo tempo que reivindicam a soberania alimentar e trabalhista, sacrificadas pela liberação econômica que há um quarto de século empreenderam os tecnocratas neoliberais. Camponeses são todos os 100 mil homens e mulheres de todos os lugares, de todas as cores, culturas e índole produtiva que, no início de 2003, compareceram ao coração do país para gritar: "O campo não aguenta mais!". Camponesa é a pobreza extrema e a cultura oral que transita pela periferia das grandes cidades; camponesa é a pátria peregrina que marcha aos Estados Unidos em busca de um futuro que o México lhe nega; camponesa é a cara produtiva de quase todos os indígenas.

Os camponeses correspondem à quarta parte dos mexicanos, algo em torno de 4 milhões de famílias. O que teriam em comum esses 25 milhões de compatriotas que respondem pelo nome de camponeses? O que possuem em comum o leiteiro mestiço dos Altos de Jalisco e o *"oaxaquita"*[3] que colhe tomates no vale de Culiacán e tem uma porção de terra em Mixteca?[4] O que une o ínfimo indivíduo que trabalha com o milho e que tece sua trouxa dia e noite na montanha guerrerense com o plantador de hortaliças "orgânicas" para exportação? Há algo mais disparatado do que as monótonas semeaduras costeiras do irrigado noroeste e os vertiginosos *tlacololes*[5] e terrenos das serras? O que há em comum entre a enxada e o trator ou entre a hidroponia e a colheita? Serras, costas e altiplanos; *coyotas*,[6] *corundas* e *clayudas*;[7]

---

3 Relativo a Oaxaca (Estado mexicano), sendo que o diminutivo tem significado pejorativo.
4 Uma das regiões do Estado de Oaxaca.
5 Terrenos em vertentes.
6 Torta de milho com açúcar mascavo.
7 Tortas de milho dura e mole.

redoba e *pirecuas*;[8] *tezguino* e *jaranda*,[9] *comiteco* e *pozol*,[10] *curado de tuna*[11] e *cartones* Vitória...[12] Diversidade.[13]

Participar de um encontro nacional de camponeses, que hoje são muitos, é como entrar na gaveta de um alfaiate, conviver com um mostruário de pluralidades que não são apenas de caráter produtivo e corporativo, mas também fisionômico, indumentário, linguístico, dançante, melodioso, gastronômico, espirituoso... Esses encontros são a prova mais contundente da profunda unidade do campesinato, por mais que existam disparidades, oscilações políticas e outras diferenças. Contudo, a pluralidade de línguas, ênfase e sotaques não impede que se reconheçam as palavras de ordem: terra e trabalho, crédito e preços justos, justiça e democracia, liberdade e autonomia, respeito, dignidade...

As lutas obstinadas das comunidades indígenas que ainda no terceiro milênio continuam disputando a recuperação e o domínio sobre os territórios de seus ancestrais; as lutas em prol da produção dos modestos agricultores agrupados em organizações econômicas; a difícil resistência entre os assalariados e assalariados rurais; os combates triunfantes pela autonomia das comunidades e povos indígenas que, desde 1994, identificaram-se como neozapatistas; as reivindicações democráticas e libertárias dos cidadãos rurais contra o caciquismo, o autoritarismo e a repressão. Todas essas manifestações são vertentes de um amplo e espalhado empenho dos trabalhadores rurais, do variado movimento que podemos chamar de movimento camponês.

A condição de camponês guarda muitas faces: um pequeno produtor agrícola sustentável, de caráter familiar, poderá ser um "camponês médio", mas não um camponês típico. Como também não é típico o *tlacololero*[14] deficitário que trabalha por salário uma

---

8 Frutas locais.
9 Frutas locais.
10 Distintas formas de alimentos preparados com milho.
11 Bebida fermentada feita de cacto.
12 Pacote de cerveja Vitória.
13 Refere-se à geografia dos alimentos mexicanos de norte a sul.
14 *Tlacololero* é o camponês que planta nos terrenos em vertentes.

parte do ano; ou aquele que trabalha sem registro na Imperial Valley (Califórnia-EUA), mas conserva sua casa na região Mixteca Oaxaquenha; tampouco é o que reivindica a terra, ainda que o lavrador ponha sua vida como garantia. Camponeses são todos, mas nenhum é camponês por antonomásia.

A diversidade – histórica e econômica, étnica e produtiva – define a verdadeira face do campesinato. Tal fato poderia representar uma desvantagem quando o que estava na moda eram as classes uniformizadas, mas, em tempos de pluralismo, a diferença é a grande virtude.

Grosso modo, o camponês seria o trabalhador rural autônomo e, portanto, com algum acesso à terra. Porém, no México, isso raras vezes significa equilíbrio produtivo e autossuficiência. Contrariando essa ideia, verifica-se que a maioria dos pequenos agricultores produz menos do que necessita para sua subsistência e isso faz com que se dediquem, também, ao artesanato, ao comércio e, sobretudo, ao trabalho assalariado.

Uma pequena parte dos camponeses, em torno de meio milhão, pratica uma agricultura comercial, recebe o auxílio de peões e, mais do que plantar milho e feijão, ocupa-se de cultivos industriais como o café, a cana-de-açúcar, o fumo, as hortaliças e as frutas. Esse setor tem maiores e melhores terras que a média, inclusive áreas irrigadas, além de fácil acesso ao crédito, aos insumos comerciais e aos circuitos agroindustriais. Paradoxalmente, esses camponeses privilegiados, que desfrutam de certa bonança, têm sido os mais atingidos pelas crises, e se chegaram a pensar, alguma vez, em uma possível filiação ao clube dos empresários agrícolas, dominados pelos credores, hoje abrigam-se nas organizações de devedores remissos como El Barzón.[15]

Em torno de 1,5 a 2 milhões de agricultores produzem para comer e vender, combinando o milho para autoconsumo com cultivos comerciais ou agropecuária de pequeno porte, em parcelas levemente maiores do que a média, que atende à família, e ainda conta com o auxílio de pequenos peões durante a colheita.

---

15 Movimento de pequenos e médios agricultores capitalistas que faz alianças políticas com os movimentos camponeses.

Qualificados, certa vez, de "transicionais" – por causa do suposto potencial para atingirem a classe empresarial – a maioria encontrou na política agrária neoliberal a oportunidade de transitar... mas pelas filas dos camponeses arruinados. Um setor dos outrora otimistas agricultores "médios" arrendou sua terra, enquanto outro setor partiu para o milho de autoconsumo e para o trabalho assalariado, ao mesmo tempo que guarda dinheiro para empreender sua viagem à terra prometida além das fronteiras.

Os demais camponeses, em torno de 1,5 milhão de famílias, têm terras de cultivo de milho ínfimas e rudes nas quais a colheita nunca é suficiente para a subsistência. Esses *tlacololes* e *coamiles*[16] abruptos e repletos de erosão, além dos povos fantasmagóricos dos arredores, são a âncora comunitária dos exércitos de trabalhadores *"golondrinos"*[17] que produzem os cultivos comerciais do país. São eles a cara camponesa dos assalariados agrícolas. Juntamente com aqueles que não possuem diretamente a terra, esse setor, dono de parcelas pobres e insuficientes, sonha em cruzar o Rio Bravo, mas não pode pagar o preço do atravessador.

Na realidade, até mesmo essa diversidade tipológica é enganosa, pois aponta para uma homogeneidade que não existe. Camponês comercial, por exemplo, é um conceito vago que engloba desde produtores de origem Ñañú,[18] agrupados para o cultivo do café orgânico na brumosa Serra de Motozintla, até os *ejidatários*[19] cultivadores de grãos de Sonora, Sinaloa ou Tamaulipas com terras irrigadas mecanicamente, passando pelos pequenos ordenhadores veracruzenses atados à Nestlé. Por trás do termo assalariado agrícola são ocultados desde os trabalhadores permanentes dos campos irrigados do noroeste até os catadores de tomate guerrerenses da

---

16 Área de produção em terras pouco férteis em que se produz com grande diversidade de culturas.
17 Literalmente, andorinhas. Refere-se a trabalhadores migrantes temporários – semelhante aos boias-frias – que colhem tomate, algodão, abacate, flores etc.
18 Grupo étnico com grande dispersão pelo México.
19 Camponeses que vivem nos *ejidos*, que são áreas que foram alvo da reforma agrária levada a cabo por meio da Lei Agrária da Revolução Mexicana de 1910.

Montanha, que na Costa Grande cultivam o café de outros agricultores mais abastados. Não podemos esquecer também o substrato camponês subjacente à proletarização urbana de numerosos grupos étnicos: camponeses perambulantes, de segunda ou terceira geração, da cidade do México, Chicago ou Los Angeles que mantêm fortes vínculos com suas comunidades de origem. Para uma completa base material do campesinato, devemos acrescentar a pluralidade social, a multiplicidade étnica, a diversidade de clima, de paisagem, de história, de língua, de cultura etc.

Nunca é demais lembrar que camponeses são todos, mas nenhum é "o camponês". E uma classe sem uniforme torna-se difícil de definir. Às vezes sua imagem sai na foto, mas não conseguimos saber exatamente de quem se trata: se de um *cholo* purhépecha[20] recém reintegrado a sua comunidade, se de um nortenho de botas e sombreiro alto que olha de maneira desafiadora a câmera, ou se é a pequena descalça que carrega lenha entre as colinas vertiginosas ou o homem de tênis e computador que baixa da internet as últimas cotizações do café que necessita para a sua cooperativa a fim de decidir o período mais conveniente para a venda da colheita.

Mudanças

> Não se confunda de nenhum modo com a nostalgia reacionária do passado, nem com a retórica igualmente reacionária sob o pretexto de uma suposta "civilidade camponesa" imóvel e a-histórica [...] A memória da comunidade tende involuntariamente a mascarar as mudanças. À relativa plasticidade da vida material corresponde uma acentuada imobilidade da imagem do passado. As coisas sempre foram assim, o mundo é o que é.
>
> Carlo Guinzburg. *El queso y los gusanos.*

---

20 *Cholo* purhépecha é uma pessoa da etnia Purhépecha de Michoacán (Estado mexicano) que, tendo migrado aos EUA, é chamada de *"cholo"*.

Ao camponês – como também ao indígena – são atribuídos o duvidoso prestígio da permanência e o discutível mérito da quietude. Os agricultores domésticos e suas comunidades são vistos como relíquias de tempos passados e esse fato tende a ser considerado uma virtude. A condição camponesa não é uma repetição, mas uma mudança; um modo específico de mudança. Há uma tendência em querer ver o produtor doméstico enraizado em alguma tradição ou comunidade agrária sempre idênticas como se um simples desvio de sua parte fosse um sinal de que ele tivesse se corrompido. Na verdade, são poucos os espaços sociais que apresentam tanta plasticidade quanto o rural. Apesar das diferentes indumentárias e modelos de automóveis em uma foto dos anos 1950, somos capazes de identificar facilmente a Cidade do México. Mas basta alguém fazer uma visita à terra de seus avós para perceber que hoje ela está irreconhecível.

A técnica agrícola muda rapidamente e os camponeses não se acomodam. É certo que nem toda novidade significa progresso. A mecanização a qualquer preço, tal como os pacotes tecnológicos duros, induziram o campesinato a um absurdo consumismo de insumos agrícolas que propiciaram a degradação dos solos, a ingovernabilidade da economia familiar e a substituição dos clássicos sombreiros artesanais por aqueles fabricados pela Massey Ferguson ou os da Monsanto. Há também mudanças tecnológicas virtuosas e até inspiradas na produção artesanal, tais como os policultivos agroflorestais, a pequena agricultura orgânica, que substitui agroquímicos e maquinários por recursos naturais disponíveis, por trabalho doméstico e, sobretudo, pela iniciativa camponesa e a criatividade rural.

Por exemplo, uma pequena plantação de café veracruzense, onde se mesclam palmeiras e pés de café, além de outras frutas de sombra em três níveis de cultivo – ou uma exploração doméstica chiapaneca, minuciosa e diversificada até a autossuficiência, baseada em compostos e controles orgânicos de pragas. Essas descrições podem parecer cultivos tradicionais, quase pré-históricos, mas estão no topo da tecnologia verde, são o máximo do que hoje se chama sustentabilidade.

Para os cosmopolitas que têm uma visão fugaz e parcial, todas as *milpas*[21] e todas as hortas são iguais. Contudo, a cultura agrícola camponesa é mutável e diversa. Seja para o bem ou para o mal. Não importa. A cultura agrícola sempre se transforma e com ela o camponês anteontem fertilizava com esterco de vaca, ontem se engasgava com nitrogênios e fosfatos sintéticos e, hoje, farta-se dos compostos e adubos verdes. Assim, aquele que se acomoda fica para trás, fora da jogada, na obsolescência tecnológica.

Contudo, as mudanças nas práticas agrícolas são partes de um conjunto maior de transformações. Vertiginosas são as mudanças econômicas e sociais, sobretudo aquelas provenientes de nossas volúveis políticas públicas. Em vinte anos os pequenos produtores mais estabilizados passaram dos usurários de crédito para o desenvolvimento operado pelo Banrural, e deste à União de Crédito administrada de forma autônoma e desta, hoje falida, novamente aos usurários. O certo é que nisso não houve progressos, mas as mudanças não cessaram.

Em uma geração os camponeses transitaram da presença governamental, restringida aos distritos de irrigação e alguns cultivos de plantação, à virtual estatização da agricultura e, daí, a uma constante "desincorporação", ou seja, uma debandada de donatários e paraestatais que deixou tudo na mais completa desordem. É óbvio que não houve evolução, mas tampouco estagnação.

Outras mudanças não são reflexos das modas que ocorrem de seis em seis anos, mas tendências profundas da história. De um modo geral, é claro que o camponês deste novo milênio não se limita à pequena e média agricultura doméstica, mas também participa do setor associativo da economia empresarial.

Essa transição, que na Europa ocorreu há muito tempo via cooperativismo, é uma variante camponesa da integração setorial e regional da economia agrícola que, em outros lugares, foi realizada pelo Estado ou pelo grande capital. No entanto, na perspectiva da

---

21 Roça de milho e feijão com cultivos associados como abóbora, pimenta, pimentões entre outros.

produção doméstica, a formação de coletivos médios ou grandes não responde somente ao aproveitamento das "economias de escala", tão caras ao totalitarismo agrário quanto ao capital transnacional. Mais do que uma simples atualização tecnológica e administrativa, o associativismo é uma nova frente de luta, uma outra maneira de resistir. O desafio das notáveis empresas sociais autodirigidas não reside tanto na conquista da indispensável eficiência operacional, mas em competir sem que isso leve à perda da condição camponesa.

Em um país como o nosso, de tradição indígena e com um recente passado agrário, o camponês é uma célula socioeconômica – a unidade doméstica – mas também um tecido social mais extenso cujo centro de gravidade é a comunidade agrária. Os rituais e festividades, indígenas ou mestiças, assim como as formas tradicionais de governo remetem a uma socialização específica. São frequentes as formas mais ou menos intensas de economia comunitária, tais como: a rotação acordada das parcelas, áreas comuns de pastoreio e colheita, intercâmbios não monetários de trabalho (como a *"mano vuelta"*), bem como trabalhos coletivos de benefício comum, como o *"tequio"*[22] e a *"getza"*.[23] O camponês não é, portanto, o indivíduo ou a família, mas esse emaranhado de relações sociais cujos nós são a comunidade, a vila rural, o povoado, o governo local, a associação agrícola, a região... E mais recentemente também a comunidade transterritorial formada pelos migrantes e suas famílias, que partiram, mas não foram esquecidos.

Esses usos e costumes são muito antigos e são também reanimados em alguns lugares, mas em outros já estão deteriorados, desgastados e, às vezes, perdidos. No lugar desse envelhecido sistema de relações têm surgido novas estruturas organizativas locais, nacionais e até transnacionais, de caráter tanto produtivo quanto social, político e cultural.

---

22 Uma forma camponesa de reciprocidade no trabalho, por exemplo, uma troca de dias de trabalho.
23 Trabalho para a comunidade. Trabalho solidário que inclui a sociabilidade na agricultura e na cultura camponesa, principalmente na organização das festas.

Agrupamentos camponeses reivindicatórios como as inumeráveis alianças, frentes e uniões regionais; convergências corporativistas de cafeeiros, produtores de milho e silvicultores entre outros; associações de uniões de crédito rural, de consumidores de insumos agrícolas e de devedores; coordenações nacionais de diferentes direções e orientação ideológica; conselhos étnicos e congressos permanentes de todos os povos indígenas; governos locais que reivindicam as normas comunitárias de serviço público e que estão empenhados em democratizar não apenas os sistemas eleitorais, mas também a gestão cotidiana em relação aos bens públicos; organizações binacionais que envolvem os migrantes nos EUA com suas comunidades de origem; exércitos indígenas "pós-modernos" empenhados na mudança pacífica; guerrilhas camponesas que celebram a participação eleitoral. Eis, enfim, algumas mostras dessa nova, confusa, heterodoxa e criativa socialização rural; os usos e costumes do cruzamento de milênios.

O fervor associativo já é velho, teve seu arranque na recente pós-revolução com a organicidade derivada da reforma agrária. Todavia, predominaram por décadas as estruturas corporativistas e produtivas impostas pelo Estado mexicano; um monstro algumas vezes filantrópico e outras despótico que assumiu, por conta própria, a edificação da "sociedade civil" e terminou gerando monstros corporativos.

O que ocorre agora é bem distinto. Nos últimos tempos a palavra de ordem tem sido "autonomia" e, ainda que sobrevivam os clientelismos, domina uma brisa emancipatória que vai do movimento social à gestão econômica e desta à insurgência cívica, anunciando iminentes vendavais libertários.

Em um começo de século marcado pelo produtivismo, os camponeses não podem ficar à margem; a nova socialização rural já não tem somente seus laços em bairros e comunidades, mas também no novo municipalismo e em projetos e aparatos econômicos geridos pelas organizações de produtores. As empresas médias ou grandes de caráter associativo são parte desse novo perfil camponês e os conhecimentos e habilidades necessários para sua operacionalização estão se incorporando à cultura camponesa. Os camponeses não deixaram de ser os produtores familiares de sempre, mas hoje são também gestores coletivos de empresas e serviços agroindustriais; empregam sistemas de cultivo tradicionais, o que não lhes impede de se relacionar com a mais inovadora biotecnologia; podem plantar milho, feijão e abóbora para o autoconsumo e, ao mesmo tempo, abastecerem de café orgânico o mercado *gourmet* de Nova York. O núcleo duro da socialização camponesa está ainda na comunidade agrária, mas seu mundo já não termina às margens da aldeia; as relações econômicas, as agremiações políticas e culturais que o animam se estendem pela região, percorrem o país, cruzam as fronteiras nacionais.

A vida camponesa continua respondendo a uma teleologia moral. Em seu movimento doméstico e comunitário se entrecruzam valores econômicos, sociais e culturais em uma racionalidade integral que contrasta com a limitada economia-lucrativa do capital. Atualmente, a condição camponesa engloba tanto o pequeno produtor de milho, quanto o empresário social, bem como o feirante aldeão, o diretor da combinação agroindustrial, o criador de animais e o banqueiro associativo.

Em uma escala doméstica ou não, os camponeses têm aprendido a ver com os olhos do capital. Contudo, no caso deles, a acumulação se subordina aos objetivos socioculturais e o lucro se antepõe ao bem-estar. Os remendados e desafinados aparatos econômicos construídos pelos camponeses podem ser imperfeitos, mas transcendem a miopia da empresa privada, que são máquinas de lucrar talvez eficientes, porém desalmadas.

O mesmo ocorre com a socialização aldeã, ou seja, quando as comunidades camponesas rompem o cerco que as mantém como um desolado reservatório de marginais pastoreados por "caciques" e se abrem ao mundo, constituindo um invejável modelo de convivência e gestão participativa.

A economia moral do camponês nem sempre é "competitiva", mas sua eficiência social e ambiental é potencialmente muito superior à do empresário. As empresas associativas, capazes de administrar um capital ao mesmo tempo que assumem as necessidades coletivas, transcendem com esforço a estreita lógica gerencial. Na medida em que se emancipa, o pequeno produtor rural liberto e criativo não é uma nostalgia, mas paradigma de uma nova ordem social com uma cara humana. O camponês não é relíquia, mas projeto.

Raça errante

> Mostrar o campesinato medieval [...] como "fechado no horizonte de sua comunidade, privado de qualquer possibilidade de mudar" é amontoar [...] uma enorme quantidade extraordinária de anacronismos. O camponês estava "fechado"? Seignobos não encontrou nunca nos textos esse prodigioso exército de vagabundos, fugitivos, errantes e nômades que recorriam os campos, frequentavam os bosques, respondiam ao chamado dos lavradores?
>
> Lucien Febvre. *Entre Benda y Seignobos.*

> É que no México quem não tem terra está danado.
>
> Trabalhador mexicano na colheita de morangos em Watsonville, Califórnia.

As classes não se constituem somente de economia, mas também do calor do lar, da socialização e da cultura. O camponês carrega sua condição nas costas quando deixa para trás a sua economia doméstica e migra em vaivém ou se aproxima imediatamente das cidades.

O camponês é conhecido por gostar de viajar, pois, como poucos, aonde adentra esvazia sua bagagem de usos e costumes, ou seja, o mundo mágico e as festas, assim como a ideia de família ampliada e às vezes dispersa, a cultura oral e as estratégias de sobrevivência. Muito além do folclore mercantil e medíocre, os camponeses, em sua diáspora, fertilizam a cultura nacional e também a norte-americana, contribuindo, com seus inconfundíveis sinais de identidade, para a formação do perfil do mexicano e do "chicano".[24]

---

24 Mexicano que nasceu nos EUA, mas que mantém a matriz cultural mexicana.

Talvez, se dependesse de sua vontade, o camponês seria sedentário; desfrutaria dos locais conhecidos e das rotinas anuais de sua comunidade agrária. Mas viver dessa maneira tornou-se cada vez mais raro. Há mais de cem anos os sólidos horizontes aldeãos foram rompidos devido às urgências do capital. Nunca de maneira gradual, mas sempre forçada, os camponeses foram submetidos às necessidades de uma agricultura de plantação que os solicita em tempo de colheita e os expulsa de novo quando termina a temporada. No final do século passado, quase todas as migrações eram feitas a pé e as mais longas demandavam algumas semanas de penosa marcha; inclusive, alguns infortunados eram arrastados pelos atravessadores ao longo de todo o país em direção aos sítios e montarias do sudeste, ou, ainda, eram transportados em barcos desde Tuxpan até os arredores do Rio Hondo em Quintana Roo.

O desenvolvimento dos transportes e o redirecionamento da mais exigente agricultura comercial para os vales irrigados do noroeste alargaram os fluxos migratórios e mudaram seus destinos. As rotas foram modificadas, mas os camponeses continuam sendo nômades. Atualmente, os atravessadores já não necessitam aprisioná-los ou comprá-los por dúzia nas prisões, pois os próprios camponeses vão aos campos agrícolas por conta própria e, às vezes, pagam sua viagem.

Isso ocorre porque a economia doméstica já não é suficiente para a subsistência do camponês; a terra já não lhe pertence. A partilha agrária, que reintegrou latifúndios aos seus antigos donos e a novos solicitantes, foi apenas um fôlego passageiro. Isso porque nem tudo foi repartido de fato, e após esse episódio existiram outros monopólios de terras, de água, de colheitas, de insumos e também do esquivo e inovador "excedente econômico". Convém lembrar, ainda, que as parcelas de terra não crescem, mas a família camponesa sim.

Não é apenas a demografia e o novo latifúndio que expulsam os povoados, mas também o crescente monetarismo da economia rural. Há cada vez mais uma profunda inserção dos camponeses no mercado, o que se expressa na tendência à monocultura e ao emprego abusivo de agroquímicos.

Passamos de uma agricultura múltipla, que aproveitava os mais diversos modos e recursos naturais para empregar a capacidade familiar de trabalho, para um modelo especializado, depredador do meio ambiente e incompatível com a disponibilidade doméstica braçal. Cultivos como o de algodão, a cana-de-açúcar, o café, o fumo, a palma, as hortaliças intensivas e as plantações especializadas de frutas demandaram uma agricultura que pouco tem de camponesa, pois quase não se aproveita a capacidade de trabalho doméstica e depende de assalariados temporais. Nesses casos, os rendimentos familiares são um tipo de "renda", um direito de propriedade tão miserável que frequentemente não é suficiente para a sobrevivência. Os camponeses, ao mesmo tempo que contratam peões para a sua colheita, emigram em busca de emprego assalariado. Assim, talvez, uma em cada três jornadas de trabalho nas parcelas camponesas é mercenária, ao mesmo tempo que mais da metade das famílias camponesas complementam sua renda agrícola desempenhando trabalhos em troca de salário.

O salário – pago ou recebido – é circunstancial à vida camponesa pelo menos desde o século XIX e se intensifica com os novos padrões de cultivo. Obrigados a um constante perambular por uma demanda de trabalho agrícola dispersa e itinerante e um emprego urbano dividido, os camponeses-assalariados derivam de uma classe errante que em seu peregrinar agregam experiências cosmopolitas às comunidades agrárias.

A dispersão e o isolamento das populações rurais sustentou o mito sociológico que postula o camponês local como rude e limitado. Circunscrito à sua região e envolvido com os problemas de sua comunidade, o camponês típico seria como a batata solta no saco do qual Karl Marx nos falara em um dia ruim. Isso não existe. Os camponeses são hoje o setor da sociedade mexicana de maior mobilidade geográfica. São neles que se encarna a mais rica experiência social, a mais variada e sofisticada experiência dentre nossas limitadas e encurraladas classes subalternas. Longe de estarem reduzidos a um micro lugarejo, o espaço de muitos camponeses é o México inteiro e parte dos Estados Unidos. Poucos citadinos, inclusive da classe média, podem vangloriar-se do mesmo.

A existência seminômade imposta pela busca do emprego, mas também pelas necessidades de uma produção cada vez mais comercial e até pela necessidade do trâmite e dos "acordos" com as instituições governamentais, rompeu o isolamento das comunidades rurais de maior ascensão.

Parte dessa migração é definitiva. Calcula-se que nos últimos anos uma média de 170 trabalhadores rurais abandonaram diariamente a atividade agrícola. Eles não migram com garantia de empregabilidade, mas com seu fracasso camponês nas costas. A maioria não ingressa numa fábrica ou consegue um trabalho estável, mas é incorporada ao setor mais precário da economia informal, ao desemprego e à mendicância. Os menos pobres e que contam com mais recursos conseguem pagar a viagem e o atravessador e escapam desse inferno ao purgatório vizinho.

Existem nos Estados Unidos 25 milhões de pessoas definidas culturalmente como mexicanas ou "méxico-americanos", das quais cerca de 10 milhões nasceram no México e cruzaram a fronteira, sobretudo nos últimos vinte anos em que a peregrinação se intensificou até atingir meio milhão de migrantes anuais no início do novo século, a maioria sem documentação. No total, entre legalizados e não legalizados, temos a décima parte da nossa população desterrada no país vizinho. Nem mesmo as guerras ocasionaram tamanho delírio migratório.

Lá – do outro lado – está uma boa parte do campesinato mexicano, vivendo em um ambiente profissional e social totalmente alheio às suas raízes, mas, ao mesmo tempo, vinculado culturalmente à sua matriz de origem. Com seus luminosos com *aztequismos*[25] e reverências aos estereótipos, com seus pastiches pós-modernos e sua hibridez, o imaginário "chicano" é o espelho desordenado de nossa cultura, tão legítimo e "profundo" como o espelho daqueles

---

25 Que provém dos Astecas.

que comem e dormem próximos aos lugares onde estão enterrados seus mortos.

Nem tudo é diáspora na vida rural. As comunidades são, inclusive, o querido manto acolhedor, é o alicerce da existência camponesa. Os pequenos povoados são o ponto de partida e, ao mesmo tempo, de regresso, fonte de forças centrífugas e também centrípetas. A peregrinação camponesa ocorre em um meio hostil. A limitação econômica e a desesperança levam o agricultor a percorrer o país na qualidade de pária ou a abandoná-lo como um *"mojado"*.[26] Assim, a comunidade de origem, mesmo a mais puída e limitada, transforma-se em nostálgica terra natal; pequena pátria para a qual os camponeses regressam vez ou outra na sorte de um curto milênio. A comunidade materna é fonte de uma socialização e de códigos de identidade que o nomadismo resguarda; de uma íntima sensação de pertença que deve ser preservada a todo custo; como nostalgia, como esperança, como mito.

Máscaras

> Nosso século é uma grande vasilha onde todos os tempos históricos fervem, se confundem e se misturam.
>
> Octavio Paz. *El laberinto de la soledad.*

A imagem camponesa se desvanece diante dos indígenas. Incapaz de reconhecê-los em sua própria mestiçagem, o olhar antropológico reserva às etnias as características imutáveis antes atribuídas aos camponeses em geral: rusticidade produtiva, apego à tradição, hieratismo fisionômico, exotismo indumentário, obstinada persistência, pobreza extrema. O que se deveria dizer é que o étnico também muda, que as comunidades autóctones acolhem novidades, que os indígenas de hoje já não são os mesmos de ontem. Contudo, isso é outro litígio. O que me proponho aqui é recuperar a visibilidade

---

26 É uma gíria mexicana para o imigrante sem documentos.

perdida dos camponeses, seguir seu rastro, que é o rastro de uma imagem extraviada pela força da diversidade, das mudanças e das migrações.

Não é a primeira vez que a imagem do camponês é distorcida. Nos anos 1920, ao mesmo tempo que o heroísmo camponês era exaltado na recente revolução, muitos dos camponeses realmente existentes – aqueles que foram acometidos pela guerra e terminaram nas grandes cidades – se disfarçaram de operários e de mendigos; eles cobriram a camisa de manta com o típico macacão e elas sacrificaram suas longas tranças cobrindo-as com um gorro curto. Também nos anos 1950 a previsão que se buscou cumprir de nossa modernização acarretou no exorcismo do México bronco. Na época de Miguel Alemán, o grande anseio era o de dar uma cara civilizada aos camponeses e, para isso, a luz elétrica e a XEW[27] foram levadas às mais remotas propriedades rurais, além do liquidificador e do refrigerador, ou seja, deram-lhes o gostinho de um *"american way of life"*. Todavia, quando despertaram, o México profundo ainda estava ali.

O camponês é demografia, geografia e produção. Podemos encontrá-lo, sem dúvida alguma, na seção de agricultura dos relatórios econômicos do Banco do México e nas entrevistas, censos e planos do Instituto Nacional de Estatística, Geografia e Informática. O camponês é movimento, conflito, luta sindical, que a contragosto é anunciado pelos meios de comunicação, de preferência em uma manchete que denota violência. O camponês é também um surdo rumor, uma cor local que se tornou nacional, um fantasma sombrio que anda por todo o México. É o cheiro da plantação de milho e das espigas assadas que despertam o apetite da pátria.

O camponês anda por aí, disfarçado. Surge nos bailes, teima nas conversas, irrompe nas brigas e aflora em todas as bebedeiras. Grande parte da cultura oral que sustenta nossa iletrada identidade vem do campo. Como vingança à gradativa urbanização das comunidades rurais, os usos e costumes camponeses tomaram conta de todas as periferias urbanas. A onipresente Televisa transmite

---

27 Uma cadeia de rádio e TV do México.

até a mais remota Tlacoachistlahuaca as baladas mais vulgares de Alejandra Guzmán, mas, em justa medida, os migrantes indígenas aclimatam os bailes costeiros da cidade Nezahualcóyotl. Nossa mestiçagem de barro, flexível, é propensa às dualidades. Uma banda suburbana de San Andrés Totoltepec toca como na musicalidade do rock, participando das danças de "mouros e cristãos" durante as festas do Santo Patrono. Nas apresentações ritualísticas, as máscaras tradicionais se mesclam com os disfarces do *halloween*, do cinema de horror de Carlos Salinas. O sentido mágico da pintura corporal cora se transforma na maquiagem da banda Kiss e na máscara circense dos palhacinhos de cruzeiro. A irmã do "punk" se veste de conchero.[28] Regressões, pastiches, hibridez.

Na ausência de semblantes com marca de fábrica, tivemos que pensar o México rural que está por trás dos disfarces, maquiagens e caretas. Isso porque o camponês de hoje é um travesti cuja verdadeira identidade está nos disfarces que o escondem e o capturam. Extraviado de seu mais profundo ser, o México do fim do milênio é um baile de máscaras.

Vidas suspensas

> O banco tem que receber constantemente dividendos. Não pode esperar. Morreria [...] O banco não é como um homem [...] é o monstro.
> Os (camponeses) gritaram: "Talvez nós pudéssemos matar os bancos. Talvez tenhamos que lutar para conservar nossa terra, como fizeram nossos pais e avôs".
>
> John Steinbeck. *Las viñas de la ira.*

Apoiado na natureza e em seus ciclos, o camponês leva uma existência previsível e monótona. Não é bem assim. Seu cotidiano está pavimentado de decisões sobre as quais ele se arrisca a viver.

---

28 Grupo de dança híbrida pré-hispânica e católica.

Para começar, a natureza é volúvel e escolher quando e onde semear, além de outros trabalhos agrícolas, não é algo trivial. Arriscar ou não um cultivo de inverno submetido ao errático temporal da estação; aguentar um pouco mais a colheita de hortaliças confiando que esta não será destruída pela geada; adivinhar a temperatura da vaca para alugar oportunamente o semental; decidir entre ordenhar ou permitir que o bezerro seja criado com todo o seu leite, todas estas são escolhas cruciais que mantêm a corda no pescoço do produtor agrícola e que não são enfrentadas nem pelo operário e nem pelo empregado urbano.

No entanto, nem tudo se resume a plantar e colher submetido aos caprichos da natureza. Existem encruzilhadas mais difíceis de discernir e onde a sabedoria agrícola dos camponeses torce o rabo, ou melhor, são os enigmas do mercado, os contratempos da economia globalizada, a escala das taxas de juros, as cotizações no mercado de investimentos, o impacto nos preços, o tipo de câmbio e a proporção custo-benefício das novas tecnologias.

Vender a colheita segundo o que oferecem ou esperar melhores oportunidades, fazendo "bicos" para que não entre uma importação valendo-se de *"dumping"* que acabe derrubando as cotizações; trabalhar com sementes crioulas ou apostar em um híbrido que lhe sairá mais caro e talvez não aguente um verão mais prolongado... São interrogações com as quais o camponês tradicional não está familiarizado. Atualmente, o agricultor é guiado pelas cabañuelas, mas também pelas bolsas de Chicago e de Nova York.

A mais arriscada e alucinante de todas as escolhas é o caminho à modernidade. Encontrar uma porta para a mudança sem, contudo, extraviar-se da vocação camponesa ou, em outras palavras, ter acesso à eficiência sem vender sua alma à tecnologia; eis o grande desafio. O modelo empresarial não serve; conduz à ruína aqueles que têm mais e também à condenação aqueles que têm menos e que, para vencer a corrida maluca, sacrificam autonomia e liberdade.

Aquele que produz apenas para satisfazer suas necessidades humanas de vestimenta e alimentação não aguenta facilmente uma economia mercantilista na qual o que conta é a taxa de retorno. O reservatório dos valores de uso em um mundo em que predominam os valores de troca não pode confiar, assim simplesmente, que o mercado os tornará livres e que a concorrência será justa. Também não é possível aceitar a via livre-cambista de emancipação apregoada pelos sacerdotes neoliberais do milênio.

Em sua ingenuidade, o camponês deseja produzir alimentos para comer e fibras para vestir e não mercadorias para lucrar. Se em alguns saudosistas isto se transforma em nostalgia diante da mudança, a economia natural é, em outros, disputa e utopia. O camponês com projeto e vocação para o futuro reivindica uma economia com alma e uma modernidade com rosto humano. Alma e rosto que a produção doméstica não extraviou por completo.

A alternativa camponesa é, na verdade, a encruzilhada nacional. Uma vez enfrentados os limites de uma modernidade na qual nunca ingressamos totalmente, os mexicanos necessitam empreender duas transições em uma. A economia demanda eficiência e perspectiva globalizante, mas são impostergáveis a equidade e o sustento interno que as fórmulas neoliberais deixaram à margem. Nossas instituições políticas começam a ser competitivas justamente quando os partidos políticos entram em decadência no mundo e evidencia-se uma nova busca por outras formas de representação. Cabe-nos, urgentemente, a formação de corporações fortes e autônomas que nunca tivemos, sobretudo quando o mercado de trabalho torna-se mais flexível e os sindicatos nacionais tradicionais tornam-se anacrônicos. Estamos começando a validar o velho "sufrágio efetivo" quando já nos parece pequena a debutante democracia representativa e tornam-se necessárias novas formas de participação social direta.

Na virada do milênio, os mexicanos necessitam acertar as contas com o século XX ao mesmo tempo que ingressam no XXI; necessitam instaurar a democracia tradicional e também a nova democracia; transitar de uma vez por todas à modernidade e desta à pós-modernidade.

Essa não é uma situação nova. Benito Juárez enfrentou uma conjuntura semelhante em 1859, quando em plena Guerra dos Três Anos expediu as Leis de Reforma. Seus correligionários lhe sugeriram que esperasse a paz e só depois emitisse os decretos emancipadores, mas o lançamento de Guelatao preferiu realizar as reformas durante a revolução em curso e, assim, evitar uma segunda revolução. Meio século depois, em 1991, Ricardo Flores Magón e o Partido Liberal Mexicano seguiram o exemplo juarista e trataram de fazer duas revoluções em uma, ou seja, levar adiante o ideal madeirista de sufrágio efetivo e liberdade de associação ao mesmo tempo que impulsionavam a posse de terras e de fábricas conduzidas à revolução social.

Andar correndo e chegar sempre atrasado é um costume da história nacional. Os mexicanos sempre viram passar o tempo e depois andaram queimando etapas. Entraves do subdesenvolvimento... ou "privilégio do atraso", como diziam os populistas russos.

Tanto os camponeses como os indígenas têm muito o que contribuir com esses desafios. Não é mero acaso que no fim de um século escarnecido pelo neoliberalismo tosco e pelo capitalismo selvagem os olhares se voltem para a comunidade agrária, para alguns hábitos antigos de respeito à natureza, para a velha propensão à tecnologia leve, para as reservas de economia moral e o que nos resta dos sistemas de redistribuição e apoio mútuo, bem como para as perseverantes formas de governo participativas e consensuais.

Mas cuidado com o idealismo. O camponês não é bandido nem mocinho, mas talvez o feio, o pícaro, o astuto e flexível; um clássico sobrevivente.

Seu mundo, desolado e precário, está longe de ser perfeito ainda que estimule a imaginação. Após a queda do socialismo tópico e seu primo, o Estado de bem-estar, é o único paradigma que nos resta. Em todo caso, é certo que se os indígenas fracassarem todos nós seremos derrotados, e se os camponeses perderem, também perderemos todos.

O mito da barbárie extramuros

> Dentro das muralhas da cidade de Troyes apareceu um número alto de [...] pobres [...] até o ponto em que os ricos começaram a temer que se pudesse gerar uma sublevação [...] e com a finalidade de expulsá-los se reuniram em assembleia [...] a resolução desse conselho foi que os pobres tinham que ser expulsos e nunca mais admitidos. Para isso, mandaram assar pães em grande quantidade para distribuí-los entre os tais pobres, que seriam reunidos em uma das portas da cidade sem que se revelasse a eles o que se estava tramando, e a cada um seria distribuído um pedaço de pão e uma moeda de prata. Fariam com que eles saíssem da cidade pela porta, que seria fechada imediatamente depois de que passasse o último dos pobres, e por cima da muralha seria dito que eles fossem com Deus a viver em outra parte [...] E assim se fez.
>
> Memórias de Claude Haton, 1573.
> Claude Haton, citado por Fernand Braudel,
> *Las civilizaciones actuales*.

> Os que pior se adaptaram se viram rejeitados e levados às regiões altas [...] às margens. Desta maneira, a civilização havia engendrado a barbárie. Entretanto, os bárbaros abandonam continuamente seus refúgios [...] E esse retorno raras vezes é pacífico.
>
> Owen Lattimore, citado por Fernand Braudel,
> *Las civilizaciones actuales*.

O século XX mexicano começou com uma revolução camponesa contra o "progresso" porfirista e terminou em meio a uma rebelião indígena contra a "reconversão" neoliberal. Não são discórdias do atraso. Nem os povos submissos que se rebelaram no início do século XX eram anacrônicos, nem os indígenas neozapatistas de Las Cañadas e os lavradores do movimento O Campo Não Aguenta Mais, que se ergueram cem anos depois, são fantasmas do passado debatendo-se com o velho regime porque ainda não lhes alcançara a redentora modernidade.

Longe de ser uma relíquia, a ordem social que atinge camponeses e indígenas é a expressão mais atualizada da conversão livre-cambista. A barbárie não é o horizonte da civilização: um território de fronteira povoado de selvagens que resiste ao progresso. A barbárie é, na verdade, o pesadelo da civilização; seu rosto oculto, sua obra secreta e vergonhosa.

Dizem que a história da humanidade é a história da exploração e da luta de classes, mas também é a história da exclusão e da rebelião dos marginalizados. A dialética de senhores e escravos, de espoliadores e espoliados é, também, uma face da moeda, pois a outra é o confronto entre bárbaros e civilizados, entre selvagens e homens "de razão", entre integrados e excluídos.

Os camponeses e os indígenas não se rebelam contra o atraso pré-moderno mas contra a modernidade selvagem que aflige a todos. Não são irmãos marginalizados, esquecidos às pressas pelo novo milênio, mas o espelho da nação. Não representam o passado, mas o futuro.

A sorte dos indígenas e camponeses é a sorte de todos. A falta de braços, ocasionada pelo auge agroexportador do porfiriato, generalizou as armadilhas e as correntes e fez com que indígenas e camponeses se tornassem escravos das plantações. O ajuste estrutural de anos recentes gerou o desemprego e empurrou-os para a marginalidade. No início e no fim do século XX, seja pela ausência, seja pela presença, os trabalhadores do campo foram vítimas que propiciaram a "modernidade"; o espelho de um sistema no qual – escassos ou abundantes, escravos ou marginais – os homens são os meios para o "progresso", são insumos do capital.

Se a barbárie é a antessala da civilização, as insurreições dos indígenas e dos camponeses são o paradigma da rebeldia nacional. Herdeiros tanto dos levantes étnicos do século XIX como do zapatismo, as exuberantes comunidades indígenas do sudeste e os mestiços insubmissos do centro e do norte não alimentam esperanças milenaristas. Eles não guardam nostalgias do passado, mas anseios em relação ao porvir.

Ser portador da esperança tem seu custo. Desde o divisor de águas do milênio vislumbramos o alvorecer, mas o que nos envolve são as sombras de ignomínia e sofrimento porque o preço da vida é a morte e no campo poucos insubmissos chegam à velhice.

A existência camponesa é feita de pluralidades, mudanças, encruzilhadas, rebeldia, mas também de sangue, dor, lágrimas... E a violência não está reservada apenas para os rebeldes, pois as penúrias impostas, a perseguição, o cárcere e a tortura também atingem os pacíficos, encurralados por todos os lados. O campo mexicano é um enorme cemitério de mortos pela violência; um *rulfiano*[29] baldio de mortos.

São mortos também pela fome e pela enfermidade, pelo "caciquismo", pelo paramilitar, pelos guardas brancos ou pelos soldados. Não podemos esquecer, ainda, da violência dos pleitos, dos conflitos e dos desentendimentos entre os pares reparados com sangue, da injustiça, da esterilidade e do azar.

Em um mundo de pequenos produtores dispersos, onde a acumulação de riquezas passa pelos intermediários concentradores de colheitas, a pura economia não mantém a ordem por si mesma. Para conservar sua clientela, os "coiotes" e patrões locais necessitam recorrer à ameaça, à extorsão, à força. Os incontáveis cambalachos assimétricos por onde flui o capital rural não funcionam sem a força do medo. A essência do caciquismo não se resume à propriedade, ela abarca também o poder e a violência. Os capitais agrários jorram sangue.

Uma ordem que lucra com a maldade, que mata friamente, que priva batendo, é uma ordem que colhe tempestades. Os levantes agrários são frequentemente violentos porque intolerante e violento é o mundo negado por eles.

Mau tema para um fim e, também, inevitável, pois em plena arrancada do terceiro milênio a cólera libertária ainda não foi exorcizada. Podemos estar convencidos de que as armas não rendem, mas desqualificar facilmente a violência de contestação seria também imoral, tanto quanto sua aprovação precipitada. Somente a justiça e

---

[29] Referência a Juan Rulfo, escrito mexicano, autor de *Pedro Páramo*. Refere-se ao encontro entre a vida e a morte como parte da cotidianidade.

a equidade abrindo caminhos por meios pacíficos estancam verdadeiramente e para sempre a ira de quem foi ofendido.

Marginais, polifônicos, transumantes: os camponeses do milênio[30]

> O peculiar das margens é que sempre são produto e reflexo de algo outro que quase sempre remete ao centro, o qual se nega, paradoxalmente, a reconhecer sua imagem neste espelho [...]
> É por isso que a resposta analítica mais comum se resume em geral em fazer um corte contundente entre a norma e a margem, entre centro e periferia, entre o capital e o resto. A questão camponesa entra neste jogo, posto que justamente apresenta de entrada todos os aspectos da não modernidade [...]
> A questão camponesa pode ser o ponto de partida para uma reflexão sobre o funcionamento de toda ordem social [...] porque está na margem [...] e a margem, quando já não se considera como um apêndice ou um dejeto, aparece como o que é [...]; um momento da reprodução de uma ordem geral.
>
> Claude Faure, *El campesino, el centro y la periferia.*

A barbárie além das fronteiras é o mito de fundação das civilizações globalizadoras. Os sistemas imperialistas necessitam postular um além, um espaço da selvageria do outro lado de suas fronteiras onde a "ordem natural" justifique tratamentos excepcionais. Procedimentos brutais são contrastados com os bons modos que se presume imperar muralhas adentro.

Pretexto e ilusão, pois, na realidade, ao menos desde o século XVI, quando o grande mercado engolia também o "novo continente", a barbárie já não era mais o horizonte da civilização, mas

---

30 Uma versão desta seção deste capítulo foi publicada em *Geografia agrária: teoria e poder*, livro organizado por Bernardo Mançano Fernandes, Marta Inez Medeiros Marques e Julio Cesar Suzuki (São Paulo: Expressão Popular, 2007, p.85-104).

sua cara obscura, seu pesadelo, sua vergonhosa sala de espera. Desse modo, o capitalismo real é também, e acima de tudo, o da periferia, ou seja, mal governado, saqueado sem clemência, dizimado por pestes e sacudido pela fome extrema.

Apesar da ideologia do "forte apache", que inspira as novas cruzadas imperiais, o fato é que os homens do terceiro milênio compartilham uma casa de cristal. A progressiva consciência da globalidade torna, a cada dia, mais insignificante o mito de que os "civilizados" são portadores de uma exterioridade pré-moderna, pois o que há é um território de selvagens irredimíveis a quem é legítimo submeter o outro à força da espada ou de "bombas inteligentes". Derrubada a ideia de que exista um dentro – o presente verdadeiro por antonomásia – e um fora – algo como o passado congelado –, os bárbaros invadem as ruas, a rede e o imaginário coletivo das metrópoles. Hoje, a marginalidade interiorizada é patente e muito forte: milhões de exilados que vivem na Espanha e orientais próximos ao Norte, multidões em um incontido êxodo austral, orgulhosos homossexuais que saem do armário, insólitas rebeldias indígenas na rede, novas *jacqueries* na periferia parisiense, insurgências de ilegais nas principais cidades do Império, furor globalifóbico onde quer que se reúnam os "notáveis" do planeta... Com eles, ressuscitam os camponeses, símbolo vivo da centralidade dos marginais, da atualidade dos anacrônicos.

Polimorfos perversos

> Dia a dia, os camponeses fazem que os economistas se lamentem, que os políticos suem, que os estrategistas praguejem, destruindo seus planos e profecias.
>
> Teodor Shanin, *La clase incómoda*.

No reino uniforme que o capitalismo tenta impor, pelo menos desde a primeira Revolução Industrial, os camponeses surgem como uma anomalia, já que são diversos por natureza, sustentam seu polimorfismo perverso em múltiplas e variadas maneiras de interagir com a biosfera. Enquanto o sistema fabril é propenso à especialização, à monotonia tecnológica e ao acasalamento humano, a agricultura é o território da heterogeneidade e se revela na variedade de climas, solos, ecossistemas e paisagens que se expressam na diversidade produtiva e sustentam a pluralidade social e a variedade cultural.

Desde o início, o capitalismo apostou na junção daquilo que é díspar por idiossincrasia e natureza. Assim, uniformizou os homens com o macacão de operário e desmontou os bosques, nivelando os solos para edificar metrópoles, instalar fábricas e estabelecer vertiginosas monoculturas. No campo, o saldo foi economicamente perverso, pois ao privatizar recursos naturais variados, desigualmente distribuídos e escassos, o sistema do mercantilismo absoluto gerou rendas agrícolas, ou seja, lucros extras provenientes não do investimento, mas da propriedade. Alguns acreditaram que tais lucros eram heranças do antigo regime, mas, de fato, eram saldos de uma contradição sem salvação: a resistência da mãe natureza à compulsão emparelhadora do capital.

O sonho do capitalismo foi o de tornar a agricultura uma fábrica, atada exclusivamente às máquinas e adubos industriais e liberta dos caprichos da natureza. O uso do *laser* para nivelar o solo, a plasticultura, a hidroponia, os inumeráveis agrotóxicos, as sementes híbridas, a irrigação computadorizada, a fertirrigação, o maquinário agrícola vinculado a técnicas de programação, entre outras inovações, revolucionaram paulatinamente o campo. Contudo, a profecia não se cumpriu totalmente mas, no final do século XX, quando se decifrou o germoplasma, a biotecnologia acreditou que se apoiava – e aí sim – nas forças produtivas da vida que futuramente poderiam vir a ser separadas, reproduzidas, sofrer intervenções e, principalmente, ser patenteadas.

O grande capital está em festa. Finalmente, o setor agropecuário está prestes a se livrar da ditadura da fertilidade, das chuvas e do clima, tal como ocorreu antigamente com os demais ramos da indústria. Por fim, poderá prescindir do fazendeiro, do camponês e do burocrata, que tinham sido necessários para ordenar mais ou menos uma produção que não se submetia, como as outras, ao automatismo fabril. Finalmente a volúvel natureza foi derrotada, natureza que durante séculos empenhou-se em impor sua perversa diversidade a um sistema que somente floresce na monotonia. A nova produtividade depende cada vez menos da heterogeneidade agroecológica de maneira que os rendimentos de condições naturais diversas e escassas se tornem cada vez mais independentes, minguando também as rendas diferenciais, os sobrepagamentos que no passado pervertiam a repartição do excedente econômico tornando-se necessário apelar para o Estado e transformando os camponeses numa alternativa ao indesejável e custoso monopólio agrícola privado.

Paradoxalmente, a propensa extinção da velha renda da terra coincide com a estreia da flamejante renda da vida. À envelhecida privatização de superfícies férteis está sucedendo o saque da diversidade de flora, fauna e microorganismos, não somente capturando espécimes mas mexendo em seus segredos, decifrando, fazendo intervenções e patenteando seus códigos genéticos.

Certamente, a biodiversidade natural ou domesticada não pode ser cercada ou represada, mas com o subterfúgio de patentear "organismos modificados" é possível estabelecer cercas virtuais em torno do genoma. Isso não é pouco, pois se trata de um bem infinitamente mais rentável do que a terra da qual hoje dependem a agricultura, o setor farmacêutico, os cosméticos e uma porção crescente da expansiva indústria química.

O grande risco é deixar a alimentação, a saúde e o bem-estar da humanidade nas mãos de um punhado de transnacionais da biotecnologia. O que preocupa ainda mais é o fato de que colossais e irrestritos interesses nos imponha um modelo tecnológico segundo o qual, conservada a vida em forma de espécimes, tecidos e códigos genéticos, os ecossistemas biodiversos são deixados de lado. Se existir banco de germoplasma "ex situ" já não será mais necessário arrasar bosques, selvas e policultivos para estabelecer vertiginosas plantações especializadas e tampouco haverá a preocupação de que o genoma silvestre ou historicamente domesticado seja contaminado por transgênicos (frankensteins odiosos, não tanto por sua condição artificiosamente mutante, mas pela imprevisibilidade de seu comportamento em liberdade).

Assim, no terceiro milênio, além do emparelhamento de homens, máquinas, terras e águas, sofremos a ameaça da intenção de uniformizar a biosfera. Por essa pretensão estamos arriscando nossa pele, pois a reprodução da natureza depende da emaranhada diversidade biológica de ecossistemas complexos sempre em relação com as pluralidades sociais.

As denominadas indústrias da vida são, na verdade, indústrias da morte. O que é dramático nelas não é apenas sua própria irracionalidade, mas também uma das maiores tensões do grande capital: a contradição entre a uniformização tecnológica, econômica e social que demanda a ordem de mercado absoluto e a inevitável diversidade biológica, produtiva e social, consubstancial à natureza e ao homem. Um conflito sem dúvida radical que seus primeiros críticos quase não destacaram, talvez porque, no fundo, compartilhassem do otimismo emparelhador do jovem capitalismo.

Atualmente, restabelecer a diversidade virtuosa é assunto de vida ou morte, pois a urbanização e a industrialização impiedosas que contribuem para as mudanças climáticas se somam a uma agricultura insustentável, ou seja, ao desmatamento exponencial, a perdas dos solos férteis, à escassez de água doce, à monocultura, pragas resistentes, consumo excessivo de agroquímicos, manejo irresponsável de transgênicos etc.

Nessa encruzilhada civilizatória, os encurralados camponeses pedem a palavra e reivindicam, por conta própria, um novo modo de fazer. Quando o assunto é o incentivo à agricultura sustentável, que combine saúde ambiental e equidade social, a empresa privada torce o rabo, enquanto os pequenos produtores domésticos se revelam um modelo de virtudes.

As reavaliadas vantagens dos lavradores já não se referem, como pensávamos nos anos 1970, à sua condição de produtores de alimentos e matérias-primas baratas que sustentavam a industrialização ao transferir seu excedente econômico por meio do intercâmbio desigual. Ficou para trás a inveja freudiana da mais-valia que alguns campesinólogos atribuíram gratuitamente aos rústicos e, com ela, as árduas provas argumentativas de que os agricultores domésticos eram tão explorados quanto os operários. Talvez sejam de fato, mas o problema de fundo é outro.

Da exploração à exclusão

> Longe ficaram os dias em que ser camponês significava trabalhar a terra, receber apoio estatal, vender a colheita, ser explorado [...] Os camponeses latino americanos enfrentam o novo milênio excluídos do sistema [...] Na era do desperdício, os produtores nacionais aparecem como descartáveis.
>
> Blanca Rubio. *Explotados y excluidos.*

Nas últimas décadas do século XX, os camponeses da periferia transitaram da exploração à marginalização, de sustentar a expansão industrial produzindo alimentos baratos para o mercado interno à colheita precária de matérias-primas destinadas aos mercados globais cada vez mais saturados, flutuantes e monopolizantes. Se nos anos 1970 lutavam por terras para escapar da proletarização, no novo milênio rebelam-se contra a exclusão.

Desde o pós-guerra até os anos 1970, os trabalhadores rurais do subcontinente foram orgulhosos produtores de alimentos vitais para a urbanização e hoje, no entanto, são estigmatizados de redundantes, prescindíveis e marginais. De 1940 a 1975, a maior incumbência da agricultura camponesa latino-americana era a produção de comida barata para o mercado interno a fim de sustentar uma acumulação industrial que dependia de baixos salários. Desde meados dos anos 1970, a produção para o consumo nacional decai, pois a indústria desvincula-se da agricultura no tocante ao interesse em obter alimentos subavaliados e a atenção do grande capital volta-se para a agroindústria de exportação.

Os pequenos e médios produtores domésticos, que durante a segunda terça parte do século XX constituíram um setor imprescindível à acumulação de capital em um modelo integrado, na última terça parte tornaram-se cada vez mais irrelevantes em um sistema desarticulado e voltado ao exterior. Assim, os camponeses passam da honrosa posição de explorados ao ignominioso estatuto de excluídos.

Nessa bifurcação histórica, não apenas os camponeses saíram perdendo, mas também recuaram nossas nações, cujos governos renunciaram à autossuficiência em bens de consumo básico e, com isso, à segurança e à soberania alimentar. Tal situação mostra-se particularmente perigosa, já que a comida é uma arma nas mãos do Império e a disponibilidade global de bens de consumo massivo depende, de um lado, de condições climáticas cada vez mais volúveis e, de outro, tanto de tecnologias sofisticadas e intensivas quanto frágeis e, por último, do surgimento de novos usos industriais, como os biocombustíveis, que concorrem com o setor alimentício.

A ruína e o êxodo dos camponeses e outros setores assalariados nos conduziu também à perda da soberania no trabalho de maneira que, hoje, carecemos de autossuficiência e segurança no emprego. Essa circunstância é excepcionalmente grave quando a economia do país, a qual se transfere a mão de obra em excesso, entra em recessão e suprime massivamente postos de trabalho ou quando o Império atua de maneira paranoica e decide edificar rígidos muros metálicos na fronteira.

Não há como escapar, pois, de fato, no fundo da exclusão rural encontra-se a real perda da competitividade de numerosos setores camponeses. São pequenos produtores produtivamente fragilizados que passaram da exploração à marginalização, exatamente porque não houve, em suas pobres colheitas, excedente econômico para expropriar. Sua exclusão, portanto, não será circunstancial mas, talvez, definitiva caso seu produto se torne redundante. É o resultado de um acelerado crescimento da produtividade agrícola que, combinado com a relativa lentidão do crescimento demográfico, permite hoje que se satisfaça o incremento da demanda planetária de bens agropecuários com cultivos cada vez menos extensos e sem a necessidade de plantar em condições produtivamente marginais. Em outras palavras, se a nova tecnologia "conseguiu erradicar a renda" ou, quando menos, o substantivo dela, como escreveu Blanca Rubio no livro citado, então, na verdade, os camponeses são deixados de lado. Assim, a marginalização rural massiva também será um fenômeno tanto contra o qual não se pode lutar como "racional", pois o sistema do grande capital exclui todo o trabalho que não renda mais-valia, que não possa ser explorado. Mas, será realmente assim?

A revolução biotecnológica das últimas décadas revolucionou a produção agropecuária de tal modo que hoje, graças à intensificação e aos altos rendimentos, a oferta depende muito menos do que antes das colheitas oriundas das áreas marginais. Portanto, se a fertilidade natural da terra, a abundância de água e clima favorável – sem considerá-los irrelevantes – restringem cada vez menos a produtividade agropecuária, a renda diferencial estará sujeita a uma irreversível tendência decrescente. Já em uma agricultura hipertecnológica, de produtividades que tendem à homogeneidade, os pequenos produtores capazes de operar em desvantagem e sacrificando utilidades são postos de lado. Esse fato ocorre porque se não há renda diferenciada não há camponeses, pois na medida em que se possa abastecer a demanda sem apelar a colheitas de rendimentos estruturalmente desiguais, já não será necessário resistir ao montante total das rendas agrícolas onerosas, através de produtos mercantis não capitalistas operando nas piores terras e articulados mediante a regulamentação estatal da produção e da acumulação.

Paradoxalmente, o suposto fim da velha renda coincide com o avanço de novas modalidades rentáveis baseadas na apropriação de bens naturais escassos. À envelhecida privatização das superfícies férteis e de água se impõe a privatização da diversidade da flora, da fauna e dos micro-organismos, não só por meio da extração de espécimes, mas decifrando, modificando e patenteando seus códigos genéticos. Na corrida da bioprospecção, na surda batalha pelo usufruto das regiões biodiversas, oculta-se o pretexto pela renda da vida. Insondável fonte de lucros perversos que ganham força em tempos de biologização crescente da atividade produtiva. Privatizar radicalmente recursos de histórico usufruto comum é o mesmo que monopolizar um bem natural escasso e infinitamente mais rentável do que a terra.

O maior perigo derivado das patentes sobre a vida, porém, não está nos grandes lucros que esse monopólio apresenta. A maior ameaça encontra-se na condição desejável e até indesejável que adquirem os ecossistemas naturais quando o assunto é a submissão da produção agrícola ao emprego de sementes manipuladas. O risco reside no fato de que, uma vez privatizadas *ex situ* as amostras de tecidos e códigos genéticos, sobra a biodiversidade *in situ* – a natureza enquanto tal. No terceiro milênio, o novo emparelhamento que nos ameaça já não diz respeito somente aos despersonalizados homens de macacão, às águas represadas e às terras derrubadas e aplanadas; hoje é o uso egoísta e irresponsável dos transgênicos o que ameaça a biodiversidade e atenta contra a sobrevivência humana.

O esperado emparelhamento produtivo é, na verdade, um espelhamento. Quando, graças aos agrotóxicos, às sementes modificadas e às estufas, o capital acreditava que havia feito tábula rasa da molesta heterogeneidade produtiva, regressa a intrínseca pluralidade da natureza e da sociedade. Hoje, torna-se cada vez mais evidente que a produção agropecuária saudável e sustentável deve amoldar-se à diversidade dos ecossistemas e sociossistemas. É dramaticamente claro que, no terceiro milênio, a cruzada uniformizadora que o capital empreendeu há mais de quinhentos anos chegou ao seu limite. Além disso, o emparelhamento está ocasionando uma vasta catástrofe ecológica e social de uma maneira tal que se não revertermos energicamente esse quadro, a humanidade não terá futuro. Em nosso tempo, restaurar a virtuosa diversidade é questão de vida ou morte.

Restabelecer a pluralidade desejável é colocar limites à voracidade emparelhadora do mercado. Se admitimos que a monocultura, o abuso dos agrotóxicos e o manejo irresponsável dos transgênicos não apenas danificam os trabalhadores do campo, mas também afetam a qualidade das colheitas e colocam em risco a saúde dos consumidores, além de depredar os recursos naturais, romper o equilíbrio dos ecossistemas e atentar contra a biodiversidade, seguramente iremos optar por tecnologias ecológicas que se adaptem à heterogeneidade natural, tais como o manejo sustentável de florestas, os policultivos e a agricultura orgânica. Assim, aceitaremos, igualmente, que a reprodução da biodiversidade domesticada depende, em grande medida, dos saberes e práticas das comunidades rurais – frequentemente indígenas – que agregam à diversidade natural a pluralidade de usos produtivos, sociais e culturais. Se reconhecermos, enfim, que toda essa diversidade é valiosa e é a condição de sobrevivência humana, então teremos que corrigir a racionalidade do capital restituindo e potencializando as velhas pluralidades tecnológicas e sociais que tanto lhe ofendem.

O aproveitamento multiforme da diversidade natural resolve também a contradição entre a descontinuidade consubstancial aos processos de trabalho agropecuários e a reprodução salarial da mão de obra, problema que o sistema do mercado absoluto é incapaz de superar, quando muito de maneira ortodoxa. O capitalismo, que funciona bem com os processos especializados e contínuos que tornam rentáveis o emprego dos meios de produção e da força de trabalho, ignora quando seu consumo se dá pela força sincopada, como ocorre na agricultura, sujeita que é aos ciclos naturais e onde as demandas de mão de obra se concentram em plantações e colheitas. A estratégia empresarial consiste em externar a contradição contratando assalariados temporais. Porém, o sistema não admite exterioridades e, se o empregador direto não retribui mais do que o tempo trabalhado, a sociedade como um todo terá que assumir a agravante reprodução integral dos assalariados temporais. Para a sorte do capital global, aí está a economia doméstica para sustentar, mediante a produção de autoconsumo, os assalariados de tempo parcial.

Ao baratear os custos das colheitas comerciais, a economia de autoabastecimento, que em muitos casos sustenta os assalariados temporários, não somente beneficia os empresários do campo como também resolve um grave problema do sistema capitalista global. Esse ajuste providencial não pode, portanto, ignorar a dura ineficiência estrutural da especialização capitalista aplicada em processos produtivos condicionados pela natureza e seus ciclos. Na realidade, o que permite ao agroempresário especializado pagar as jornadas de trabalho que necessita é uma diversificação dos cultivos que corre por conta do empregado e de sua família. Como exemplo, podemos citar as plantações empresariais dos vales costeiros, que são economicamente viáveis graças, apenas, aos cultivos camponeses da serra. Finalmente, podemos dizer que corre na contramão a diversificação produtiva associada, nesse caso, à combinação de duas distintas racionalidades economicamente imanentes.

Dessa maneira, chegamos outra vez à mesma conclusão, ainda que por outro caminho: a multiplicidade de tecnologias e a diversidade articulada de aproveitamentos se impõem tanto pela pluralidade dos ecossistemas quanto pelas limitações de espaço e tempo da capacidade de trabalho. Se a estratégia polifônica for eficaz para a produção, também será para o consumo, pois proporciona bens e serviços diversos todo o ano. Não podemos esquecer, ainda, o quanto é plausível para o trabalhador um modelo produtivo que lhe permite desenvolver tarefas múltiplas, sempre menos cansativas do que as monótonas rotinas da especialização extrema.

Definitivamente, a nova agricultura baseada em paradigmas camponeses deverá desobedecer aos ditados do mercado, pois maximizar lucros não pode ser a única prioridade de uma produção comprometida com a equidade social e o meio ambiente. De fato, há pouco tempo estamos nos desviando da livre concorrência. No entanto, a análise custo/benefício está tão interiorizada que, a fim de justificar que se violem as falhas do mercado, devemos outorgar valor comercial a bens que, em sentido restrito, não o tenham, pois são valores sociais ou propriedades naturais. Assim, é cada vez mais frequente que nas decisões sobre a viabilidade econômica de um projeto produtivo sejam incorporadas "externalidades" ambientais e, ocasionalmente, sociais. Atualmente, admite-se que, além de suas colheitas específicas, certas atividades agropecuárias "produzam água", "capturem carbono", detenham o solo. Admite-se, também, que esses serviços ambientais sejam pagos, seja via consumidor, repassando-os ao preço final, seja via produtores, cujas externalidades são ambientalmente negativas (leia-se indústrias contaminadoras) ou, senão, pela sociedade como um todo por meio de compensações outorgadas pelo Estado.

Nessa disjuntiva civilizatória, os camponeses retomam sua razão de ser como portadores de uma racionalidade societária e produtiva eficaz que remete menos à suposta condição de produtores explorados que cultivam alimentos baratos, e mais à capacidade dos camponeses de assumir as premissas do chamado "desenvolvimento sustentável".

Nos dias de hoje, reivindicar os camponeses e resistir à sua crescente exclusão já não se limita a demonstrar que produzem excedentes, mas que suas colheitas são necessárias para a acumulação de capital. A partir de agora, a crítica deve ser mais profunda, ou seja, se os emparelhamentos tecnológicos e societários a qualquer preço já não são possíveis nem desejáveis, então, o custo social dos produtos, medido pelo tempo de trabalho médio que se emprega na geração deles, deixa de ser a condição produtiva tendencialmente dominante. Para isso, é necessário reconhecer a racionalidade e a pertinência de tecnologias diversas, adequadas às condições agroecológicas diferentes, ainda que essas tecnologias tenham rendimentos físicos e econômicos heterogêneos.

O fato de ser assim admite, também, que por meio dos preços superfaturados, das transferências ou dos subsídios a sociedade pague preços diferentes por produtos intrinsecamente iguais, ou melhor, cotizações diferenciais que retribuam a presença virtual de "externalidades" valiosas em alguns deles. Isso é terrivelmente transcendente, pois significa que a sociedade deve reconhecer e retribuir o tempo de trabalho individualmente investido e, principalmente, que este seja maior que o tempo de trabalho médio, sempre e quando seja socioambientalmente necessário.

Com o intuito de manter os valores-preços como instrumentos de contabilidade social, pode-se justificar essa retribuição como pagamento de "serviços" ambientais e/ou sociais, além de quantificar medindo "externalidades" positivas. Contudo, tal tradução de valores de uso em preços, sendo útil para fins contábeis, não é mais do que uma convenção. Precisamente nesse caráter convencional é que se encontra a enorme transcendência de tais cotizações, ou seja, preços atribuídos que não se impõem de maneira automática, como os verdadeiros preços de mercado, mas que surgem de negociações e acordos sociais, onde se usam argumentos técnicos e também considerações políticas e correlações de forças. São compromissos indispensáveis quando se trata de não obter utilidades, mas de evitar impactos indesejáveis à ecologia e à sociedade, ou de revestir os danos já ocasionados. Tal fato significa, nem mais nem menos, que estamos passando da desalmada fórmula D-M-D', que opera de maneira cega e automática, à fórmula M-D-M', que supõe valorizações e acordos sociais.

Reconhecer que existem valores sociais e ambientais superiores aos ditados pela economia do lucro, defender os bens e saberes coletivos, reivindicar a preeminência dos valores de uso sobre os de troca e dos acordos sociais sobre os automatismos mercantis são conceitos e práticas extremamente promissoras, pois nelas encontram-se premissas de uma modernidade outra. É que a diversidade – tanto natural como societária – resultou em um calcanhar de Aquiles do sistema de mercado irrestrito e deve ser o ponto de partida das renovadas utopias que demandam os novos tempos.

Na arrancada do milênio, o capital gesticula perigosamente extraviado em seus íntimos labirintos. Titânica, porém rancorosa e excludente, a suprema ordem mercantil enfrenta padecimentos presumidamente terminais. E mais: um irremediável desencontro entre sua compulsão emparelhadora e sua inevitável necessidade de exterioridades socioambientais, ou seja, reservas de recursos humanos e naturais que são, ao mesmo tempo, pátios traseiros nos quais se atira o lixo e encurralam-se as pessoas que estão sobrando.

Daí, nos maiores pesadelos do grande capital, estarem presentes os camponeses. Desprezados pela economia, pela história e pela tecnologia, os agrestes regressam da tumba encabeçando exércitos de marginais, desempregados crônicos, migrantes a pé, jovens sem futuro, vítimas das novas pandemias de sexualmente transmissíveis, loucos, tontos, insolventes, desconectados, enfim: excluídos de todo tipo que demandam igualdade, mas reivindicam a diferença.

As colheitas invisíveis

> Nós, campesinos, queremos continuar colhendo alimentos saudáveis para todos; queremos continuar gerando emprego e ingresso para milhões de mesoamericanos; queremos continuar cuidando dos recursos naturais que nos dão ar puro, água limpa, terra fértil e diversidade biológica; queremos manter e desenvolver nossa cultura e nossos usos e costumes índios, afro-americanos e mestiços que são orgulho nosso e patrimônio de todos; queremos impulsionar novas formas de convivência democrática... por isso estamos em pé de luta...
>
> Movimiento Indígena y Campesino Mesoamericano. *Manifiesto de Xochimilco.*

Os camponeses são indispensáveis, não tanto porque produzem alimentos baratos, mas porque produzem a diversidade social e natural, que é um valor de uso e não um valor de troca. Os pequenos produtores agrícolas com os quais nos deparamos hoje são multifuncionais. Isso significa que sua eficiência e competitividade não devem ser valorizadas somente com base naquilo que lançam no mercado, mas também em bens e serviços que se tornam pouco visíveis em uma ótica estritamente mercantil. Essas funções são de caráter societário, cultural e ambiental e, geralmente, não aparecem nas análises com um enfoque que leva em conta o custo/benefício. Vejamos o caso do México e suas contribuições de caráter social.

Em um país com sérios problemas de autossuficiência, segurança e soberania no trabalho, forçado a exportar em torno de meio milhão de cidadãos ao ano, mais de 40 mil ao mês, quase 1500 ao dia, um por minuto, a economia camponesa gera empregos e rendas a custos substantivamente menores do que aqueles dispensados à criação de postos de trabalho formal na indústria ou serviços, além de ser uma alternativa muito mais plausível do que a "economia subterrânea".

Quando o México perdeu sua autossuficiência, segurança e soberania alimentares e passou a importar anualmente em torno de 40% de grãos e oleaginosas que necessitava, a produção camponesa de produtos básicos, destinados ao mercado nacional, local e ao autoconsumo, reduziu o risco da crise dos meios de vida e de fome intensa.

No contexto de uma sociedade rural, desintegrada pelo êxodo e pela falta de opções de um mundo urbano saturado de precariedades relacionadas à economia informal, com frequência parasitária e que já representa cerca de 50% de toda a atividade produtiva, a economia agropecuária doméstica ajuda a fixar a população e fortalece a comunidade.

Diante de uma produção rural tradicionalmente pulverizada, a nova propensão camponesa à combinação de trabalhos familiares com atividades associativas de caráter agroindustrial, comercial e financeiro gera economias de escala e reforça a organicidade social.

Na medida em que o cultivo e o mercado de narcóticos continuem representando uma via de sobrevivência rural e o narcopoder continue sendo um Estado dentro do Estado, restaurar a viabilidade da economia doméstica constitui a forma mais barata de combater o crime organizado.

A forma menos sangrenta e mais legítima de desalentar a guerrilha como alternativa libertária é, sem dúvida, fortalecer os camponeses e suas comunidades, estabelecendo, assim, um ponto de partida para a dignificação justa e democrática da sociedade rural.

Podemos, ainda, mencionar outros tipos de contribuições culturais.

Considerando que um de nossos maiores bens é a diversidade de culturas, tais como as autóctones, migrantes e mestiças, e que a matriz original dessa pluralidade é, quase sempre, de caráter rural e comunitário, devemos reconhecer na economia camponesa a sustentação material e espiritual de nossa identidade como nação.

Admitir a legitimidade das reivindicações de autonomia dos povos indígenas supõe, também, reconhecer na economia familiar, que praticam majoritariamente, a base produtiva de seus direitos.

Como a cultura popular não industrial inclui tanto produtos artesanais como usos linguísticos, políticos, jurídicos, religiosos, arquitetônicos, indumentários, musicais e culinários, assim como práticas e saberes agrícolas às vezes ancestrais, seu futuro depende da revitalização da comunidade e da economia camponesa que a sustenta.

Outras contribuições mais ecológicas:

Em tempos em que predominam grandes distúrbios ambientais que expõem os limites do modelo atual de produção e consumo, torna-se necessário ressaltar as virtudes de uma economia e de uma socialização comunitárias capazes de manter e desenvolver uma relação mais harmoniosa com o meio ambiente.

Se admitirmos que algumas práticas camponesas ancestrais – como o roçar, derrubar e queimar – deixaram de ser sustentáveis por causa da pressão demográfica sobre as terras disponíveis, não nos resta dúvida de que os novos paradigmas ambientais – tanto os *cinzas* que impulsionam novas tecnologias limpas, como os *verdes*, que convidam à não violação da capacidade de carga dos ecossistemas – estão revalorizando práticas camponesas como o aproveitamento diversificado, o baixo ou nulo emprego de agrotóxicos e a escala produtiva modesta capaz de adequar-se com flexibilidade às diversas necessidades do meio ambiente. Desse modo, vemos que se está reivindicando o diverso e o mutante, mas também o obstinado e o consistente modelo camponês de produção.

Quando a água potável, a atmosfera limpa e o solo fértil se transformarem em recursos escassos e cada vez mais valiosos e se impuserem contra os padrões tecnológicos intensivos e uniformes impostos pela compulsão lucrativa do capital, será necessário apelar, mais uma vez, para uma produção camponesa, diversa por natureza, e que anteponha o bem-estar à ganância.

Se o século XXI não for o dos petroquímicos, mas o das indústrias da vida, baseadas na engenharia genética, o recurso estratégico por excelência será o da biodiversidade, um bem que as transnacionais e seus bioprospectores extraem e patenteiam enquanto as comunidades e os camponeses o preservam e o recriam para o seu aproveitamento franco e compartilhado.

Temos reivindicado, por décadas, o direito dos camponeses de existirem, alegando que eles poderiam ser tão "eficientes" quanto os empresários. Batalha perdida, pois, em relação aos rendimentos técnicos diretos e à rentabilidade econômica estreita, a brecha entre a pequena agricultura doméstica e a privada tem se alargado cada vez mais. Tanto é assim que alguns camponeses já são considerados uma classe desnecessária e prescindível, cuja iminente extinção deveria ser celebrada. Hoje, o debate deve ser retomado: talvez os produtores domésticos não sejam tão "eficientes" como os empresários do campo – se os medimos com a vara da empresa privada –, mas, certamente, eles podem ser considerados infinitamente mais eficientes se ponderarmos seu impacto sociocultural e ambiental; campo onde o agronegócio sai reprovado.

Será que ainda existirão camponeses quando, enfim, decidirmos premiá-los por seus serviços? O êxodo incontrolável não estaria acabando com o que resta da comunidade rural? Provavelmente eles seguirão existindo, pois os lavradores e, em especial, os indígenas, não são apenas polimorfos mas também transterritoriais e onipresentes.

Camponeses em trânsito

> Você chega a uma sociedade como a norte-americana, bem cosmopolita, e de repente se pergunta: "Quem somos nós? Quem sou eu neste país? Mexicano? Isso é muito genérico". E logo os próprios mexicanos te dizem: "Você é de Oaxaca ou oaxaquita", queira ou não. Mas eu não sou de Oaxaca assim sem mais nem menos; eu sou de um lugar. E vai localizando... Então eu creio que há uma mudança... na forma de ver a identidade: um pouco mais global, não tão reduzido ao seu vilarejo ou região...
> A migração nos deu certo sentido de solidariedade para defender nossos diretos... Os migrantes triquis, mixtecos, zapotecos... temos encontrado nosso espaço ao sair de Oaxaca. Há união de todos nós.
>
> Arturo Pimentel, fundador del Frente Indígena Oaxaqueño Binacional

A imagem de uma comunidade indígena mesoamericana fechada, introvertida e conservadora, como Eric Wolf (1984, p.22) descreve, provavelmente foi válida até os anos 1950 mas, na segunda metade do século XX, os povoados étnicos intensificaram consideravelmente intercâmbios descontínuos com o exterior, tanto de mercadorias como de pessoas e de imaginários. O saldo disso foi, sem dúvida, a paulatina decomposição de um aglomerado humano que retirava forças do recolhimento e da desconfiança na inovação perturbadora. Esse não foi, contudo, o único resultado, pois enquanto algumas comunidades se desfaziam, outras se adaptavam, sobreviviam e até cresciam ao assumirem o oportunismo e a plasticidade como estratégias e conservarem, ao mesmo tempo, o núcleo básico da coesão.

Após os anos 1960, ocorreu uma intensa e longínqua migração no México que se deu a partir do sudeste camponês e indígena e de cuja transumância resultou a chave das maiores mutações comunitárias. O peregrinar sazonal em vaivém, que já ocorria nas costas mais ou menos próximas, estendeu-se do sul e sudeste aos vales agrícolas de Sonora, Sinaloa e Baixa Califórnia. No último quarto do século passado, a migração proveniente do interior mais profundo da Mesoamérica cruza atropeladamente a fronteira, primeiro em direção às colheitas da Califórnia e depois em direção às cidades. Quanto mais profunda é a incursão, mais tende a ser definitiva, tal como ocorre com muitos assalariados *sudacas* que chegam ao noroeste, e nos Estados Unidos, e se estabelecem nas regiões de trabalho.

A migração distante e prolongada não apenas altera a fisionomia dos lugares de destino como também modifica profundamente a economia, a socialização e a cultura dos povoados de origem, resultando na conservação de estreitos laços entre os transterrados. Sobretudo, revoluciona a própria comunidade que, ao se desdobrar em remotas sucursais, torna-se multiespacial, discreta e binacional.

Nessa sorte da globalização plebeia que é o êxodo, os novos nômades levam sua identidade no embornal e se organizam, superando distâncias e fronteiras. Assim, os camponeses do milênio tornam-se transterritoriais e onipresentes. Todavia, em sua essência, permanecem camponeses, pois para essas comunidades entregadas ao relento, preservar a identidade é uma questão de vida ou morte.

A incontida compulsão migratória, resultante de uma longa crise que acabou com o emprego, a renda e a esperança de pobres – e daqueles não tão pobres – fez do México uma nação peregrina. Os camponeses, em particular, vivenciam essa ideia em seu caminho. Contudo, o nomadismo cíclico, e inclusive a diáspora, não significam esquecimento e morte da comunidade de origem, mas a fundação de uma nova comunidade salteada, descontínua e fragmentada.

A escala desse fenômeno é imensa. Há, no México, em torno de 4 milhões de assalariados rurais, em sua maior parte migrantes. Em Sonora são empregados 150 mil trabalhadores sazonais, 100 mil na Baixa Califórnia e algo equivalente em Sinaloa. Trata-se de assalariados de tempo parcial que trabalhavam, antes, nas zonas serranas das mesmas entidades, oriundos de Oaxaca e agora de Guerrero, além dos *chiapanecos*[31] que começam a surgir por causa da crise do café. O grande fluxo migratório do Pacífico, ao qual se somam anualmente uns 60 mil trabalhadores guatemaltecos, é o principal, mas também existem outros, alguns altamente especializados como os cortadores de manga, que antes trabalhavam nos campos próximos ao seu povoado e hoje percorrem um circuito que começa em Tapachula, Chiapas e também nas hortas de Oaxaca, Guerrero, Michoacán, Colima, Nayarit e Sinaloa.

Prosseguindo no caminho, pois uma vez *on the road*... "Onde vais que tanto andas? Ao Gabacho.[32] É sério?" – refletem os jovens carentes de futuro em *mexiquito*. Antes, os confusos camponeses iam sem nada, mas agora não; a maioria dos novos migrantes tem um pouco de dinheiro e estudo. No entanto, ainda assim, a diáspora rural é enorme, talvez a metade dessa pátria desterrada, em torno de 25 milhões de mexicanos – 20% da população nacional –, dos quais cerca da metade nasceram no México e a metade dessa metade é ilegal.

Dizem que a distância é o esquecimento, mas os migrantes típicos não concebem essa razão. Sempre solidário, o setor mais pobre dos desterrados envia dinheiro aos seus familiares que não têm emprego fixo no México. E não é pouco: em 2006 foram cerca de 25 bilhões de dólares, o que faz da exportação de compatriotas

---

[31] Provenientes do Estado de Chiapas, sul do México.
[32] Termo do espanhol mexicano, pejorativo, para referir-se aos EUA.

uma das maiores fontes de divisas, somente superada pelo petróleo, pelo conjunto de bens manufaturados e – por pouco – superado pelo turismo, o setor agrário e o extrativo. Um fluxo monetário talvez maior do que o novo investimento estrangeiro direto ao qual tanto nos dedicamos.

Há alguns anos as remessas têm crescido a uma taxa anual de 25 a 30% e delas dependem diretamente 1,25 milhão de lares, ou seja, em torno de 6 milhões de pessoas, 6% da população. Muitas dessas famílias, que vivem das remessas vindas do exterior, são rurais, camponeses que encontram no envio de dólares uma renda mais segura e abundante do que aquela vinda do gasto público com a atividade agropecuária, pois nos últimos anos as remessas superaram amplamente o total dos recursos fiscais destinados ao campo.

Na verdade, é tudo um toma lá, dá cá. Os desterrados retroalimentam seus parentes com dinheiro, artigos de luxo eletrônicos e com influências culturais do *gabacho*, mas conservam também raízes e identidade. Por isso, todos os anos 1,5 milhão de pessoas, 15% dos nascidos no México, mas atualmente residentes nos Estados Unidos, regressam de férias aos seus alegres povoados de origem, na sorte de um curto e efêmero tempo que os reintegra brevemente à idade de ouro e às origens. O sentimento de pertença é uma bagagem indispensável, sobretudo quando se vive nas entranhas do monstro.

As comunidades não se desagregam, mas se estendem e se multiplicam por metástase. O resultado é um espaço distendido e topológico, ou seja, uma superfície que conserva suas propriedades por mais que se estique ou se comprima. As comunidades multinacionais não fronteiriças são distendidas e fragmentadas e seus segmentos distanciados, mais do que a topologia, remetem a uma geometria da descontinuidade.

A condição de comunidades deslocadas e dispersas pela diáspora é o que define espaços distendidos e desgarrados: espaços não euclidianos que mal se relacionam com os limites e cartografias tradicionais. São dilatações coletivas que mesmo desordenadas e descontínuas delimitam um interior e um exterior, mantêm a coesão e elevam a autoestima.

Os novos ciganos migram com "o costume" na bagagem, mas abrindo bem os olhos e assumindo com presteza as novas coordenadas dos lugares de destino. Contudo, as comunidades transterritoriais dispersas continuam definindo seu próprio espaço/tempo interno. Internamente, as regras e os relógios empregados para medir distâncias sociais, processos de mudança e ciclos históricos são provenientes da comunidade de origem. Como nos ensinou Albert Einstein por meio da Física, essa assincronia dos relógios e desproporção das regras será mais intensa quanto maior for a velocidade relativa de um sistema em relação ao outro. O que ocorre, com frequência, é que as comunidades mais móveis são também as mais diversas e coesas.

Essa coesão não significa aprisionamento imobilizador, mas receptividade e adaptação. Uma comunidade forte não é uma comunidade dura, rígida, fechada e resistente à mudança, mas flexível, dinâmica, oportunista, mutável. Muitas dessas mudanças ocorrem no sentido de aglutinar o coletivo, fortalecendo e reinventando sua identidade.

O camponês errante é um ente peculiar, mágico. Salta constantemente de um a outro segmento de seu dilatado habitat, a lugares que podem chegar a milhares de quilômetros de distância. Pode celebrar as festividades tradicionais de sua terra natal sem ter que sair de seu novo assentamento, já que, por mais longínquas que possam ser as sucursais, ocorre sempre o deslocamento de parte constitutiva da comunidade de origem. Além disso, é possível ocupar, simultaneamente, diversos cargos e lugares sociais no disperso coletivo porque, em grupos coesos, "quem vai ao vento não perde o assento". Mesmo em uma discreta comunidade há sempre um meio de relativizar as distâncias ou superá-las, pois com uma pequena ajuda dos meios de comunicação é possível abolir o perto e o distante. A politopia é, enfim, uma forma de se sobrepor ao dilaceramento migratório, de resistir.

Os camponeses do êxodo – aqueles que Michel Kearney chama *"políbios"* por analogia com as espécies que são, ao mesmo tempo, terrestres e aquáticas – são onipresentes e intercambiáveis. Os que ficam se despedem daqueles que se vão "como se despedissem deles mesmos", disse José Saramago de certos viajantes em seu romance *A jangada de pedra*. Dessa forma, os camponeses da diáspora tiram sua força da adversidade.

Graças à politopia daqueles que vão sem ter ido e da obstinada multifuncionalidade daqueles que ficam sem ter ficado plenamente, os camponeses são ainda nossos contemporâneos.

ÊXODOS

A pátria peregrina

> Por isso, desci para libertá-lo das mãos dos egípcios, e fazê-lo subir desta terra para uma terra boa e vasta, terra que mana leite e mel [...].
>
> *Êxodo* 3:8.

As grandes migrações são historicamente antigas, mas se nos séculos XVI, XVII, XVIII e XIX partiam, principalmente, das metrópoles europeias rumo às colônias de ultramar, hoje realizam o caminho inverso: do Sul ao Norte, da periferia ao centro, das margens rurais e subdesenvolvidas ao coração urbano do sistema. Aproximadamente 85% dos novos peregrinos deixam as nações inóspitas com rendimentos *per capita* menores que 5 mil dólares ao ano em direção a países prósperos com rendimentos anuais calculados em 25 mil dólares ou mais.

A humanidade, que no passado espalhou-se pelo planeta ocupando paulatinamente locais de riquezas promissoras e tênue demografia, está regressando atropeladamente. Como uma colonização às avessas, os pobres da África e do Oriente Médio movem-se para a Europa Ocidental: os iraquianos, afegãos e curdos através da Turquia; os africanos do norte e ocidentais cruzam o Estreito de Gibraltar. Na América, os do Sul – conceito que apesar da geografia inclui o México – empreendem uma longa caminhada à terra prometida do *gabacho*. Os mexicanos amontoam-se às margens do Rio Bravo ou da cerca metálica fronteiriça. O mesmo fazem – ainda que em uma viagem mais longa – os salvadorenhos, guatemaltecos, hondurenhos, nicaraguenses e panamenhos. Com um fluxo populacional semelhante, as grandes cidades do subdesenvolvimento tornam-se maltrapilhas megaurbes abarrotadas de imigrantes. Na América, destacam-se São Paulo, Rio de Janeiro e a Cidade do México, que giram em torno de aproximadamente 10 a 20 milhões de habitantes cada uma. Do Egito ao Oriente, os grandes amontoamentos localizam-se em Manilha, que tem em torno de 20 milhões de habitantes; a Grande Cairo, 15 milhões; Jacarta, 14 milhões; semelhantes são também Mumbai, Xangai e Istambul, engrossadas dia a dia pelos rios de flagelados sociais.

É a globalização a pé, a mundialização plebeia. Ao mesmo tempo que a indústria transnacional, com origem no Norte, segmenta processos produtivos, espalhando-se pelos cinco continentes, e o capital financeiro, antes metropolitano, percorre o planeta lucrando instantaneamente por meio da *rede*, milhões de trabalhadores esfarrapados dispersam-se em sentido contrário através das empoeiradas veredas do êxodo.

É um peregrinar doloroso, dilacerante. No final de julho de 2000, no porto de Dover, a polícia inglesa deteve um caminhão refrigerado que transportava pessoas em vez de tomates. O veículo era holandês e havia cruzado o Canal da Mancha a partir da Bélgica. A carga humana, 56 homens e 4 mulheres, vinha da China. Dois dos ilegais foram levados a um hospital, os 58 restantes haviam morrido asfixiados. O pagamento foi feito antecipadamente e o traficante de ilusões ganhou 1,2 milhão de dólares, ou seja, 20 mil dólares por cabeça.

O tráfico de indocumentados é uma compulsão massiva e também negócio global. Sempre haverá raiva, ciúme e inveja, mas o grande delito, aquele que faz da insegurida de social uma enfermidade crônica, progressiva e mortal é filho do absolutismo mercantil.

O crime que conta, o crime organizado, é uma variante da livre empresa; um investimento de capital em atividades arriscadas que por isto admitem lucros extraordinários (a renda da clandestinidade). Assim, o comércio de seres humanos, o mercado ilegal de armas e o narcotráfico são responsáveis pela gangrena planetária neste tempo de negócios globais reluzentes de máxima rentabilidade. Deslealdade, ferir o próximo, drogar-se são de fato condutas indesejáveis, mas como supostos delitos são manipuláveis crimes domésticos, assuntos de moral com dimensões humanas. Em contraste, o tráfego maciço de pessoas, armas e drogas desestabiliza a convivência universal, porque suas articulações são replicadas em todo o mercado. O que está por trás deste grande delito – assim como o que está por trás do grande capital – é a astúcia perversa da livre concorrência para designar recursos aos negócios com maiores taxas de retorno, sem provocar melindres por sua insolência e nem mesmo pela falta de ética. O intercâmbio é certamente civilizatório, porém o monstro frio do mercado que lucra com o êxodo e outras compulsões é o mal sobre a terra. Basta lembrar que, no início do milênio, o movimento de pessoas recrutadas pelos mortíferos comerciantes de ilusões movimentou 7 bilhões de dólares anualmente, cujas receitas perderam apenas para o tráfico de armas e de drogas psicotrópicas. Em tempos de capitalismo selvagem e crime planetário organizado, os dígitos da besta não são 666, mas sim D-M-D'.

A implosão populacional, que está esvaziando o campo e comprimindo as cidades, é estrutural e responde a diversos motivos imediatos: guerras civis, estiagens, fome, perseguições, *limpezas* étnicas, transições de ditaduras ao mercado livre desgastantes e burocráticas, políticas de *ajuste estrutural*, guerras imperiais e outros desastres. Ainda que tenham origem na severa disparidade das condições de vida entre uma nação e outra, as diferenças abismais, no mundo de cristal da mercadotecnia globalizada, parecem tão ofensivas quanto sedutoras. É essa uma diáspora heterogênea onde se misturam a pobreza moderada e a miséria terminal, ilusões e desilusões, nômades urbanos e marginalizados rurais. Contudo, vale ressaltar que muitos imigrantes, talvez a maioria, são camponeses deslocados.

Os sinistros da "reconversão"

> Por mim se vai à cidade do pranto, por mim se vai à eterna dor, por mim se chega ao lugar onde moram os que não têm salvação [...]
> Ó vós que entrais, abandonai toda a esperança!
>
> Dante Alighieri. *La Divina Comedia*.
> Inferno, Canto III.

Um em cada quatro mexicanos vive no campo e uma proporção semelhante existe entre os trabalhadores agrícolas e não agrícolas. No entanto, em nossa quarta parte camponesa concentram-se duas terças partes da indigência nacional.

Ainda que os camponeses sempre tenham sido pobres, nas últimas décadas as políticas públicas "mercadocratas" causaram a ruína do México rural. Com o argumento de que a maioria dos pequenos produtores agrícolas não é competitiva, desde os anos 1980 verifica-se uma unilateral desregulamentação agropecuária; uma "reconversão" que deveria potencializar nossas vantagens comparativas no mundo globalizado. Com efeito, a produção de frutas, hortaliças e outros cultivos de exportação ganharam mais proporção do que a colheita de produtos básicos. Foi um processo sinistro, pois ao mesmo tempo cresceram as importações de alimentos e diminuíram os rendimentos camponeses.

Dos 4 milhões de unidades de produção agropecuária, somente 300 mil contribuem com excedentes significativos no grande mercado, as demais são *milpas* e hortas empobrecidas que apenas produzem para o autoconsumo camponês e o módico mercado local. Nesse contexto, a sobrevivência das famílias rurais com terra depende cada vez menos da própria parcela e mais do comércio, do artesanato e do salário; sobretudo deste último. A situação dos assalariados rurais, precisamente, é ainda pior. Assim, das 8 milhões de pessoas ocupadas no campo, 70% ganham menos de um salário mínimo e 95% carecem de serviços sociais.

O Procampo,[1] mãe de todos os subsídios, anunciou compensação direta ao produtor, que deveria ser ressarcido pelo desmantelamento dos apoios diversificados e por meio dos preços negociados com o Acordo de Livre-Comércio da América do Norte (Nafta), é uma transferência desvalorizada e diminuta. Na época das promessas, o que se disse é que seria de, no mínimo, 100 dólares por hectare. O fato é que houve um rebaixamento para 60 e atualmente é de 78 dólares. É quase o correspondente à dependência alimentar, que se em 1982 já era de 15% e em 1994 de 20%, em 2005 já é de 40% e continua aumentando.

Por meios sinistros da "reconversão", perdeu-se a soberania alimentar. Contudo, o mais grave é que se extraviou, também, a soberania do trabalho, ou seja, a capacidade de proporcionar trabalho digno e renda suficiente à totalidade dos mexicanos. Um país pobre que não produz seus alimentos fundamentais coloca ele próprio em desvantagem no jogo da globalização, pois é obrigado a comprar bens de consumo básicos, quaisquer que sejam as condições do mercado. Da mesma forma, uma nação marcada por êxodos massivos e estruturais, e incapaz de aproveitar a força de trabalho de todos seus habitantes acaba colocando sua soberania nas mãos do país receptor de seus migrantes. As viagens ilustram e o intercâmbio enriquece, mas a dependência absoluta e peremptória em relação à importação massiva de milho e da exportação multitudinária de mão de obra coloca-nos na condição de indefesos. O México não é um país da União Europeia, que ceda sua soberania premeditadamente a fim de intensificar a complementação virtuosa e enriquecedora; sua dependência alimentar e de trabalho faz com que o México seja uma nação subordinada e deficiente.

---

1 Programa de Apoio Direto ao Campo – política pública criada para compensar os agricultores de alimentos básicos pelo provável declínio dos preços após a implantação do Nafta.

Nômades do milênio

> Caminhando nascemos... Peregrinos somos...
> Deslocados vivemos...
>
> Porta-voz das *Abejas* e das *Hormigas* em marcha de
> Chiapas à Cidade do México.

O camponês – viajante incansável – pega a estrada com sua provisão de tortilha de milho. Migram o marido, a mulher, os filhos, toda a família; por um rumo ou ao longe; em vaivém ou para sempre; em direção às colheitas ou à cidade, dentro do país, ou totalmente do "outro lado".

Múltiplos e emaranhados são os destinos, única e clara a tendência: migrar do Sul em direção ao Norte, do sulco à plataforma, do arado à montagem, de *Mexiquito*[2] ao Gabacho, do inferno ao purgatório. Até nas piores situações há diferenças, pois o mercado de trabalho migratório está segmentado e as expectativas da diáspora do trabalho dependem da capacidade econômica e das conexões do aspirante.

Párias entre os párias são os assalariados temporários das colheitas; um exército itinerante de mais de 3 milhões de mexicanos que ano após ano partem aos campos agrícolas do país. Oitenta e um em cada cem lares de assalariados são indigentes, dezoito são pobres e apenas um apresenta-se em boas condições. Ao contrário, as famílias que podem financiar a migração a trabalho de um ou mais de seus membros têm melhores perspectivas, sobretudo se a viagem é para os Estados Unidos. Ingressar ilegalmente nesse país, por meio dos serviços de um atravessador, pode custar quase o mesmo que o dote para um casamento, em torno de 3 mil dólares. Um investimento arriscado e, às vezes, de lento amadurecimento, pois se tudo sair bem é possível conseguir um bom rendimento. Assim, segundo as estatísticas, 56 lares – com chefe de família ausente – são muito pobres e 25 são pobres, mas, curiosamente, 19 estão acima do nível de pobreza. O fato é que as remessas que os migrantes enviam já

---

2 Termo pejorativo e irônico para referir-se ao México.

estão ao redor dos 25 bilhões de dólares ao ano, mais do que o país recebe de investimentos estrangeiros diretos, mais do que a renda proveniente do turismo, quase o que se obtém exportando petróleo em épocas de preços altos.

Por essa razão, e porque aqui as coisas vão de mal a pior, todos os dias ingressam nos Estados Unidos aproximadamente 1500 mexicanos com a intenção de conseguir trabalho. Lá vivem mais de 10 milhões de pessoas nascidas no México, 10% de nossa população total. Antes migravam somente camponeses. Agora não mais, também migram os citadinos e muitos profissionais. Alguns encontram emprego urbano na área de serviços, e as indústrias requerem mais força de trabalho, no entanto, talvez a metade seja incorporada aos *agricultural workers*. Dentre estes estão quase todos os imigrantes de origem camponesa e os 250 mil indígenas mexicanos que vivem por esses caminhos.

Na passagem do milênio, um segmento importante do campesinato nacional e uma porção significativa dos povos originários residem e trabalham do outro lado da fronteira. Uma parte não menos relevante das comunidades camponesas e indígenas que permaneceu no país vive das remessas, dependentes das agências de correios e telégrafos por onde o dinheiro é repassado.

O México é uma nação peregrina, mas também é um país por onde transitam outros nômades alucinados pela ilusão do Gabacho. Como estamos no limite, ao mesmo tempo, entre o Norte e com o Sul, estes cruzam nossa geografia rumo ao sonho americano, tanto dos psicotrópicos proibidos como dos migrantes ilegais. Fica por nossa conta, sob pena de desqualificação, o mais cruel combate ao narcotráfico, o trabalho sujo de interceptar os *ilegais*, que antes de enfrentar os grosseiros agentes da Patrulha Fronteiriça tem que se esquivar dos prepotentes funcionários do Instituto Nacional de Migração. O combate aos migrantes em trânsito, realizado pelos Estados Unidos, foi intensificado a partir do Plano Sul, que se tornou mais acirrado depois da "Terça-Feira Negra".[3]

---

3 Relativo a aprovação das leis de imigração – Lei Arizona em 2010.

Ao grande deslocamento socioeconômico proveniente do Sul profundo se somam inumeráveis protestos de cunho político que reivindicam aos poderes locais e federais as mais diversas causas. Se os camponeses e os indígenas necessitam migrar para sobreviver, para serem vistos e escutados devem ocupar praças e, às vezes, sair pelas rodovias rumo ao centro da cidade, à capital do Estado, à capital da República... Na última década do século passado, os prejudicados financeiramente com o aumento absurdo das taxas de juros após o "Erro de Dezembro" de 1994 partiram do norte, acenando com a impagável bolsa vazia. Enquanto isso, partiam do sul membros cronicamente lesados das comunidades indígenas e mestiças mais empobrecidas. De um outro ângulo, o peregrinar duplo e contestatório pode ser visto como uma convergência de botas e sandálias, de sitiantes nortenhos e camponeses sulistas, das vestes da Virgem de Zapopan e dos seguidores da Virgem de Guadalupe; todos contra uma política que fez os pobres se tornarem miseráveis, arruinando os acomodados. Os nortenhos endividados militam em El Barzón; os do sul em diversas organizações indígenas como, por exemplo, a Xi'Nich, que em 1982 e começo de 1992 havia deixado Chiapas a caminho do Distrito Federal e, no ano 2000, repetiu a façanha em companhia da organizações da sociedade civil "Las Abejas" e "Quinhentos Anos de Resistência Indígena, Camponesa e Popular", as quais em 1994 caminhou desde a montanha guerrense até a capital do país. Também saíram de Guerrero, em 1999, os cidadãos simpatizantes do Partido da Revolução Democrática (PRD), derrotados nas eleições para governador, além dos 1111 representantes do Exército Zapatista de Libertação Nacional (EZLN). Os neozapatistas saíram às ruas novamente em 2001 com a "Marcha da Cor da Terra". Finalmente, no dia 31 de janeiro de 2003, mais de 100 mil camponeses de toda a República deslocaram-se até a capital para proclamar que "O Campo Não Aguenta Mais!". São manifestações políticas que se referem a diversas causas, mas que, em seu conjunto, dramatizam a condição peregrina dos mais pobres.

Nem tudo são migrações socioeconômicas e marchas contestatórias. Com muito custo, durante a segunda semana de dezembro, um em cada dez compatriotas dirige-se às colinas do Tepeyac. Em um país de tortuosa geografia e quase 2 milhões de quilômetros quadrados, ano após ano, aproximadamente 9 milhões de peregrinos movidos pela fé guadalupeana percorrem, muitas vezes a pé, distâncias vertiginosas. A pátria desterrada não canta mal as *rancheras*: no mesmo mês de dezembro, 1,5 milhão de pessoas – os 15% nascidos no México, mas residentes nos Estados Unidos – regressam de férias aos mais recônditos povoados de origem.

Em nome da fome, ilusão ou falta de esperança; por afãs justiceiros; movidos pela fé ou por puro gosto: os mexicanos se converteram em um povo itinerante.

México: muito além de seus confins

> O camponês desarraigado está "pendurado" entre dois mundos que na realidade são um só. Todas as grandes cidades [...] atestam [...] que os camponeses se encontram em um mero centro de um sistema de dominação que, entretanto, os exclui.
>
> Claude Faure. *El campesino, el centro y la periferia*.

O México é uma nação multiétnica, mas também um povo binacional. Isso se deve aos 10 milhões de indígenas que nos fazem multiculturais e aos 25 milhões de compatriotas que residem nos Estados Unidos e nos tornam, portanto, com mais de uma nacionalidade.

Um em cada cinco mexicanos vive nos Estados Unidos e uma em cada duas pessoas tem pelo menos um familiar no país vizinho. De acordo com Edur Velasco e Richard Roman, a cada três mexicanos com emprego, um trabalha do outro lado. Se somarmos a isso mais um milhão de trabalhadores das maquiladoras que recebem em pesos mas produzem em dólares, além da maioria que vive em uma das trinta cidades fronteiriças com os olhos no Gabacho, teremos o retrato de um profundo deslocamento demográfico e trabalhista; ao que também se soma uma imensa mescla de culturas e imaginários.

Cerca de metade da pátria desterrada é formada por pessoas nascidas no México e quase a metade dessa metade é ilegal. Os donos da nação vizinha não querem dividi-la com os imigrantes, contudo, o tráfego humano, legal ou ilegal, não pode ser contido. Assim, no último ano do século passado emigraram aos Estados Unidos 335 mil mexicanos, ao passo que, no novo milênio, saem mais de meio milhão a cada ano. O fluxo, portanto, é crescente, pois em 1980 saíram apenas 275 mil pessoas. Com uma população tão dispersa não é de se surpreender que a cada ano surjam registros de aproximadamente 300 milhões de cruzamentos na fronteira norte. O que causa estranhamento é o fato de a linha fronteiriça ainda não ter sido apagada diante de um fluxo tão intenso.

Contribuem para a contenção desse fluxo o Serviço de Imigração e Naturalização (SIN), a Patrulha Fronteiriça e grupos privados de *defensores* como o The Ranch Rescue, que caçam ilegais nos estados do Texas e no Arizona. A isso se deve o fato de que ainda não fomos totalmente esvaziados, pois a cada dia 1500 mexicanos se estabelecem nos Estados Unidos enquanto outros 4 mil fracassam nesse intento.

E enquanto nós nos tornamos progressivamente binacionais, os brancos, por antonomásia, vão se tornando cada vez mais morenos, envernizando-se graças às mudanças da população sulista e oriental: nos últimos trinta anos os vizinhos e seus filhos contribuíram com 70% do crescimento demográfico norte-americano, de maneira que os migrantes já representam 10% da população geral e 20% da população economicamente ativa desse país. Destes, metade são hispanofalantes e cerca de 30% têm origem mexicana.

Os compatriotas da diáspora vão às colheitas da Califórnia, Oregon, Michigan, Arkansas e Louisiana ou às plantações silvícolas do Texas. Marcham até as fábricas e empacotadoras de Chicago ou aos restaurantes, hotéis em obra de São Francisco, Nova York, Miami, Phoenix e Los Angeles. Se há condições, também tornam-se precários comerciantes ambulantes. Recentemente, também podemos encontrá-los próximos ao Alaska e no Havaí.

No último século, o salário mínimo no México desabou em quase um terço de seu valor e o salário-base industrial diminuiu em torno de

70%. Esses números não significam somente queda nos rendimentos, mas também queda da esperança. Os que emigram pertencem a uma geração incrédula, marcada por recorrentes crises, sem expectativas locais e cuja única opção de futuro é mudar de ares. O fato é que um mexicano pode ganhar nos EUA, em apenas uma hora, o que aqui ganharia ao longo de um dia, pois lá o salário mínimo federal é de 44 dólares por dia, ainda que um pedreiro de Phoenix receba mais de 80 dólares e uma boa doméstica em torno de 60 dólares.

Se comparado aos salários nacionais, os mexicanos que residem nos Estados Unidos estão no paraíso. No entanto, no que se refere ao status dos mexicanos lá, estão no porão. Ganham em média metade do percentual que ganham os anglo-saxões, do mesmo modo que os companheiros da América Central e do Sul. Recebem, inclusive, salários bem menores do que os dos afro-americanos, dos porto-riquenhos e dos cubanos. Se, por um lado, a pobreza, de um modo geral, tem diminuído nos Estados Unidos, por outro, tem aumentado entre os latinos.

Nos Estados Unidos, há um quarto de século, a cada cem pobres, dez eram hispanofalantes. Hoje, a proporção é de 24%, embora somente representem 12% da população. Além disso, aos mexicanos ficam reservados aos chamados *dead end jobs*, empregos que são ruas sem saída e não possibilitam progressos. Ainda assim, a emigração é uma esperança.

Esse fenômeno é continental e tem que ver com as altas cifras das tendências demográficas. No início do século XX, a população americana se aglomerava no norte, pois enquanto 100 milhões de pessoas viviam nos Estados Unidos; em todos os outros países latino-americanos viviam apenas 80 milhões. Em menos de um século, a distribuição se inverteu; hoje os Estados Unidos têm 260 milhões de habitantes enquanto 500 milhões vivem na América Latina. E o fluxo migratório do denso e amargo Sul move-se incontidamente em direção ao Norte.

Uma nova "Linha Maginot"

> Seguir a pista desses caras é como estar no Velho Oeste.
>
> Reinaldo Hernández, da Border Patrol.

> Nossa missão é [...] a defesa da propriedade privada [...] e combater [...] aos criminosos que transpassam a fronteira [...] Ainda que não seja requisito que nossos membros portem armas de fogo [...] tampouco dizemos que não; e sua opção [...] Possuir uma arma é direito normal e individual nos Estados Unidos.
>
> The Ranch Rescue, agrupamento privado do Arizona.

Assim como a eletrificada, pneumática, armada e orgulhosa fortificação de cimento e ferro que deveria defender o lado gaulês da fronteira franco-alemã converteu-se em um fiasco na hora do *blitzkrieg*, também a estrutura norte-americana não foi exitosa na fronteira com o México. A interminável cerca metálica, aviões, helicópteros e esferas aeroestáticas; lentes de infravermelho, equipamentos de vídeo e modernos sensores; cães adestrados, refletores deslumbrantes, caminhonetes, triciclos por todo o terreno, armas ofensivas... Apesar da Operação Guardião e da Operação Rio Grande; apesar do triplicado orçamento do SIN e dos 8 mil empregados da Patrulha Fronteiriça; apesar da proliferação de organizações anti-imigração, como a Patrulha Americana, e grupos de caçadores de migrantes, como The Ranch Rescue, os mexicanos e outros párias do Sul continuam cruzando a fronteira.

Contudo, o custo humano é enorme. Os quatro programas que o SIN comandou nos últimos anos dificultaram o cruzamento pelas rotas tradicionais, obrigando os migrantes a buscarem novos e perigosos caminhos. Em 1995, a Operação Guardião, na fronteira entre o México e a Califórnia, pretendia coibir o trânsito de pessoas do mar até as montanhas de Otay; a segunda etapa, iniciada em 1996, forçou o fluxo do cruzamento da fronteira em direção às zonas serranas.

A terceira, a partir de 1997, pretende prevenir o tráfico de pessoas que se dirige ao centro do país e força os imigrantes a irem pelo deserto. Finalmente, a paranoia norte-americana decidiu edificar um vertiginoso muro fronteiriço. Contudo, a travessia de pessoas continua aumentando apesar do considerável número de deportações, que cresceu cerca de 50% nos primeiros anos do atual século. Também cresceu, sobretudo, o número de mortes, pois ao reduzir o fluxo tradicional que cruzava a fronteira a partir da Califórnia, intensificou-se o trânsito que se inicia em Sonora e segue em direção às inóspitas paisagens desérticas e montanhosas do Arizona.

Os imigrantes ilegais frequentemente morrem de hipotermia, insolação; desidratam-se no deserto ou se asfixiam em um contêiner; são baleados pelos rancheiros em defesa da propriedade privada e apunhalados por bandidos que lhes roubam os pertences. Além disso, ao fugirem da polícia de imigração, perecem em acidentes de trânsito; quando dormem nas ruas – pois costumam dizer que ali não são picados pelas víboras e outras serpentes – são vencidos pelo cansaço e atropelados por um trem. Também morrem afogados diante dos olhares do imponente gentio que os vislumbra a partir da ponte, diante da criminal passividade dos "salvadores" do Grupo Beta e são registrados pelas impávidas câmaras de vídeo; morrem "ao vivo" para o "Canal das estrelas". Talvez porque entre os atravessadores não esteja Moisés e, portanto, em vez de se abrirem as águas do Rio Grande estas se fecham para os homens do novo êxodo.

Em 1998, foram mortos 377 mexicanos em trânsito. Em 1999, pereceram 324 e, em 2000, as vítimas mortais passaram de 400. No total, desde que se iniciou a Operação Guardião, 1500 pessoas morreram tentando cruzar a fronteira. Contudo, mesmo assim, cada vez mais compatriotas entram em transe e marcham em direção à terra prometida.

O prêmio não é leite e mel, mas humilhações, trabalho duro e dólares, muitos dólares, o suficiente para enviar à família que ficou no Egito mexicano. No final do século passado, entrava no país, a cada ano, aproximadamente 5 bilhões de dólares provenientes dos modestos compatriotas desterrados. Uma cifra colossal que superava com acréscimo os 4 bilhões de dólares que nossa avara burguesia deposita anualmente nos bancos norte-americanos, os quais guardam mais de 40 bilhões de dólares. Enquanto a diáspora transnacional plebeia é solidária, os nossos burgueses são simplesmente apátridas. No terceiro milênio, as remessas se elevaram aceleradamente e no ano de 2005 atingiram a cifra de 20 bilhões de dólares, rendimento de divisas apenas superado pelas exportações petrolíferas.

Contudo, o salário arduamente obtido no Gabacho tem, inclusive, que sofrer um novo corte antes de chegar ao México. Western Union Financial Services, Money Gram Payment Sistems Inc., Ría Envía, US Giro Postal, e seus associados no México, como Electra, The One e Hecali, são as companhias de serviços de remessa financeira que saqueiam, pela segunda vez, o salário do imigrante. A mordida não é pequena: Western Union e Money Gram, que controlam cerca de 80% dos envios, ficam com 15 ou 20% do montante transferido. Parte desse lucro corresponde às altas, embora legais, comissões (em torno de 15 dólares a cada 300), mais outra porção, que ultrapassa os 400 milhões de dólares anuais, correspondente a utilidades fraudulentas provenientes da especulação com o tipo de câmbio. Por sorte, nos anos recentes, diminuíram significativamente as porcentagens das remessas que ficavam na intermediação, ainda que esta continue sendo um excelente negócio.

Produzir em dólares, cobrar em pesos

> É preciso pegá-los, sim, com certeza... Que outro modo há de impor a disciplina? Se não batêssemos neles, não fariam nada.
>
> Felipe Cantón, produtor de sisal de Yucatán, 1908.

> O que acontece é que se não há disciplina já não vão querer fazer nada.
>
> Gerente da Maquiladora Duro, de Río Bravo, Tamaulipas.

Frequentemente, a imigração ao norte é detida nas maquiladoras localizadas na fronteira; mais de 3 mil empresas estabelecidas nas trinta cidades fronteiriças com os Estados Unidos são, ao mesmo tempo, barreira e estação de trânsito.

Existem também maquiladoras em Nuevo León, Durango, Aguascalientes, Jalisco, Guanajuato, Puebla e Yucatán; mais recentemente em Zacatecas, Querétaro, Tlaxcala, Michoacán, Oaxaca, Guerrero e Campeche. No entanto, 60% dessas empresas, dentre as mais antigas e representativas do extremo norte do país, sustentam a economia – e a podridão social – de populações inteiras como Ciudad Juárez, no Estado de Chihuahua.

Se um indivíduo consegue chegar até o Rio Bravo, em Tamaulipas, e trabalhar na fábrica de pacotes para presente Duro, do gringo Charles Shor, pode ganhar até 60 pesos diários por uma jornada de 10 horas, com 2 horas para refeição. Em contrapartida, se consegue passar a fronteira, pode vir a ganhar, em vez de 60 pesos, 70 dólares diários. Contudo, de uma forma ou de outra, o produto que resulta desse trabalho termina do outro lado, pois a maquiladora é um enclave da economia norte-americana fincado em nosso país para aproveitar as facilidades fiscais, o debilitado controle de poluentes e, sobretudo, os baixos salários industriais.

Desafortunadamente, se o destino for os campos agrícolas de San Quintín, Baixa Califórnia, onde se encontram milhares de pessoas oriundas do sul e de outras regiões que, ano após ano, chegam para as colheitas de hortaliças, ou seja, aproximadamente 16 mil assalariados provenientes de Oaxaca, Guerrero, Veracruz e Sinaloa, talvez seja necessário recomeçar a viagem em direção à Califórnia, pois a seca dos últimos tempos reduziu drasticamente as colheitas e o emprego no México. Ir em busca de trabalho no Imperial Valley, junto com os moradores de San Vicente, Lázaro Cárdenas, Vicente Guerrero e Camalú, que também tiveram que emigrar por falta de água, pode ser mais desastroso, porém, com melhor remuneração em relação a San Quintín. No entanto, de uma forma ou de outra, o produto desse trabalho termina nos Estados Unidos, pois as hortaliças da Baixa Califórnia são de exportação e apenas são cultivadas aqui por causa do clima, da terra, do tênue controle no uso de agrotóxicos e, sobretudo, dos baixos salários agrícolas.

Não há saída. Exportamos equipamentos eletrônicos e artigos de confecção, fabricados nas maquiladoras fronteiriças pelos trabalhadores locais ou migrantes mal remunerados. Exportamos hortaliças plantadas e colhidas no norte por residentes do sul e assalariados agrícolas temporários superexplorados. A cada ano exportamos centenas de milhares de seres humanos que são empregados em troca de baixos salários na agricultura, nos serviços e na indústria mais laboriosa dos Estados Unidos. De uma maneira ou de outra, exportamos o trabalho barato da mão de obra nômade, nossa maior e mais vergonhosa vantagem comparativa.

Comunidades discretas

> Dizem que a distância é o esquecimento, mas não entendo essa razão.
>
> Roberto Cantoral. *La barca*. Canción (fragmento)

Assim como os nômades de todas as partes preservam suas identidades, os mexicanos desterrados se empenham em continuar como mexicanos. Vale ressaltar que não se trata apenas de mexicanos, mas de camponeses, de oaxaquenhos, de zapotecas e yalaltecos...[4] Entre nós, a diáspora não significa a morte ou o esquecimento da comunidade de origem, mas a fundação de uma nova comunidade multiespacial.

Em tempos de aglomeradas economias, vertiginosos circuitos populacionais, promiscuidade cultural, superposição de imaginários e significados confusos, os peregrinos do milênio viajam atentos e receptivos sem perder seus costumes. Nas colheitas de El Carrés, em San Quintín ou no Imperial Valley; residindo em Los Angeles, em Chicago, no Vale de Chalco ou em Nezayork,

---

4 Zapotecas e yalaltecos são grupos étnicos do Estado de Oaxaca.

os desterrados sempre dão um jeito de saborear *clyudas con tasajo*; colocam *machaca*[5] ou *chilorio*[6] na farinha de trigo; preparam *gorditas, pellizcadas, memelas, garnachas, salbutes, pastillas, chalupas* ou *cofundas*; sabe-se lá onde conseguem *tlacoyos, totoposte, bicoles* ou *ichúskutas*;[7] e se não depreciam um rum, uma tequila ou uma caixa de cerveja, sem dúvida sonham com *tesguino, comiteco, bancanora, sotol, botarete, refino, yolispa, mistela, resacado, taberna, pitarrilla, tuba, charpe, colonche, huazamoteco, mezcal* e os múltiplos curados de larga hebra ou umas exóticas *garañonas*;[8] consomem tudo enquanto entoam canções *cardenchas, corridos valonas, jarnas, picotas, rancheras, huapangos, pirecuas*[9] e sons de todos os rumos: *huastecos, calentanos jarochos, zapotecos, abajeños...* Porque onde quer que estejam, os desterrados são o outro México, a pátria plural e esparramada da diáspora. E esse México, que remete aos regionalismos profundos, é de raiz camponesa e rural, ainda que ressurja em Nezalitre ou no Elei.

A comunidade transterritorial é como uma superfície topológica, um espaço social que conserva suas propriedades por mais que se estire e se comprima. Os pontos de uma circunferência distorcida já não são equidistantes do centro, mas a figura continua sendo uma forma fechada que delimita um dentro e um fora. Da mesma maneira, uma comunidade espacialmente distendida perde a convivência cotidiana entre suas partes geograficamente distantes, mas conserva o sentido de pertença e continua reconhecendo sua identidade. Ainda que muitas comunidades multinacionais estejam formadas por segmentos distanciados, sua representação espacial transcende as possibilidades da topologia e da condição geométrica da descontinuidade.

Tudo isso não é novidade. Já o argentino-francês Julio Cortázar conseguia ir da Galerie Vivien (Paris) à Pasaje Güemes (Buenos Aires),

---

5 Carne-seca.
6 Carne-seca com pimenta.
7 Distintas formas de preparar torta de milho.
8 Distintas bebidas feitas de cana-de-açúcar, cacto, fermentadas ou destiladas.
9 Ritmos populares de diferentes regiões.

e desta retornar à primeira, sem ter que cruzar o Atlântico. Da mesma maneira o fazem também os mixtecos, zapotecos, mixes, triques e chinantecos,[10] que da Califórnia celebram a Guelaguetza[11] sem necessariamente cruzar a fronteira. Por fim, conclui-se que a contiguidade moral é mais poderosa que a distância geográfica e, para aqueles que Michael Kearney chamou políbios, a vontade de festejar ou a compulsão por ocupar cargos tradicionais impera tanto na Sierra Juárez ou em La Mixteca como no Imperial Valley.

Contudo, o fato de existirem filiais do outro lado subverte também os usos e costumes da comunidade matriz. Desse modo, o fato de muitos jovens descendentes dos povos nahuas, situados às margens do Popocatepetl,[12] trabalharem em Chicago, Nova York, Boston ou Los Angeles e enviarem provisões às suas comunidades de origem faz com que se altere, nessas comunidades, o conceito ancestral de riqueza. "Na festa de San Buenaventura" – segundo o antropólogo Julio Glockner, em uma comunicação pessoal – "a vestimenta do santo patrono está coberta de dólares que as pessoas colam com alfinetes, um ato de propiciação do incipiente bem-estar econômico das famílias. Antes ofereciam espigas de milho, frutas...". O mesmo ocorre com os patronos dos povos descendentes de migrantes purépechas, mixtecos, chatinos e outros; santos cujos bons ofícios com o todo-poderoso passaram de locais a transnacionais.

O deslocamento das comunidades e povos indígenas, que dispersou a diáspora, define territórios dispersos e fragmentados; espaços não euclidianos que se adéquam mal às fronteiras e às cartografias convencionais. Se a coletividade indígena torna-se geograficamente descontínua e suas lutas de resistência tornam-se cada vez mais multiterritoriais, será necessário adequar também a essa realidade salteada a definição constitucional de seus direitos autônomos como povos originários.

---

10 Grupos indígenas do Estado de Oaxaca.
11 Festa intercultural.
12 Vulcão próximo à Cidade do México.

Nessa perspectiva, pode-se tornar estreita demais a formulação que a Comissão de Concórdia e Pacificação deu aos Acordos de San Andrés entre o EZLN e o governo federal, pois ainda que a resolução tenha estabelecido que os sujeitos dos direitos são os povos indígenas, com a exceção de uma referência na qual o "Estado deverá fomentar programas aos indígenas migrantes tanto em território nacional como estrangeiro", tal resolução se firma sob a ideia de que esses direitos coletivos devem ser exercidos em seu território e este é delimitado de maneira convencional.

Nos textos que serão, algum dia, inseridos na Constituição, podemos ler: "suas terras e territórios [que serão] compreendidos [...] como a totalidade do habitat que os povos indígenas usam e ocupam [...] [definem] [...] os âmbitos de sua autonomia" (artigo 4), e é a partir dessa localização que se busca garantir sua "participação e representação política em âmbito nacional" (artigo 26), assim como seus direitos municipais (artigo 115).

É certo que todo povo indígena tem uma base territorial de origem ou histórica mais o menos passível de delimitação. Também é de fundamental importância defini-la como "território autônomo", mas é necessário, igualmente, levar em conta que essas comunidades estabelecem, frequentemente, sucessivas sucursais que vão além dos limites desses territórios e que nelas também existem como povos indígenas.

Se é verdade que os indígenas peregrinos levam sua comunidade nas costas, eles também deveriam levar seus direitos na bagagem. O fato de estar no noroeste mexicano ou em Oaxacalifornia não faz com que um migrante deixe de ser mixteco, zapoteco, mixe[13] ou chatino para existir somente como um mero cidadão. Em épocas de diáspora e êxodo, quando os migrantes vão se convertendo em maioria, os indígenas das comunidades dispersas deveriam ter as mesmas condições de exercer seus direitos coletivos ainda que residam fora de seus entornos tradicionais.

---

13 Grupos indígenas do Estado de Oaxaca.

É considerada *forte* a comunidade que tem propriedades topológicas. Em contextos sociais abertos e competitivos, nos quais o individualismo reina, a comunidade debilita-se. Por outro lado, em grupos humanos historicamente escarnecidos e machucados, a coesão resulta em uma estratégia de sobrevivência e o comunitarismo se fortalece.

Por isso, para os povos indígenas, as minorias perseguidas e os migrantes a pé, os usos e costumes são valiosos recursos de autodefesa e preservação da identidade, questão de vida ou morte.

Contudo, a exclusão gera mais exclusão e, ainda que necessário para os marginalizados, o agrupamento solidário também pode acarretar em algo limitador e opressivo. Assim, é demasiado custoso para as comunidades fechadas trabalhar com a pluralidade política, a diversidade de credos religiosos e a delinquência transcomunitária. Além disso, em circunstâncias em que coexistem diferentes minorias subalternas, as estratégias de identidade duras e discriminatórias correm o risco de transformar o espaço social dos subalternos em uma torre de babel. Mas ainda assim, a comunidade é a figura societária mais poderosa que se inventou para resistir à adversidade.

Bastam, até este momento, apontar essas considerações a respeito da condição discreta e binacional que essas comunidades estão adquirindo, problemática da qual nos ocuparemos a seguir com um cuidado conceitual maior.

Desterrados do mundo, uni-vos

> Desde os anos 1960 se inicia a migração em direção ao noroeste [...] onde se começa a dizer oaxaquitas ou oaxacos de maneira pejorativa [...] isso nos enche de coragem. Deve-se reivindicar o nome de oaxaqueño e binacional, pois estamos em dois países [...] Foi assim de decidimos formar a Frente Indígena Oaxaquenha Binacional (Fiob).
>
> Arturo Pimentel, fundador da Fiob.

Assim como os nômades levam no embornal a sua identidade, os povos deslocados organizam-se a partir das distâncias. A rede que protege os forçados trapezistas indígenas e seus saltos mortais às zonas de colonização, no noroeste mexicano ou nos Estados Unidos, começa pela família e pela comunidade para logo reconstruir a coesão das antigas nações em torno da língua, às vezes também forja solidariedade por entidade federativa, o que era quase inconcebível no estado de origem e, por último, transcende a si mesma colaborando para a edificação de sujeitos mundializados.

Primeiramente, um caso de colonização recente. Desde os anos 1930, um translado na Selva Lacandona proporciona a saída das comunidades de Los Altos, do norte e do oriente chiapanecos, que já não conseguiam sobreviver em seus lugares de origem. No início, tomaram o mesmo caminho tzeltales, choles e alguns tojolabales, desde as primeiras levas de tzotziles.[14] Esse deslocamento, que envolve centenas de milhares, não inaugura apenas assentamentos e põe no trono santos alternativos dos povos desterrados, mas também forja novos sujeitos comunitários e intercomunitários. Atores sociais inéditos que, sob o aspecto econômico, exploram opções de cultivo nunca vivenciadas por eles e cujo perfil está marcado pelo predomínio de jovens e pelo relevante papel das mulheres, definido por certa mescla étnica, e unido por novas contribuições que resultam em uma construção na qual desempenham importante papel os catequistas da diocese de San Cristóbal.

Um dos resultados da imigração foi a transformação das estruturas da comunidade em novos assentamentos. Os ejidos das terras baixas diferem das comunidades de Los Altos, nas quais o sistema hierárquico dos postos civis e religiosos foram substituído por formas mais horizontais, isto é, aqueles que desfrutassem de cargos deveriam mandar obedecendo. A máxima autoridade residia na assembleia. Estes fatores formaram as bases para a reinvenção da identidade étnica.

---

14 Grupos indígenas do Estado de Chiapas.

Dessa maneira, o cruzamento de línguas, a mescla de culturas e a revolução dos usos e costumes não diluem a coesão nem debilitam o sentido de pertença. Ao contrário, são premissas de novas convergências cada vez mais compreensivas. Assim, o Congresso Indígena chiapaneco de 1974 destacou que, ultrapassando a diversidade das paragens de origem, os indígenas podem aglutinar-se em grandes grupos linguísticos; anos depois da comemoração crítica do encontro de dois mundos, promovida no início dos anos 1990, convoca a todos os povos originários do continente; e a partir de 1994 o questionamento neozapatista da marginalização étnica conclama todos os excluídos do mundo a propor uma nova identidade planetária.

Como Las Cañadas recebia imigrantes de cada um dos diferentes grupos indígenas – escreveu Harvey (2000) –, essa mescla multiétnica obrigava as comunidades a escolher entre manter ou transcender as diferenças. Dessa maneira, a identidade étnica era recriada como a base da unidade política. O autor destaca, também, os elementos de continuidade: "Muito mais do que rechaçar as tradições, os colonos das terras baixas reelaboraram um novo discurso de liberação e de luta".

Porém, essa reinvenção da comunidade também ocorre em migrações remotas e transnacionais, como a dos mixtecos, zapotecos, mixes, triquis, zoques.[15] Comunitários que dispersaram a penúria e, no entanto, desde o início dos anos 1990 estão agrupados em uma Frente Indígena Oaxaquenha Binacional (hoje Frente Indígena de Organizações Binacionais, pois agrupa migrantes provenientes de outros Estados), que em fins da década de 1990 já contava com representantes em Los Angeles, San Diego, Fresno e Vale de San Joaquín, na Califórnia; em Tijuana e San Quintín, Baixa Califórnia; e em Valles Centrales, Sierra Norte e Mixteca, em Oaxaca.

A maciça migração oaxaquenha aos Estados Unidos é relativamente nova, mas desde o final dos anos 1970 começam a formar agrupamentos locais como a Unidade Mixteca Tequistepec, integrada por camponeses desse município, e o Comitê Cívico

---

15 Grupos indígenas dos Estados de Oaxaca e Chiapas.

Popular Mixteco, com trabalhadores provenientes de San Miguel Tlacotepec, entre outros. Dez anos depois já havia divergências, como o Primeiro Encontro de Organizações Mixtecas na Califórnia, de 1985, e a constituição da Assembleia Mexicana pelo Sufrágio Efetivo, formada no mesmo Estado no ano de 1988 para defender o presumível triunfo eleitoral de Cuahutémoc Cárdenas, candidato à presidência da República.

No calor da repulsa aos festejos do chamado "Encontro de Dois Mundos", se fortalece o indianismo e, em 1991, nasce a Frente Mixteca-Zapoteca Binacional, que em 1994 transforma-se em Frente Indígena Oaxaquenha Binacional (Fiob), pois haviam sido incorporados chatinos, triquis, mixes e outros. A Fiob sofreu rupturas, como a que deu origem à constituição da Rede Internacional de Indígenas Oaxaquenhos (Riio), mas também forma parte de frentes mais amplas, como o Conselho Indígena e Popular Oaxaquenho Ricardo Flores Magón, integrado em 1997, e o Congresso Nacional Indígena, onde se reúne a nova efervescência étnica despertada pelos proverbiais quinhentos anos, catalisada a partir de 1994 pelo Exército Zapatista de Libertação Nacional.

A defesa dos direitos trabalhistas dos migrantes é o ponto de partida, mas logo a atividade das organizações binacionais estende-se a todos os temas sociais, políticos e culturais que envolvem os transterrados. Com o passar do tempo, a organização oaxaquenha no exílio retrocede às comunidades de origem. Assim, a Riio forma um Centro de Desenvolvimento Rural e Indígena (Cedric), em San Pablo Mixtepec, e a Fiob participa do Fundo Indígena Binacional, que oferece financiamento às comunidades dos migrantes.

Não é estranho que cresçam as organizações oaxaquenhas transterritoriais se levarmos em conta que um em cada quatro nascidos na antiga Antequera não vive nesse Estado e que um em cada quatro oaxaquenhos peregrinos vive nos Estados Unidos. Nos vales de Culiacán, Novolato e Carrizo, em Sinaloa, os de Oaxaca são os territórios mais numerosos. O mesmo ocorre nos campos agrícolas da rota dos *"golondrinos"*: Sonora, Baixa Califórnia e Baixa Califórnia do Sul, enquanto na vizinha Califórnia os assalariados provenientes do Estado sulista passam de 60 mil na temporada da colheita. Todos são oaxacos ou oaxaquitas, obrigados a levantar-se e unir-se para reivindicar a condição de oaxaquenhos, de mexicanos, de pessoas.

Entre os indígenas ocorre tal organização, mas as comunidades topológicas ou descontínuas e os agrupamentos transterritoriais também se espalham entre os mestiços.

Os camponeses zacatecanos são migrantes antigos, mas nos últimos tempos o êxodo intensificou-se; nos anos 1980 abandonaram o Estado cerca de 22 mil pessoas por ano, de 1990 a 1995, 25 mil e, atualmente, cerca de 30 mil. Pela diáspora, o crescimento demográfico do Estado é de menos de 1% anual. Se no começo dos anos 1990, 21 municípios do Estado não cresciam, mas despovoavam-se, em 1995 já eram 29, e em 2000, 34 cidades.

Atualmente, vivem nos Estados Unidos mais de 400 mil migrantes zacatecanos, que enviam ao lugar de origem algo em torno de 400 milhões de dólares por ano, quantidade muito superior ao orçamento local e uma vez e meia maior que a transferência federal à entidade. Como dizem por lá: "Se não houvesse essa renda talvez migraria até o dobro".

Mas mandar dinheiro não é tudo o que fazem. Desde meados do século passado estão organizados em clubes sociais. Agrupamentos de caráter local que em 1997 passaram a integrar uma Confederação, com aproximadamente 40 mil filiados e representações em Los Angeles, Chicago, Oxnard, Denver, Dallas, Austin, Las Vegas, Atlanta, Houston e Waco. Se os oaxaquenhos celebram a contragosto o aniversário do encontro dos dois mundos e celebram a Guelaguetza, os zacatecanos de Los Angeles erigem monumentos a Ramón López Velarde,[16] o poeta da Suave Pátria mestiça, e elegem a Senhorita Zacatecas, referências importantes não apenas para o México indígena, mas também entre os mestiços que formam parte da grande nação dispersa.

Nas comunidades peregrinas apenas ficam tristes os velhos, as mulheres e as crianças. Pela primeira vez em muitos anos, em 2000,

---

16 Poeta nacionalista mexicano.

a mão de obra não foi suficiente para a safra açucareira, já que para o corte de cana o camponês recebe apenas 50 pesos por dia, durante alguns meses, enquanto o trabalho agrícola nos Estados Unidos paga oito vezes mais. "O campo já não dá" – disse um camponês. "Aqui estão ficando apenas os velhos". É verdade.

De moluscos e fragmentações

> Resistir então, para não se perder no êxodo, e para aprender, pouco a pouco, como se vive ao mesmo tempo em Texcatepec e em Nova York.
>
> Alfredo *Fleis* Zepeda

As diásporas compulsivas rurais, intensificadas na última quarta parte do século passado, não dissolveram a comunidade agrária mexicana, mas modificaram drasticamente seu perfil. A congregação fechada, introspectiva e circunscrita a estreitos âmbitos sociais e geográficos, se é que alguma vez existiu, já não existe mais.

Hoje, os assentamentos arcaicos são a origem e o destino de intensos deslocamentos populacionais. Trata-se de movimentos migratórios estáveis, prolongados e estacionários em vaivém, que dissolvem os grupos sociais coesos e culturalmente diferenciados, a sua proverbial natureza endêmica, e por meio de uma espécie de "*ciganização*" generalizada lhes confere uma condição peregrina e transterritorial.

Dessa maneira, a comunidade excede sua característica puramente agrária e rural e seus membros transcendem seu perfil estreitamente camponês, pois com frequência os migrantes se estabelecem em cidades e conseguem emprego em atividades não primárias. Em razão disso, as comunidades de origem e suas imediações deixam de ser um habitat único para se converter em ponto de referência e matriz cultural, em *aztlanes* mitificados, porém revisitáveis, que detêm a retaguarda e a consistência espiritual da comunidade dispersa. Isso ocorre porque, para os povos peregrinos e historicamente perseguidos, conservar ou reinventar a identidade é questão de sobrevivência.

Anteriormente, qualifiquei de topológicas as comunidades distendidas, porém consistentes territorialmente, pois embora sofram a distorção em seu espaço social, também conservam, ao mesmo tempo, uma série de invariantes. Dentre elas, a delimitação do que é interno e do que é externo, a manutenção da coesão, a elevação da autoestima, do sentido de pertença e de identidade. Além disso, os coletivos dilatados da diáspora continuam definindo seu próprio espaço e seu próprio tempo interno. Olhando para dentro, podemos observar que os relógios empregados pelos membros de uma comunidade dispersa servem para medir lugares e distâncias sociais, processos de mudança e ciclos históricos que configuram uma herança mutante, porém diretamente vinculada ao sentido de espaço e de tempo provenientes da comunidade de origem. É exatamente assim que ocorre, por mais que seus membros peregrinos ou migrados se movam em outros contextos sociais assumindo competentemente suas novas coordenadas. Por tudo isso, considero que uma boa representação dessas plásticas e, ao mesmo tempo, consistentes entidades coletivas seriam os "moluscos" de Einstein.

> Por isso, são utilizados corpos de referência não rígidos, que não apenas se movam de qualquer modo em seu conjunto, mas que também sofram durante esse movimento todo tipo de mudança em sua forma [...] Esse corpo de referência não rígido poderia ser designado, certamente, como *molusco* de referência.

escreveu o célebre físico em um livro de divulgação sobre a teoria da relatividade (Einstein, 1970). Contudo, ao aplicar metaforicamente esses conceitos à sociedade peregrina, não é minha pretensão identificar a relatividade espaço-temporal da Física com o relativismo cultural da Antropologia, traduzindo regras e relógios por valores, normas, usos e costumes. Ao contrário disso, parece-me útil pensar a comunidade como um sistema complexo de múltiplas dimensões e desenvolvimento linear, de maneira que, em geral, o efeito dos êxodos e diásporas não seria a dissolução, como prognostica a Sociologia clássica, mas a rearticulação e o fortalecimento das diferenças que outorgam a identidade.

Na sequência das analogias, poderíamos pensar que da mesma maneira como se incrementa a assincronia dos relógios e a desproporção das regras, quanto maior é a velocidade relativa de um sistema de referência com relação a outro, assim também uma comunidade se desloca e se transforma aceleradamente, tende a intensificar a especificidade de seus valores e o diferencial de seus usos e costumes.

Há comunitarismo forte e comunitarismo tênue e, paradoxalmente, as comunidades que mais se mobilizam com frequência são também as mais coesas. Em contextos sociais abertos e competitivos ressalta-se o individualismo em detrimento da coletividade. Por outro lado, em grupos ancestralmente penalizados a coesão é uma estratégia de sobrevivência. Todavia, coesão não significa algo retraído e estático, mas aberto e transformador. Uma comunidade forte não é dura, rígida, fechada, resistente a mudanças (como uma concha), mas flexível, dinâmica, oportunista, mutável (como um molusco). Além disso, muitas dessas mudanças ocorrem no sentido de aglutinar, atualizar e fortalecer a identidade.

Um exemplo paradigmático já mencionado é o da deterioração da base de sustentação econômica das comunidades tzotzil-tzeltales de Los Altos e da zona norte de Chiapas, que resultou em uma generalizada migração a Las Cañadas e La Selva. No entanto, a diáspora dos velhos lugares e o cruzamento étnico recorrente nas zonas de colonização não diluíram a identidade, ao contrário, criaram premissas para renovar os elementos aglutinadores. Surgiram, assim, convergências inéditas das línguas – que se unem sobre a diversidade dos lugares de origem – em torno da comum, ainda que arcaica, raiz maia; também em torno da compartilhada condição indígena e, finalmente, em torno do zapatismo contemporâneo, uma atualização do indianismo que ao questionar a marginalização das etnias convoca todos os excluídos e propõe uma neototêmica identidade planetária. Pós-modernidade dos globalifóbicos, mas mundializados rebeldes chiapanecos, que não impede ao *molusco* de Las Cañadas de continuar enlouquecendo seus interlocutores mais rígidos e hostis ao expor-lhes aos usos e costumes ancestrais e às cadências do tempo indígena.

Outro exemplo, acima referido, é o de um sistema complexo que ao acelerar seu movimento também depura sua individualidade, ou seja, o processo migratório cujo saldo foi a recente invenção da identidade oaxaquenha. O inesperado fenômeno resultou do atordoado êxodo de fim de século em direção ao norte; deslocamento populacional que permitiu construir, nos campos agrícolas do noroeste mexicano, e na proverbial Oaxacalifórnia do *gabacho*, uma inédita identidade oaxaquenha transfronteiriça.

Convergência inconcebível na natal Antequera, que começou aglutinando os desterrados mixtecos e zapotecos de distintas localidades em torno de sua língua, sua dignidade e suas reivindicações trabalhistas e terminou agrupando também os chatinos, triquis, mixes e outros grupos em uma organização que desde 1994 chama-se Frente Indígena Oaxaquenha Binacional. Isso não é um curioso e exótico *muégano*[17] multiétnico, mas um protagonista social de terceira geração que, assim como os agrupamentos primários oaxaquenhos, tem como alicerce a identidade de origem no Estado nortenho da Baixa Califórnia e também em Los Angeles, San Diego, Fresno e Vale de San Joaquín, na Califórnia. Foi ali, nos Estados Unidos, onde os organismos locais oaxaquenhos de autodefesa, integrados recentemente, recuperaram suas raízes transformando-as em agrupamentos de um novo tipo, em convergências binacionais de terceiro nível.

Contudo, com os oaxaquenhos a metáfora einsteiniana transforma-se em um limão, pois a multiterritorial Fiob não pode imaginar-se como um *molusco*, sobretudo não pode imaginar-se a partir de nenhuma variante da geometria topológica, pois esta ocupa-se

---

17 *Muégano*, no México, é um doce formado por diferentes quadradinhos de farinha de trigo fritos; todos muito unidos entre si. Também há uma referência comum à família *muégano*, expressão que denota uma família cujos membros são muito unidos.

de propriedades invariantes diante de todo tipo de distorções, menos a ruptura.

A onipresença dos políbios

> Minha mãe era jovem quando sob este páramo. Tinha os olhos cansados de caminhar promessas. Tinha o defeito de estar em todas as partes.
>
> Porfirio García

> Uma partícula não tem sempre uma história única... Em lugar disso se supõe que todos os caminhos continuam possíveis.
>
> Stephen W. Hawking. *Historia del tiempo.*

A plasticidade espacial da comunidade, representada primeiramente como um contínuo não euclidiano, ou seja, como um molusco de Einstein, não se limita ao alongamento. No caso dos oaxaquenhos e outros migrantes remotos, o espaço comum não se estende, desgarra-se em fragmentos geograficamente separados que apesar da distância conservam sua unidade e propriedades básicas. Se insistirmos em buscar analogias nas ciências duras, vamos nos deparar com uma estrutura pulverizada do espaço comunitário que reclama modelos sustentados em uma geometria não apenas flexível, mas também discreta. Um marco conceitual que abarca as soluções de continuidade de um sistema social complexo que conserva sua unidade, ainda que esteja formado por pedaços que não estão próximos. Desse modo, se quisermos encontrar na Física algo parecido a isso, teremos que transitar da teoria da relatividade à teoria quântica.

Um mixteco pode passar de San Juan Suchitepec, em Oaxaca, a San Quintín, na Baixa Califórnia, e dali ao Vale de San Joaquín, na Califórnia, sem deixar de estar em sua comunidade. Além disso, pode fazê-lo sem sair dela, pois aquele que transita entre um nível comunitário e outro não é, a rigor, um camponês, mas um mero viajante (tanto que caso se perdesse no caminho e não encontrasse uma massa crítica de mixtecos a qual pudesse se integrar, não poderia recuperar sua condição comunitária original). A coletividade multiterritorial apresenta-se, desse modo, como um espaço pulverizado, formado por lugares sociais contínuos separados por extensões discretas; os camponeses transitam habitualmente de um a outro nível comunitário, mas como tais nunca encontram-se na metade do caminho. Descrição manhosa esta que intencionalmente busco para compor as analogias com a natureza quântica do modelo atômico proposto por Niels Bohr.

Nesse paralelismo talvez forçado, o camponês multiespacial (que doravante chamarei "políbio", termo empregado pelo sociólogo norte-americano Michael Kearney – 2000 – que remete à capacidade dos anfíbios de transitar de um meio a outro mudando de forma, mas não de condição) apresenta-se como um sujeito individual, ou seja, elementar, definido por pertencer a um campo social comunitário. Âmbito onde pode ocupar diferentes níveis ou segmentos, assim como transitar de um a outro através de territórios não comunitários nos quais perde provisoriamente sua condição de políbio.

Prosseguindo na analogia e parafraseando Werner Heisenberg, poderíamos dizer que a individualidade e o pertencimento são aspectos impossíveis de fixar com precisão ao mesmo tempo, pois se nos ativermos ao comunitário, se diluirão os atributos pessoais, ao passo que se nos fixarmos sobre o individual, se dissipam os comunitários. Apesar disso, trata-se de uma incerteza virtuosa, pois chama a atenção para uma tensão objetiva e irrefutável, obrigando-nos a abordar em sua integridade e articulação tanto o contexto coletivo como as particularidades individuais dos fenômenos comunitários. Nessa dupla abordagem, o aspecto comunitário remete principalmente aos elementos de continuidade e homogeneidade, enquanto corresponde ao individual, em maior medida, a descontinuidade e a diferença.

O que quer dizer o oaxaquenho nascido na Cidade Nezahualcóyotl, quando em uma homenagem poética às migrantes mães fundadoras desse não lugar proclama que a sua tinha o "defeito de estar em todas as partes"? Haverá alguma relação com a hipótese de Werner Heisenberg, que Stephen W. Hawking (1988) formula com palavras mais próximas àquelas proferidas pelo poeta?: "uma partícula não tem sempre uma única história [...] Em vez disso, supõe-se que segue todos os caminhos possíveis". Colocada de outra maneira: o politopismo das partículas elementares pode estar em relação, de maneira alegórica, com as múltiplas trajetórias e localizações dos homens e mulheres da diáspora? Provavelmente sim, porque ocorre que nas comunidades dispersas uma mesma pessoa pode ser chefe de quadrilha nos campos agrícolas do noroeste, enquanto há milhares de quilômetros de distância, em sua comunidade oaxaquenha de origem, ocupa o cargo de mordomo encarregado de organizar a festa do santo. Nas comunidades fortes, aquele que vai à feira não perde a cadeira. A migração permanente ou em vaivém não significa que o camponês tenha abandonado seu lugar na coletividade natal, e da mesma maneira o sistemático regresso dos migrados estáveis aos seus povoados de origem não supõe a perda de seu lugar na comunidade desterrada. Assim, por definição, o políbio ocupa simultaneamente diversos lugares sociais no coletivo disperso, sobretudo quando não exerce, ao mesmo tempo, suas diferentes funções.

Essa multiespacialidade é uma forma de se sobrepor ao desgarramento migratório. "Resistir para não se dissipar no êxodo e para aprender, aos poucos, como se vive ao mesmo tempo em Texcatepec e em Nova York". O revelador "ao mesmo tempo" é empregado pelo sacerdote Fleis Zepeda, ao relatar as transformações de seus amigos ñuhú de Amaxac e vizinhos no Bronx.

A politopia dos políbios os torna socialmente onipresentes, permitindo-lhes ocupar simultaneamente lugares comunitários geograficamente separados. Acrescenta-se, ainda, que sua multiespacialidade no sistema coletivo transterritorial expressa-se em uma gama de relativização da distância ou indiferença à distância. Nas comunidades multiterritoriais não euclidianas se desfaz, em certa medida, o sentido de perto e longe e, assim como o cronópio e descolocado Julio Cortázar transitava da parisiense Galerie Vivien à portenha Pasaje Güemes sem atravessar o Atlântico, um yalalteco transterrado em Frisco celebra a Guelaguetza sem a necessidade de cruzar a fronteira e o ñuhú Bernardino Fernando trota pelas calçadas da Avenida Melrose, em Manhattan, enquanto seu outro eu marcha sob os cedros brancos do caminho do monte do Brujo, em El Pericón.

Assim como na física não há partículas sem campo, também não existem indivíduos apartados ou livres nos sistemas societários fortes e coesos. Mesmo quando estão separados por grandes extensões geográficas, o pertencimento mata a distância entre os camponeses e sempre há uma certa contiguidade moral. Ligação que renova e enriquece os imaginários coletivos, e que não é somente espiritual, mas se materializa em constantes fluxos de pessoas, mensagens, imagens, serviços e dinheiro. Intercâmbios materiais e simbólicos favorecidos pelo laço expedido e em ocasiões instantâneas permitidas pelos novos meios de comunicação. A comunidade é tão coesa como um átomo ou um *muégano*. Para sua sorte ou desgraça, não existe o políbio solitário.

Se a simultaneidade da riqueza digital que flui pela rede caracteriza a mundialização financeira, a contiguidade das comunidades transterritoriais segmentadas define a mundialização trabalhista. Uma e outra são formas de abolir o tradicional espaço euclidiano, são os saltos quânticos do novo capital e do novo trabalho, os modos aristocráticos e plebeus da inédita globalidade.

Quando os filhos se vão: dilapidando o "bônus demográfico"

> Ninguém quer descer da serra para trabalhar na plantação [...] preferem ir à "festa" nos Estados Unidos, pois ganham mais...
>
> Produtor de café de Nayarit, em ¡*Mejor no nos "ayudes" compadre!*
> Gustavo Leal, *La Jornada*, 5/8/2005.

Um fantasma percorre o campo: o fantasma da migração. O nomadismo estacionário fragmentado é ancestral; há mais de cem anos se muda de Guanajuato, Jalisco, Michoacán ou Zacatecas aos Estados Unidos. Por um tempo, muitos peregrinos foram empregados na indústria pesada de Illinois e depois, nos campos agrícolas da Califórnia, Arizona e Texas. Nas últimas décadas, a compulsão transumana contagiou o centro, o sul e o sudeste mexicanos de modo que hoje Puebla, Guerrero, Oaxaca, Veracruz e Chiapas contribuem com grandes contingentes ao êxodo. Os destinos diversificaram-se: Carolina do Norte, Virgínia, Flórida, Washington, Nova York, Colorado e Oklahoma, entre outros Estados.

Lá se vão os pobres que economizaram para a viagem ou que encontraram um atravessador que faça fiado, mas se vão também os acomodados; tomam o caminho também os camponeses, assim como os urbanos, migram indígenas e mestiços; marcham ombro a ombro os membros do PRI, PAN, PRD e os do EZLN;[18] desertam católicos e protestantes, despedem-se crianças, jovens, velhos, homens, mulheres, analfabetos e doutores. A pátria toda deságua demograficamente no Gabacho ao ritmo de meio milhão de desterrados ao ano, mais de 40 mil ao mês e um por minuto.

O país se rompe, mas, principalmente, as comunidades rurais mexicanas estão esvaziando-se. Os primeiros que se dispõem a migrar para o Norte são os jovens camponeses.

Da exploração à indiferença

"Vou morrer sem deixar um bom futuro para meus filhos. Aquele que ficar com esta parcela espero que eu não o tenha colocado em desgraça, porque então não restará mais nada", lamenta-se dom Ramón, do *ejido* Colônia Agrícola no município de Angostura, Sinaloa.

---

18 Partido Revolucionário Institucional (PRI). Surgiu logo depois da Revolução Mexicana e governou o país até a vitória do PAN (Partido de Ação Nacional), em 2001. PRD: Partido da Revolução Democrática. EZLN: Exército Zapatista de Liberação Nacional, levantou-se em armas no Estado de Chiapas em 1994.

Os pequenos agricultores sempre levaram a pior, mas agora é diferente, pois a realidade corrói o presente e o futuro. Já não é a proverbial expropriação do excedente, é a expropriação das ilusões, a perda da esperança. Como resultado da reconversão mercadocrata dos anos 1980 e 1990, a agricultura deixou de ser um setor atado às necessidades da acumulação industrial por intermédio do intercâmbio desigual, como ocorreu nos bons tempos do "desenvolvimento estabilizador" e do crescimento autocentrado, para transformar-se em um meio desarticulado do resto da economia e, portanto, marginal, desvalorizado e prescindível. Nesse mesmo período, os camponeses passaram da exploração à exclusão, do saque sistêmico do excedente ao êxodo estrutural, de render mais-valia a causar perdas.

Nos anos 1980 e 1990, o México entrou no Acordo Geral de Tarifas e Comércio (o chamado Gatt, em inglês) e assinou o Nafta. Ainda empreendeu um plano rápido e unilateral de desarme econômico que deveria assegurar o ingresso do país na "festa" do livre mercado. No tocante à agricultura, também foi reformado o artigo 27 da Constituição, suprimiram-se os mecanismos reguladores, desarticularam instituições públicas, cancelaram políticas de fomento e o gasto fiscal rural sofreu redução. Tudo ocorreu no sentido de "redimensionar" um campo, supostamente superpovoado que, de acordo com tecnocratas, estava tomado de uma severa carga demográfica. Na versão mais otimista que se supunha em relação aos rebeldes rurais, os produtores carentes de "vantagens comparatisvas", estes não poderiam se dar mal, pois encontrariam emprego em outros setores da economia que ia ter um crescimento anual de 7%, segundo o que se anunciava na época. Todavia, por mais de vinte anos a produção *per capita* praticamente estagnou-se, de modo que a indústria e os serviços não apenas deixaram de absorver o excedente da população rural como também geraram desemprego.

O estampido populacional

Nos últimos trinta anos, desde que desmoronou a taxa de crescimento econômico, foram criados apenas 11 milhões de empregos formais, acumulando um déficit em torno de 15 milhões de postos de trabalho. Na primeira década do Nafta, de 1994 a 2004, quase 13 milhões de jovens mexicanos ingressaram no mercado de trabalho, enquanto foram criados apenas 2,7 milhões de novos postos. Apenas nesse período, o desemprego acumulado foi de 10 milhões.

Um relatório do Conselho Nacional de População (Conapo) estabeleceu que enquanto em 1984 havia 4% da população economicamente ativa que não encontrava emprego, no início do terceiro milênio essa porcentagem saltou para 25%, ou seja, um em cada quatro mexicanos. O mesmo documento reconhece que o exílio econômico foi uma providencial válvula de escape: "[...] se não tivesse havido migração nesse período, a brecha poderia ter chegado a 40%" (apud Martínez; Vargas, 2005). Assim, a cada dia, cerca de 1500 vagas deixam de existir, não porque tenham sido criados aqui bons postos de trabalho, mas porque os que engordariam aqui as estatísticas de desemprego foram trabalhar para os Estados Unidos.

Durante a década de 1980, todos os anos, 800 mil pessoas eram incorporadas ao mercado de trabalho, cifra que nos anos 1990 chegou a um milhão e logo a 1,3 milhão. Mas o que aconteceu com essa multidão de jovens que buscava emprego durante o governo de Vicente Fox, no qual praticamente não foram criados postos de trabalho formal? De um modo geral, podemos dizer que 250 mil ficaram estacionados na desocupação: um forçado "parasitismo social" que rói a renda dos afortunados que têm emprego; outros 250 mil foram incorporados à crescente economia informal que coloca nas ruas em torno de 15 milhões de trabalhadores, todos sem estabilidade nem segurança social, sem férias ou divisão de utilidades. A outra metade, em torno de meio milhão, saiu em busca de um futuro ou de um país que os acolha além das fronteiras.

Ao permutar por abertura comercial o direito – e a obrigação – do Estado mexicano de promover políticas de fomento que sejam economicamente viáveis às atividades produtivas, ou ainda, socialmente necessárias, os governos neoliberais abriram mão da segurança e soberania trabalhista. Um governo incapaz de garantir aos governados ocupação segura, renda digna e expectativas de progresso é um governo que falta com seus deveres fundamentais. Um país sem empregos decentes e sem esperanças, que expulsa massivamente seus cidadãos, é uma nação menor, deficiente. Pior do que isso, é ver uma nação curvar-se e submeter-se, perigosamente, às vontades daqueles que recebem mal seus imigrantes.

Isso deveria ser motivo de vergonha. Mas não é. No fundo, para os tecnocratas, a exportação de compatriotas parece um bom negócio, pois se a oferta de trabalho é maior que a demanda por emprego, o valor marginal do excedente tende a zero, ou seja, qualquer coisa que paguem como salário será lucro. Se isso não bastasse, nos últimos cinco anos descobriu-se que as famosas remessas de dinheiro enviadas pelos mexicanos que moram nos Estados Unidos para suas famílias – o preço que cobramos para enviar nossos compatriotas – já superam o valor de qualquer outro bem exportado, com exceção do petróleo. Negócio espetacular, ou como dizia o presidente Fox: "Puro ganhar, ganhar!"

Mas os camponeses não compartilham do otimismo do presidente.

O cultivo do café é muito árduo e para a colheita eu e minha senhora não temos trégua. Contudo, aqui já não há mão de obra. Com as grandes remessas que chegam do exterior, enviadas pelos jovens que vão trabalhar lá, além dos incentivos governamentais para essa atividade, já não há ninguém que queira ficar. O melhor a fazer é desistir do trabalho com a terra.

Isso dizia um cafeicultor oaxaquenho, apesar de o café estar, nesse momento, com preços elevados no mercado internacional e, por isso, figurar na lista dos melhores produtos para exportação. Assim ocorre em todas as partes. Em meados dos anos 1990, eram poucos os chiapanecos que iam aos Estados Unidos, enquanto hoje migram a cada ano em torno de 30 mil, a maioria indígena. "Os camponeses de Chiapas estão trocando a colheita de milho pela colheita do dólar", conclui Daniel Villafuerte, da Universidade de Ciências e Artes de Chiapas. Para que nos preocuparmos com produtores de milho ou café se a renda por remessas já é quatro vezes maior que a renda obtida nas exportações agrícolas? Para que camponeses se o dinheiro que esses desterrados enviam já chega a 50% do valor de toda a produção agropecuária e continua aumentando? Por que preocupar-se com a autossuficiência e com a segurança alimentar se os dólares dos migrantes são suficientes para pagar as importações de alimentos? Por que sofrer com os baixos salários aqui quando as oportunidades de trabalho são muito melhores no Imperial Valley? Em outras palavras, podemos dizer com certo rigor economês e tecnocrata: para que ficar preocupado com soberanias trabalhistas e alimentares e demais chavões populistas quando é tão fácil exportar camponeses e importar alimentos?

A economia do atravessador

Há 25 anos, em 1980, entraram no México, por remessas, apenas 700 milhões de dólares que, em 2005, chegarão em torno de 20 bilhões. No governo de Fox, essa renda praticamente triplicou. Assim, nas décadas da conversão neoliberal, a migração de mexicanos aos Estados Unidos aumentou quinze vezes mais e o envio de dólares multiplicou-se por trinta. Isso foi, sem sombra de dúvida, um dos maiores saltos da globalização mexicana – uma liberação mercantil que não rompeu mais cadeias do que as produtivas –; o êxodo e as remessas foram, juntamente, magníficos fluxos que fizeram do México um país socialmente transumante e economicamente adotivo, pois dependemos cada vez mais da vontade e da capacidade econômica dos desterrados.

Nesse estado de coisas, não há debate mexicano mais importante do que aquele que gira em torno dos efeitos estratégicos da migração e do montante, destino e impacto das remessas.

Desde 1995, o Banco do México registra remessas e, para 2004, contabilizou cerca de 51 milhões de envios com 327 dólares ao ano. Dezesseis bilhões incluem somente envios documentados e a esse montante poderíamos também agregar o que chega por intermédio de amigos e familiares, assim como o valor dos eletrodomésticos e outros bens que são enviados como presentes. Um estudo realizado na Universidade da Califórnia, por Rafael Alarcón, do Colégio da Fronteira Norte, considera que "quase a terça parte das remessas seja feita por intermédio de parentes e amigos" (apud Balboa, 2004). Se esse dado estiver correto, o montante que atribuímos às remessas está subestimado e deveríamos acrescentar mais cerca de 30%.

Na contracorrente, José Santibáñez Romellón, presidente do mesmo Colégio da Fronteira Norte, assegura que a cifra calculada pelo banco do México "é questionável", pois além de remessas inclui transações de outro tipo, inclusive de "procedência ilícita", de modo que possivelmente "a quantidade recebida nos lares é pouco mais da metade daquela proporcionada pelo Banco" (Santibáñez Romellón, 2005). Se essa informação estiver correta, o montante que atribuímos às remessas está seriamente superestimado e teríamos que reduzi-lo pela metade.

A diferença nos cálculos é dramática. Contudo, o problema não é tanto na magnitude dos envios ou no seu destino. Nesse ponto não há tantas discrepâncias, pois as remessas são empregadas, fundamentalmente, no consumo das famílias e, segundo o Instituto Nacional de Estatística, Geografia e Informática, dependem delas 1,6 milhões de famílias, número que cresce em 200 mil a cada ano.

Apesar dos louváveis esforços para transformar os envios em investimentos produtivos, o fato é que o grosso disso é empregado na subsistência. "*As remessas são um complemento ou substituto da renda do trabalhador e não um capital para investimento*", conclui o Fundo Monetário Internacional no estudo "São as remessas dos migrantes uma fonte de capital para o desenvolvimento?"

(Santibáñez Romellón, 2005). E reitera: *"as remessas não podem ser identificadas como capital para o crescimento econômico, mas como uma compensação para um pobre desempenho econômico"* (Santibáñez Romellón, 2005).

Portanto, ainda que entre 1994 e 2003 as remessas tenham representado para o México mais da metade dos investimentos estrangeiros diretamente acumulados, seu impacto econômico não vai além de compensar um déficit na conta-corrente, preservar a força do peso e estimular o mercado interno de bens de consumo. O que não é pouca coisa, pois o próprio Guillermo Ortiz, diretor do Banco do México, reconhece que essa renda "contribuiu para manter o consumo" nos últimos quatro anos, quando a economia quase não cresceu.

Dessa maneira, Ortiz, diretor do Banco do México, reconhece que as remessas têm a lógica dos salários e não são nem serão "uma fonte de capital para o desenvolvimento". Isto explica a ideia de *desfondamiento poblacional* de um país, que significa que a exportação nacional mais rentável são os seus próprios cidadãos. E isto é uma operação ruinosa e suicida por meio da qual estamos dilapidando nosso "bônus demográfico" e colocando em dúvida nossa capacidade futura de sustentar a população.

Juventude: divino tesouro

Durante cinquenta ou sessenta anos, dos quais já transcorreram mais da metade, o México tem o privilégio de ser um país de jovens. Em meados da década de 1970, para cada cem mexicanos em idade ativa, havia cem inativos. Desde então, a população rejuvenesceu e, hoje, para cada cem potencialmente ativos há somente 62 inativos. Essa proporção tende a melhorar ainda mais nos próximos anos e deverá manter-se abaixo de sessenta para cada cem até o final da terceira década do presente século.

Esse fato, que resulta de uma combinação histórica de taxas de natalidade e esperança de vida, constitui o que chamamos de "bônus demográfico", pois quando se aumenta a proporção da população que pode produzir em relação àquela que só consome incrementa-se, também, a capacidade econômica e de investimentos. Na verdade, os jovens trazem sorte, pois criam mais riqueza e ainda sustentam o consumo de crianças e velhos. Nesse patamar, o aumento da proporção de jovens no conjunto da população incrementa, também, o excedente potencialmente acumulável em forma de capacidade produtiva futura.

As famílias camponesas conhecem bem o fenômeno: são anos afortunados em que os filhos já cresceram e os pais ainda não envelheceram. Bons tempos são esses quando há terra e condições econômicas para capitalizar as energias excedentes (renovando e estendendo a horta ou ampliando e cercando o pasto, por exemplo). No entanto, quando as condições de crescimento da economia familiar não existem, os filhos mais velhos representam um fardo e, por isso, deverão emigrar. Exatamente como ocorre com centenas de milhares de jovens em escala nacional.

No transcorrer do segundo para o terceiro milênio, o México passou a ser uma nação na flor da idade. Privilégio extraordinário, pois, como povo jovem, teremos por algumas décadas capacidade de produzir muito mais valor do que consumimos. Por isso, as possibilidades de economizar e investir, próprias do período em que gozamos do bônus demográfico, não podem ser desperdiçadas, pois nesse mesmo intervalo também cresce o número de adultos mais velhos e, dessa forma, em torno da quarta década do presente século a pirâmide populacional irá se inverter.

Sem pretensão metafórica, podemos dizer que os jovens são nossa riqueza mais preciosa. O problema que está ocorrendo nas últimas décadas é que muitos dos que chegam à idade produtiva não se incorporam a um trabalho realmente produtivo, mas caem no desemprego ou são empurrados para a ineficiente e às vezes parasita economia subterrânea, enquanto outros tantos não acham melhor saída do que deixar o país.

Onde estão os jovens mexicanos? Onde se encontra a joia de nossa coroa demográfica? Alguns semeando papoula e maconha nas serras ou servindo de assassinos assalariados aos cartéis de droga; outros, vendendo CDs piratas no metrô, ofertando aparatos chineses nos semáforos ou vendendo Nikes falsificados no Correo Mayor; enquanto os que tiveram um pouco mais de sorte se degeneram nas fábricas clandestinas e estrangeiras. E, claro, um número cada vez maior de jovens escapa para o outro lado, rumo aos Estados Unidos.

Um estudo do Grupo Financeiro Banamex-Citigroup assegura que 80% dos mexicanos que vivem nos Estados Unidos têm entre 15 e 55 anos, enquanto no México apenas 55% da população está nessa faixa etária. A diferença é ainda maior se nos detivermos especificamente nos jovens, pois enquanto 30% dos migrantes têm entre 25 e 35 anos, no México somente restam 15% com essa idade. Isso quer dizer que a porcentagem de adultos jovens é o dobro na diáspora do que no país emissor.

Se já é demasiado preocupante que a falta de emprego digno no México leve um a cada onze compatriotas a viver nos Estados Unidos, o que dizer, então, da cifra de um em cada seis mexicanos jovens que já se encontram ali e outra boa parte que busca desesperadamente sair. O fim da compulsão migratória não tem previsão, pois a pressão sobre o mercado trabalhista deverá ser mantida por pelo menos mais uma década. Outro agravante é que a política econômica atual não consegue promover o crescimento sustentável necessário para satisfazer a nova demanda por emprego e menos ainda reduzir o déficit acumulado. Tem razão Marcos Chávez Magueym do Colégio do México, que assinala que nessas condições o chamado "bônus demográfico" é, na verdade, "uma tragédia" (apud Zúñiga, 2005).

Guillermina Rodríguez, coautora do estudo citado do Banamex--Citigroup, vai além e afirma que se essa tendência persistir "o bônus populacional que poderia representar esse grupo [os jovens] corre o risco de não se fixar no México, mas transferir-se para os Estados Unidos, tal como vem ocorrendo" (apud González Amador, 2005). Temo que isso já seja uma realidade e que o mais grave seja não apenas a transferência de nosso potencial produtivo ao país vizinho, mas também a desarticulação de alguns setores da produção nacional, tal como a pequena agricultura camponesa.

Segundo Isabel Guerrero, diretora do Banco Mundial para o México e Colômbia, um estudo recente mostra que a pobreza rural a partir de 2000 deve-se, fundamentalmente, ao "aumento das transferências", tanto públicas – como o programa Oportunidades[19] – como privadas – as remessas (apud González Amador; Vargas, 2005).

Isso quer dizer que a renda dos mais pobres não se elevou por causa do aumento da produtividade ou melhoria dos termos de intercâmbio, mas por fluxos econômicos sem prestação de contas direta. Tal fato sugere que não se trata de um progresso local sustentável, mas de um suposto "capital humano" gerado por subsídios da Secretaria de Desenvolvimento Social (Sedesol), que poucas vezes encontra emprego produtivo senão por meio da migração remota e, por isso, se tudo sair bem, a injeção de dinheiro público através do Oportunidades será substituída por fluxos de dinheiro privado (remessas).

Enquanto as transferências improdutivas se sucedem e se cruzam, o precário equilíbrio da produção se rompe, já que o êxodo dos jovens, a renda das remessas e os subsídios públicos desestimulam a disposição para o trabalho na agricultura local. Recordemos as palavras do iluminado cafeicultor zapoteca antes citado: "Entre o bilhete verde que vem do estrangeiro e as oportunidades que nos dá o governo por termos filhos jovens, ninguém quer trabalhar".

Alguns dirão que não é tão grave, que as viagens são benéficas, que nos Estados Unidos a mão de obra mexicana é mais produtiva do que aqui e que as remessas são a materialização do tão traído e apropriado bônus demográfico, pois com elas são mantidos os familiares em idades não produtivas.

---

19 Programa assistencial do Sedesol. Cf. <http://www.oportunidades.gob.mx/Portal/>.

Suicídio nacional

É certo que o montante das remessas parece estratosférico, mas não significa mais do que uma ínfima parte da riqueza gerada nos Estados Unidos por meio do trabalho dos mexicanos desterrados. De acordo com Rodolfo Tuirán, subsecretário de Desenvolvimento Urbano e de Organização do Território da Sedesol, "é um dado consistente" que "90% dos rendimentos [dos mexicanos nos Estados Unidos] ficam naquele país e somente 10% é enviado ao México" (apud Muñoz, 2005). E ainda apresenta alguns números: em 2004 os desterrados ganharam em torno de 187 bilhões de dólares e enviaram ao México algo em torno de 9%, aproximadamente 17 bilhões. O cálculo refere-se somente ao setor de onde se originam quase todas as remessas e não inclui os rendimentos dos lares onde existem mexicanos e não mexicanos, nem aqueles onde residem descendentes de mexicanos que não nasceram no México. Caso esses lares fossem incluídos no cálculo, a soma das divisas seria de mais de 400 bilhões de dólares adquiridos nos Estados Unidos pelos mexicanos e méxico-americanos.

Diante desses índices, os 17 bilhões de dólares em remessas são uma ninharia. Além disso, ficam ainda menores se considerarmos que os 400 ou 187 bilhões de dólares que as famílias dos compatriotas desterrados receberam são, em sua maioria, rendimentos salariais ou provenientes de trabalho autônomo, ou seja, remunerações de trabalho que não incluem o lucro dos empregadores. Utilidades supostamente grandiosas cujo montante depende da composição orgânica do capital e de uma taxa de lucro que cresce cada vez que a presença dos migrantes no mercado de trabalho do país vizinho pressiona os salários para baixo. Uma mais-valia crescente que se acumula na economia norte-americana e não na mexicana.

A destruição do grande reduto da subsistência produtiva, que era o campo mexicano, bem como a desestabilização da pequena e média empresa que gerava emprego, provocou o *boom* populacional e gerou uma espiral perversa, ou seja, a força de trabalho jovem e bem capacitada emigra para os Estados Unidos, pois ali encontram melhores salários. Em consequência, o excedente gerado pelos jovens nascidos, criados e educados no México não é investido na economia e na capacidade produtiva de nosso país, mas na capitalização do país vizinho. Tal fato acentua a assimetria e, com ela, o êxodo.

A transformação do bônus demográfico em remessas destinadas ao consumo é muito mais do que um péssimo negócio, é um suicídio nacional. Suicídio pós-datado, mas nem por isso menos seguro. Durante algumas décadas poderemos seguir exportando jovens que nos "sobram" e sustentando com suas remessas aqueles poucos velhos que ainda ficaram. Contudo, o que faremos quando essa pirâmide populacional se inverter? O que vamos fazer quando formos um país de velhos que se utilizou miseravelmente de seu bônus demográfico?

A soberania energética e alimentar são importantes, mas a soberania trabalhista é decisiva. É correto defender o petróleo, a biodiversidade, a água potável, mas não há nada mais importante do que defender nossos jovens.

Caso não tomemos imediatamente o caminho certo para mudarmos a economia enquanto ainda há tempo, o dia em que a pirâmide populacional girar totalmente será tarde. Durante décadas nosso crescimento foi insatisfatório, mas em vinte anos nossa economia e nossa sociedade entrarão em uma espiral de deteriorização progressiva, exponencial, irreversível...

IDENTIDADES MULTINACIONAIS

A reinvenção da Mesoamérica

> Extinta a preponderância do calor central e normalizados os climas, do extremo norte e do extremo sul, a partir dos polos inabitáveis, a existência vegetativa progride para a linha equinocial. Sob esta ficam as zonas exuberantes por excelência, onde os arbustos de outras se fazem árvores e o regime, oscilando em duas estações únicas, determina uniformidade favorável à evolução dos organismos simples, presos diretamente às variações do meio. A fatalidade astronômica da inclinação da eclética, que coloca a Terra em condições biológicas inferiores a de outros planetas, mal se percebe nas paragens onde uma montanha única sintetiza, do sopé às cumeadas, todos os climas do mundo... Da extrema aridez à exuberância extrema...
>
> Euclides da Cunha. *Os sertões*.

> Como Cortês... teve notícia que na província de Guatemala havia povos bravos e de muita gente, e que havia minas, acordaram de mandar a Pedro de Alvarado para conquistá-la e povoá-la.
> Cortês teve notícias de que havia terras ricas e boas minas em Higueras e Honduras [...] e também [...] Sua Majestade mandou [que] olhasse e perguntasse

> [...] para procurar um estreito ou um porto, passagem para o comércio de especiarias [...] Seja pelo ouro ou para buscar o estreito, Cortês decidiu enviar [...] a Cristóval de Olid [...] e o encarregou [ao capitão Luis Marín] que com diligência predicasse as coisas de nossa santa fé [...] e que em todas as partes colocasse cruzes [...] mandou que com todos [...] os soldados fôssemos à província de Chiapas, que estava em guerra, [e] que a pacificássemos.
>
> Bernal Díaz del Castillo. *Historia verdadera de la conquista de la Nueva España*.

> Humboldt, com grande conhecimento do assunto, indica outros vários pontos dos quais se conseguiria, talvez melhor do que pelo Panamá, chegar ao fim almejado, utilizando alguns rios que desembocam no golfo do México [...] Agora o que não há dúvida é que se conseguissem construir um que permitisse a todos os barcos de qualquer carga e deslocamento passar pelo golfo do México ao pacífico, se produziria incalculáveis resultados para o mundo civilizado e para o não civilizado. Muito me admiraria que os Estados Unidos deixassem passar a oportunidade de criar uma obra como essa. É previsível que esse jovem Estado americano, em seu decidido impulso ao Oeste, chegue em trinta ou quarenta anos a ocupar e povoar os territórios que se estendem para além das Montanhas Rochosas. É de prever, além do mais, que em toda essa costa do Oceano Pacífico, onde a natureza já formou os mais espaçosos e seguros portos, comecem a surgir aos poucos cidades comerciais importantes que sirvam para intermediar o comércio entre a China e os Estados Unidos. Em tal caso, não só seria desejável, mas quase necessário, que tanto os barcos de guerra como os mercantes pudessem ir da costa ocidental norte-americana à oriental por um caminho mais rápido do que a travessia pesada, distante e custosa dando a volta no cabo Horn. Repito, então. É absolutamente imprescindível para os Estados Unidos construir uma saída do Golfo do México ao Oceano Pacífico, e estou seguro de que o conseguirão.
>
> Goethe em conversa com Johann Peter Eckermann. *Conversaciones con Goethe*.

"Podemos perfeitamente aclamar os maias [...] como o povo indígena mais brilhante do planeta", escreveu o arqueólogo Sylvanus G. Morley (1961), seduzido pela cultura mesoamericana. Hoje, o território dessa excepcional civilização é uma desastrosa zona assolada pela fome e abandonada por seus habitantes.

Há quem pense que tudo começou há 500 anos, quando "[...] um tal Pedrarias entrou naquela terra como um lobo faminto" (Morley, 1961, p.500). Segundo Bartolomé de las Casas, Pedro Arias de Ávila, cabeça de uma expedição ao Istmo em 1514 e governador de Darién, primeira colônia espanhola continental, "[...] fez tantas e tais matanças e estragos, tantos roubos e tantas violências e crueldades [...] despovoou mais de quatrocentas léguas de terra, de Darién, onde desembarcou, até a província da Nicarágua, a terra mais povoada, rica e feliz do mundo" (Las Casas, 1974, p.797-9).

Talvez seja necessário relativizar a exaltação de Morley ou o descaso de frei Bartolomé, mas o fato é que a região foi extremamente deteriorada em suas sucessivas colonizações. Conquistas militares e econômicas que terminaram colocando em prática um tipo de agricultura que nos empobrece, além de haver escavado um assombroso buraco interoceânico que resultou em ferida e maldição; tudo administrado por sinistros prisioneiros do Império e sustentado por assíduas incursões armadas.

Convém lembrar, também, que o "México bárbaro" do sudeste e as "Repúblicas das bananas" centro-americanas foram cenários de proezas culturais e libertárias. Façanhas consumadas por homens de letras, homens utópicos e, sobretudo, por mesoamericanos comuns que fizeram da pequena geografia, da rudimentar economia e da opressão política, um caminho a ser percorrido pela imaginação. O prodígio cívico mais recente aconteceu em Chiapas, quando um punhado de novos maias rebeldes mudou o rumo da cruzada dos milênios, que parecia desoladora, mas que graças ao Exército Zapatista de Libertação Nacional (EZLN) tornou-se moderadamente promissora.

Se "um mundo no qual é possível encontrar outros mundos" é a proposta que veio do Sul, o Norte nos brinda, anos depois, com o Plano Puebla-Panamá. Desse modo, a utopia arraigada no continente profundo contrasta dramaticamente com o setentrional paradigma neocolonizador que confunde expansão econômica com desenvolvimento, saque com geração de riqueza e privatização com oportunidades.

Pesadelos desnorteados e sonhos *guajiros*,[1] tal é a tensão que cruza o presente ensaio. Uma reflexão que milita no clamor crítico com que o obscuro Plano Puebla-Panamá foi recebido por comunidades, associações camponesas, grêmios de operários, organizações não governamentais, partidos políticos, governos municipais, acadêmicos, jornalistas e cidadãos comuns.

Desde seu anúncio, o Plano estimulou o impulso unificador dos mesoamericanos e, em primeira instância, dos mexicanos. Em maio de 2001, um encontro celebrado em Tapachula, Chiapas, convocou representantes de mais de cem agrupamentos, a maioria mexicanos, mas também muitos provenientes da Guatemala, Nicarágua, El Salvador etc. Em agosto, uma reunião em Tuxtla Gutiérrez, em Chiapas, serviu para que o Partido da Revolução Democrática tomasse uma posição diante do programa. Em setembro, em Jáltipan, Veracruz, representantes de dezenas de órgãos populares do PRD, mas também de Oaxaca e de Tabasco, refletiram sobre o tema. Em novembro, foi celebrado um encontro peninsular com representantes do Campeche, Quintana Roo e Yucatán. No mesmo mês, em Quetzaltenango, Guatemala, aconteceu uma inédita convergência multinacional, além dos sistemáticos encontros e mobilizações ocorridos em regiões já afetadas por megaprojetos em curso, como Tabasco, o Istmo de Tehuantepec e o corredor Veracruz-Tlaxcala-Puebla-Morelos-Guerrero.

Encontros e debates de circunstância, certamente, mas que ultrapassam a conjuntura e se inscrevem na reflexão estratégica sobre a condição e o porvir da região. Trata-se de esmiuçar o Plano, mas também os novos processos de usurpação do espaço pelo capital, os

---

1 Seria um sonho impossível. Refere-se aos camponeses cubanos, significando romantismo.

convênios internacionais e as políticas públicas que os favorecem, bem como o imaginário neocolonial que os sustenta.

Busca-se documentar os projetos em curso, como de construção de portos, aeroportos, rodovias e estradas de ferro que, juntamente com as redes de energia e comunicação eletrônica, anunciam a chegada dos contêineres em trânsito e o suposto crescimento dos investimentos produtivos, tais como as empresas negreiras, as vertiginosas plantações especializadas, as ações de saque tradicional e a moderna biopirataria, que tanto depredam o trabalho e a natureza da região.

Acima de tudo, pretende-se testemunhar os desejos do mesoamericano comum, os esforços organizacionais, solidários e produtivos de uma população derrotada, mas criativa e lutadora, que com gorro de cafeeiro, *chuj*[2] de indígena, facilitador do desenvolvimento ou conjunto de migrantes, conforma a multiforme sociedade mesoamericana.

O fetichismo da cartografia

> Telegrama [do Primeiro Magistrado] a Ariel, seu filho, Embaixador em Washington, dispondo a imediata compra de armamentos, parque, material logístico [...] procedendo para isso, posto que toda guerra é cara e o Tesouro Nacional andava muito maltratado, a cessão a United Fruit Co., da zona bananeira do Pacífico – operação retardada já há muito tempo pelos poréns, alegações e objeções, de catedráticos e intelectuais que nada sabiam senão falar besteiras, denunciando o apetite – por Deus, inevitável, fatal, queiramos ou não, por razões geográficas, por imperativos históricos – do imperialismo ianque.
>
> Alejo Carpentier. *El recurso del método.*

Sul é geografia profunda, planeta enraizado. Batizado e dominado por um Norte expansivo e colonizador que prontamente

---
2 Vestimenta típica de Chiapas.

assinalou o "em cima" e o "embaixo" no mapa-múndi. Sul é um conceito geográfico, mas também simbólico. Alegoria que une natureza pródiga com indigência social, vegetação opulenta e exuberante com humanidade inerte, preguiçosa, incontinente, bárbara; que associa o sol canicular ao ânimo inquieto, com a liberação dos impulsos reprimidos, com o lado feminino e desnudo, com a imaginação e o sonho, com o inconsciente, com a revolução, com a utopia.

O sul-americano e, em particular, sua ampla faixa equinocial, é o subconsciente rural e camponês, a América dos indígenas e dos negros, a periferia por antonomásia. Apesar de, há tempos, os nossos presidentes republicanos sonharem em inglês, o Sul ainda começa no Rio Bravo; mas o México equinocial e América Central são o sul do Sul, o subdesenvolvimento subdesenvolvido.

Pensam, alguns, que se trata de um entorno marginal, um subúrbio incômodo e prescindível em um mundo cada vez mais ao Norte e excludente, onde até a agricultura que se preza é a de primeiro mundo e o grosso do comércio flui entre os países industrializados. O fato é que o contraste é dramático: Estados Unidos, com 260 milhões de habitantes, produz 77% do Produto Interno Bruto continental, enquanto a América Latina, com 500 milhões, gera apenas 33%. Em outras palavras, as duas terças partes ibero-americanas da população produzem somente uma terça parte do PIB. E isso não é o pior, pois em todo o planeta três quartas partes da população mal geram um terço do PIB norte-americano.

No entanto, a suposição de que a cintura do continente é irrelevante para o capital não se sustenta. Além de agroexportadora de commodities – como a tradicional banana e seus derivados –, essa zona possui recursos estratégicos como o petróleo, o gás natural, o urânio e minerais não metálicos. Também conta com mananciais de água subterrânea valiosos e rios de alto potencial hidrelétrico, florestas e potencial pesqueiro de água doce e salgada. E além de toda essa biodiversidade, encontramos uma profusão de flora, fauna e micro-organismos, frequentemente endêmicos, de intenso interesse para a pulsante engenharia genética e de importância decisiva para o grande capital, dada a progressiva biologização da atividade produtiva. A tudo isso deve-se acrescentar que por natureza e história a Mesoamérica e o Caribe são lugares privilegiados para os serviços turísticos. Muito além de seus recursos naturais e culturais, a localização geográfica do Istmo serve, inquestionavelmente, como um corredor do grande comércio que flui da Costa Leste dos Estados Unidos ao Pacífico, buscando rotas que evitem Los Apalaches e Las Rocosas. Por último, subempregada e desprotegida, a mão de obra mesoamericana parece muito atrativa a um capital que segmenta os processos produtivos, espalhando-os por todo o planeta.

Além da sedução que a Mesoamérica exerce sobre certos capitais, deve-se acrescentar que a região é vital para os Estados Unidos na perspectiva geopolítica de fechar a pinça sobre o Golfo do México e o Caribe, o *Mare Nostrum*, como se costuma dizer, da porção setentrional do continente.

A América do centro oferece uma extensa e sedutora variedade de possíveis rendas, com recursos excepcionais na superfície, no subsolo e na biosfera; clima, paisagem, cultura e história comercializáveis, localização estratégica para o comércio; população desamparada e ansiosa por emprego, e por último, mas não menos importante, possuem governos solícitos. Como interessam ao capital as rendas de monopólio, muito mais do que as possibilidades de investimento competitivo, é previsível que a Mesoamérica chegue a ser, outra vez, cenário de pugnas entre piratas e corsários do grande capital. Alguns dirão que isso é melhor do que o êxodo em direção ao Norte, derivado de insuficientes investimentos e empregos. Mas não é bem assim, pois a nova colonização ameaça ser tão desalmada e exploradora como as anteriores. Certamente, a região necessita desenvolver-se, o que não se consuma apenas incorporando-a à globalização realmente existente.

Se quisermos um futuro habitável para a Mesoamérica necessitamos, já de início, repensar a relação entre o Norte e o Sul, além de pôr em discussão a arcaica metáfora do centro e da periferia. O modelo concêntrico do mundo que concebe o progresso planetário como obra de sucessivas ondas civilizatórias, provenientes de alguns polos metropolitanos, está em crise.

A modernidade que desejamos não é a que se difunde a partir de um centro, como quando pedras são jogadas na água. Proverbial lugar de descobrimento e colonização, o Sul vem de regresso. E não se trata apenas do multitudinário êxodo *sudaca*[3] que flui a contragosto das velhas migrações, mas da colonização do imaginário nortenho pela cultura terceiro-mundista, do cerco espiritual às metrópoles por um Sul que exporta paradigmas e utopias, assim como exportava, no passado, grãos de cochonilla e madeiras preciosas.

Tampouco trata-se de inverter a metáfora e revirar o mapa-múndi. O caminho da globalização alternativa consiste em erradicar as hegemonias e o pensamento único, em conceber e edificar um mundo descentralizado ou pluricêntrico, como quando a água calma de um rio é perfurada pela chuva, formando incontáveis ondulações.

Para transformar a globalização hegemônica em uma rede de redes é necessário subverter as ideias antigas. Como exemplo, podemos mencionar a crença de que existem homens centrais e modernos e outros periféricos e anacrônicos, ou seja, a de que o mundo divide-se em privilegiados do Norte, que vivem no presente, e os desesperançados do Sul, que vivem no passado. O correto seria dizer que, em tempos de comunicação instantânea e êxodos planetários, todos somos rigorosamente contemporâneos.

Tampouco se sustenta o modelo social dualista, empregado como um corte para livrar-se da miséria extramuros. Em tempos de mundialização, as abismais desigualdades não podem endossar nada mais do que algo pré-moderno, são dilaceramentos embutidos, intrínsecos ao mercantilismo realmente existente. Na casa de cristal do mundo globalizado, o dentro e o fora perdem sentido e, por isso, se não há o externo também não há recônditos pré-burgueses nem periferias subcapitalistas.

Atualmente, todos somos simultâneos e centrais, contemporâneos rigorosos que entramos no novo milênio no mesmo dia e caminhamos juntos. No mundo de absoluta introspecção, ou nos

---

3 Expressão pejorativa usada para designar os latino-americanos, de uso comum na Espanha.

salvamos todos ou não nem Deus se salva. Outra ideia que devemos repelir é o frequente preconceito de que a economia é dura e a sociedade é branda e, por isso, as aspirações humanas devem submeter-se às inevitáveis falhas do mercado. Além disso, pensam alguns que se o mercado for profícuo as aspirações humanas também o serão. O fato é que, no século passado, imperou a desalmada economia e, hoje, cabe a nós domesticar a produção e a circulação, fazendo do século XXI o século da sociedade.

Não disponho, contudo, de paradigmas diários nem de sistemas conceituais definitivos para aposentar esses dogmas, talvez, quem sabe, algumas intuições momentâneas. Espero que sejam suficientes para o presente trabalho, ou seja, um ensaio que pretende confrontar a nova colonização – atada a megaprojetos como o Plano Puebla-Panamá (PPP) e sua porção mexicana, o Plano Sul-Sudeste (PSS) – com as experiências autônomas e de autogestão desenvolvidas na região e que buscam confrontar o mundo de cima a partir do de baixo, os pesadelos nortenhos com sonhos *guajiros*, a globalização hegemônica com as teimosas utopias tropicais.

Afortunadamente, não se trata de apresentar um choque de fundamentalismos, não pretendo questionar as atitudes neoliberais com outras ideias igualmente dogmáticas. Minha estratégia consiste em confrontar o modelo de globalização dominante com as opções propostas pelos próprios produtores. O julgamento mais categórico aos profetas do livre mercado não se refere apenas aos contraprojetos engavetados, mas também às alternativas societárias feitas à mão.

As opções estão em todas as partes, mas no caso mexicano tiveram uma repercussão excepcional no movimento autônomo indígena e nas organizações dos pequenos produtores, particularmente os plantadores de café. Assim, nos últimos capítulos, tentarei demonstrar que as comunidades indígenas, libertas das opressões externas e de seus próprios demônios, apregoam formas de convivência solidárias perfeitamente possíveis a todos; e que as redes de modestos agricultores, que às vezes chegam até os consumidores do primeiro mundo, são laboratórios de economia moral.

A hipótese de trabalho consiste na construção social da experiência e, em particular, da invenção prática e coletiva, tanto do poder popular como de virtuosos modelos de produção e circulação. É esse o terreno onde as ideias neoliberais podem ser derrotadas, além do meio no qual se forma a força social capaz de colocar freio à globalização excludente e construir uma ordem possível.

Foi a partir de 2001 que dezenas de organizações rurais passaram a tecer um Movimento Indígena e um Campesinato Mesoamericano (Moicam). Foi também a partir desse momento que os habitantes da cintura do continente tomaram a consciência de construir urgentemente a Aliança Social Mesoamericana. Uma convergência de todas as forças populares da região para incluir, também, a nação desterrada, os milhões de mesoamericanos da diáspora que têm a cabeça no Norte e o coração no Sul.

Mesoamérica.com

> Linhas fortes irradiavam desde ali em todas as direções através dos trópicos [...] Linhas que significavam influência [...] Os promotores das Companhias costumam estar dotados de grande imaginação... Apareceram aí engenheiros; levaram para si trabalhadores índios [...] A coisa havia chegado, ao fim, e qualquer um podia ver já claramente as consequências que traria...
> – Isso é o que chamam de desenvolvimento... e a nós que nos parta um raio!
>
> Joseph Conrad. *Victoria*.

As grandes áreas do continente estão limitadas por acordos econômicos, cartas de garantia para o capital que intensificam as interdependências mercantis e financeiras, tais como o Acordo de Livre-Comércio da América do Norte (Nafta), o Mercosul, o Pacto Andino e, se nos descuidarmos, surge também a Área de Livre--Comércio das Américas (Alca), em discussão desde 1994.

Nesse contexto, os tratados entre os países centro-americanos, como os que foram firmados entre o México e a Costa Rica (1995), e também com a Guatemala, El Salvador e Honduras (2000), além daqueles que o México negocia com Belize e com o Panamá, são assuntos menores e subordinados à lógica da iminente Alca.

No entanto, o Plano Puebla-Panamá (PPP) e sua parte mexicana, o Plano Sul-Sudeste (PSS), ainda que não sejam convênios comerciais, mas planos de desenvolvimento com uma ótica regional e transfronteiriça, em vez de nacional e setorial, também são relevantes, pois a sua localização ístmica e seus recursos bióticos, hídricos e petrolíferos tornam esta zona uma região estrategicamente importante. Contudo, para os que assumem o desafio no tocante ao campo e de acordo com uma perspectiva não governamental, parecem considerações sociopolíticas aquelas que visam a promoção da região, pois a região central da América foi e tem sido uma área de intensa experimentação societária e seus povos compartilham história, cultura e identidade de uma forma muito mais intensa do que nos entornos americanos. Por isso, muito mais do que os megaprojetos de cúpula, é possível e necessário pensar em uma aliança social mesoamericana, uma convergência multinacional que venha de baixo e que responda aos caminhos impostos pela globalização perversa. Essa é a aposta do presente ensaio.

Formada por Panamá, Costa Rica, Honduras, Nicarágua, El Salvador, Guatemala e Belize, além dos estados mexicanos do Campeche, Yucatán, Quintana Roo, Chiapas, Tabasco, Oaxaca, Guerrero, Puebla e Veracruz, a região mesoamericana estende-se sobre centenas de milhares de hectares, onde vivem 64 milhões de pessoas, das quais quase a metade vive no campo, em torno de 40% trabalha na agricultura e 18% é indígena.

Contudo, o que mais se destaca no código de identidade compartilhado por esses povos são as carências econômicas, pois a renda *per capita* regional é de aproximadamente a metade da média latino-americana, um número por si só muito baixo. Assim, mais de 60% dos mesoamericanos são muito pobres. São, podemos dizer, miseráveis em meio a uma exuberante riqueza biológica, que conta com 1797 espécies de mamíferos, 4153 de aves, 1882 de répteis, 944 de anfíbios, 1132 de peixes, 75.861 de plantas, e incontáveis micro--organismos, que configuram um opulento corredor biológico em processo de formalização internacional. No momento, mais de 10% da superfície, 11,9 milhões de hectares, abrangem 366 Áreas Protegidas, superfície da qual 45% corresponde ao México e 55% ao resto dos países centro-americanos.

Contudo, tanto a flora como a fauna são depredadas para a venda ilegal de mamíferos e répteis – vivos e suas peles – assim como de plantas, sobretudo, orquídeas. O bosque perde-se aceleradamente: em torno de 11 milhões de hectares entre 1992 e 1996. Desmatamento que é extremamente grave na porção mexicana. Como exemplo, em 1960, a Selva Lacandona tinha 1,5 milhão de hectares arborizados e 12 mil habitantes; hoje, sobram apenas 325 mil hectares arborizados e os habitantes chegam a 215 mil. Essa riqueza biológica é possível, entre outras coisas, pela abundância de água doce, que em si mesma é um recurso estratégico. Na Nicarágua, Costa Rica e Panamá, as chuvas são abundantes e, por isso, existem extensos aquíferos subterrâneos. Em metros cúbicos de água por habitante, Belize tem 66.470, Panamá 51.616, Nicarágua 32.484, Costa Rica 27.936, Honduras 14.818, Guatemala 11.805, México 4.136 e El Salvador 2.820.

No tocante à atividade econômica voltada para a exportação, se colocarmos de lado o petróleo e a produção industrial em estados mexicanos como Puebla ou Veracruz – que deformam a estatística por zoneamento, pois somente os dois contribuem com 45% do PIB da região e 70% da produção manufatureira, além das economias da Costa Rica e Panamá, que contribuem em menor escala, pois também são atípicas com relação ao resto da América Central –, essa região é extremamente agroexportadora.

Na produção e exportação de produtos agrícolas, destacam-se o café, produzido em praticamente todos os países mencionados; o açúcar, importante para o México, Guatemala, Belize, Honduras e Nicarágua; a banana, relevante para a Costa Rica e o México; a carne, comercializada pelo Panamá, Costa Rica, Nicarágua e México. As exportações de peixes e mariscos são significativas para Honduras, Nicarágua e Panamá. Recentemente, foram estabelecidos, na Mesoamérica, vertiginosas plantações florestais e o México apenas dispõe de 60.700 hectares de florestas artificiais, enquanto a maior parte, 256.650, corresponde ao resto dos países centro-americanos, particularmente a Costa Rica e a Guatemala. Outra atividade importante voltada para o exterior é o turismo, pois chegam nessa região em torno de 5 milhões de visitantes ao ano. Todavia, o que seria uma vantagem comparativa dessa região é, na verdade, sua maldição, pois nos últimos anos caíram os preços dos produtos agrícolas tropicais, ocasionando um déficit de 23,6 bilhões de dólares, apenas compensado pelos investimentos estrangeiros diretos e os créditos.

O desastre da cafeicultura, resultante das intensas quedas de preços, uma entre os anos 1980 e 1990 e a outra entre os anos 1990 e o novo milênio, documenta o drama da agroexportação em uma região onde o cultivo do grão aromático emprega um milhão e meio de trabalhadores. Somente a Guatemala emprega 700 mil pessoas, 20% da população economicamente ativa (PEA); a Nicarágua, 280 mil; 17% da PEA; 200 mil na Costa Rica; 135 mil em El Salvador; 11 mil em Honduras. Em meados dos anos 1990, as divisas provenientes da cafeicultura centro-americana eram de quase 2 bilhões de dólares; no ano 2001 foram menos de um bilhão, mesmo com a manutenção dos volumes de exportação.

Com relação à economia voltada para o mercado interno, os países da América Central destacam-se no cultivo do milho. É uma cultura ancestral, que se pratica sobre 5,3 milhões de hectares, onde anualmente são colhidos em torno de 10 milhões de toneladas do grão, que somados a meio milhão de toneladas de feijão, constituem nossa dieta básica.

Apesar disso, nos anos 1990, foi imposto à região um modelo de desenvolvimento agropecuário completamente voltado para a exportação – conhecido como Agricultura de Troca – que com o intento de multiplicar a exportação de produtos não tradicionais sacrificou as colheitas de autoconsumo e colocou em risco a segurança alimentar e nutricional. Assim, segundo o Instituto de Nutrição da América

Central e Panamá, somente Belize e Costa Rica contam com disponibilidade suficiente de alimento, enquanto a Nicarágua, Honduras e Guatemala correm sério perigo de sofrer com sua escassez. Vizinhos de 27 vulcões ativos, os mesoamericanos estão acostumados ao perigo. Nossas vidas estão sempre por um fio, à beira do desastre. Quando não é a queda dos preços do café, do açúcar e da banana, são as intempéries climáticas que assolam esses países com intensa seca como a de 1994 e a de 2001; e ainda temos os furacões com nomes ingleses como Lily, George e Mitch. Este último acabou com 10% da população mesoamericana e deixou um saldo de 10 mil mortos, o dobro das 5 mil pessoas que geralmente morrem na região em consequência de alguma catástrofe.

Em 2001, as chuvas irregulares foram associadas à intensa queda dos preços do café, ocasionando a fome em multidões na Guatemala, Nicarágua, Honduras e El Salvador, onde mais de 1,5 milhão de pessoas não têm o que comer. Muitos pedem esmola e os mais afortunados fazem fila para receber os alimentos distribuídos pelo Programa Mundial de Alimentos, instância que nunca para, pois em meados de setembro teve que atender a outra catástrofe, a dos afegãos refugiados no Paquistão.

Na Nicarágua, onde a exportação do café gerava 30% da renda das divisas, sua desvalorização deixou sem emprego cerca de 200 mil colhedores. Além disso, a falta de chuvas oportunas em 47 municípios do ocidente, norte e centro, arruinou 100 mil produtores de milho. Na Costa Atlântica, as inundações acabaram com o cultivo de arroz, mandioca, banana e milho. Como se não bastasse, uma traiçoeira praga de ratos acabou com o restante das colheitas de cereais. Ali, também, na desolada Nicarágua, centenas de camponeses caminharam de Matagalpa a Manágua em uma "Marcha Contra a Fome", que exigia emprego, terra, crédito, sementes... futuro.

Ainda que existam classes entre os mesoamericanos e que a Costa Rica e o Panamá tenham uma renda *per capita* em torno de 6500 a 7 mil dólares anuais, na Nicarágua, Honduras, El Salvador e Guatemala a renda média está entre 2 e 3 mil dólares. No México, esse indicador aproxima-se de 8 mil dólares, mas a distribuição dessa renda é tão desigual que nossos índices de pobreza são maiores do que os da Costa Rica e Panamá.

A relação comercial entre o México e os países da América Central é profundamente assimétrica. Para cada dólar em mercadorias que as sete economias ístmicas exportam para o México, são importados quatro dólares de bens desse país. Assim, em 2000, as exportações mexicanas para a América Central foram de 1,69 bilhões de dólares e as importações somente de 4,53 milhões, gerando um superávit de 1,131 bilhões de dólares. Por outro lado, essa relação comercial é pouco relevante para o México, pois a cada dólar adquirido nas exportações aos sete vizinhos do sul, fatura 11 dólares dos dois sócios do norte – EUA e Canadá. No que concerne às importações mexicanas, a porcentagem de origem centro-americana é insignificante. As economias dos países pobres olham para cima e a articulação entre a Mesoamérica e a América do Norte, com o México como eixo, confirma essa proposição. Contudo, ao mesmo tempo que o México se mundializa economicamente em direção ao Norte, está socialmente englobado no Sul.

Quanto mais nos afastamos dos Estados Unidos e adentramos na América equinocial, mais aumenta a temperatura, mais viva fica vegetação, mais frequentes são os buracos e mais acirrada é a pobreza. Um bom indicador dessa imersão aos infernos sociais é o salário.

Um homem não vale a mesma coisa no Norte e no Sul. O salário mínimo por hora nos Estados Unidos é de 7,25 dólares enquanto, no México, é de 60 centavos de dólar, ou seja, doze vezes menos. No caso dos salários industriais, a diferença é de *apenas* 1000%. Estas são medidas nacionais, uma vez que, no Sul, dominado pelo campo, os salários são ainda mais baixos e 70% dos que estão empregados ganham menos de um salário mínimo.

O exemplo mais dramático da diferença salarial pode ser encontrado nas indústrias. Trabalhar em uma fábrica de capital, maquinários e matéria-prima norte-americana, isto é, cuja produção destina-se aos Estados Unidos, mas que está localizada do lado sul da fronteira, significa ganhar, em pesos, dez vezes menos do que o mesmo trabalho no Gabacho. Isso não é tudo, pois as fábricas do centro do país pagam 10% menos do que as do norte, 40% menos nas do sudeste mexicano, e nas da América Central ainda menos, já que são obrigadas a competir com os 25 ou 30 centavos de dólar por hora que a mão de obra chinesa aceita. Se os salários abaixam conforme a latitude, os trabalhadores sobem o continente rumo ao norte. É a lei do mercado, que não pode ser bloqueada pela cruel Linha Maginot na qual se transformou a fronteira entre o México e os Estados Unidos.

Entre os marginalizados do sul também ocorre o mesmo. No tocante à idade, as novas gerações ficam com a pior parte, pois no México e no resto da América Central os jovens representam 20% da população. Desse total, mais da metade encontra-se desempregada. Com relação ao gênero, as mulheres estão cada vez mais atarefadas e sua dupla jornada já se converteu em tripla. No México, os homens do campo emigram em maior proporção (15% mais) e, por isso, o campo torna-se cada vez mais feminino.

Assim, temos hoje 600 mil camponesas, quando em 1970 eram somente 31 mil. Dos 11 milhões de camponesas que cumprem sua jornada doméstica, a maioria trabalha também para receber salário, no comércio, na parcela ou no artesanato, chegando a cumprir jornadas de até 18 horas. Quando recebem gratificação, essas mulheres ganham 25% menos do que os homens pelo mesmo trabalho.

Com relação às etnias, a Pesquisa Nacional sobre Emprego mostra que os indígenas mexicanos encaixam-se na faixa mais pobre da sociedade, já que 95% são pobres e 80% indigentes. Além disso, 93% dos que estão empregados ganham menos de dois salários mínimos e, mesmo em condições iguais, os indígenas sofrem mais do que os mestiços, pois somada à inferioridade econômica está também a discriminação. A pobreza é geral, mas o sul é ainda mais pobre do que o norte, o campo mais pobre do que a cidade, os indígenas mais miseráveis do que os mestiços, as mulheres mais que os homens e os jovens mais que os adultos. Como a desvalorização é cumulativa, as mulheres jovens de condição indígena ocupam o porão social.

No México, a porcentagem de indigentes é de quase 40%, mas no sudeste rural e indígena a cifra chega aos assustadores 66%. Na

América Central, a situação é semelhante, pois 78% da população vivem na pobreza e 60% na pobreza extrema, porcentagem que chega a 70% em Honduras e Guatemala. Os dados são de 1990 e se os compararmos com os dados de dez anos antes, veremos que a porcentagem de pobres diminuiu sete pontos enquanto a de miseráveis aumentou em treze pontos, ou seja, o porão social está sendo povoado aceleradamente. Esses são dados velhos, pois as estimativas mais recentes indicam que a situação piora. Assim, em meados dos anos 1990, havia 72% dos nicaraguenses e salvadorenhos, bem como 62% dos hondurenhos vivendo com menos de 2 dólares diários. Estamos falando somente dos países do Istmo, ou seja, de 20 milhões que não podem satisfazer suas necessidades básicas e quase 15 milhões que mal ganham para comer.

Pobreza de bolso, mas também de espírito, pois os estados mexicanos compreendidos no PPP apresentam uma taxa de analfabetismo de 17%, totalizando 10% do país em seu conjunto. Na Guatemala, os que não sabem ler nem escrever representam 45% da população; na Nicarágua são 33% e, em El Salvador, são 25%. A carência crescente de renda, serviços e capacitação não são os únicos componentes da pobreza mesoamericana, há ainda outros, relacionados à carência de direitos, liberdades, escolhas, expectativas...

A grande marcha ao Norte dramatiza essa crise societária, que em alguns países da América Central é um desejo terminal, pois México e América Central dividem a condição de expurgadores da força de trabalho e geram mais da metade do total de imigrantes ilegais nos Estados Unidos. Assim, de cada 100 forasteiros que vivem ali, 70 são latinos e, destes, 40 são mexicanos, 10 salvadorenhos, 4 guatemaltecos, 2 nicaraguenses e 2 hondurenhos. Ali, todos sofrem humilhações e o curso latino de seu êxodo é um inferno.

O tratamento que os peregrinos *sudacas* recebem em nosso país atesta a verdadeira postura das autoridades mexicanas, muito além dos Acordos de Tuxtla e das promessas do PPP. Com a diáspora em trânsito, o governo do México não atua como irmão mais velho dos centro-americanos, mas como porteiro dos norte-americanos. Maus modos à parte, em 1995 o México deportou 105.932

pessoas; em 1996, o número foi de 110.484. Em 1997, baixou para 86.973; em 1998 foi a 118.786; em 1999, 131.486 e, em 2000, aumentou para 168.755, sendo que nos primeiros meses desse ano a polícia de imigração mexicana extraditou quase 30 mil. A maioria dos ilegais interceptados aqui é guatemalteca, a estes se seguem os hondurenhos e os de El Salvador.

Em 2001, o assédio agravou-se por causa do Plano Sul, com uma operação de fiscalização policial na fronteira do México com a Guatemala e Belize, que foi, certamente, um acordo com os Estados Unidos e uma tentativa de ganhar sua simpatia, já que o então Secretário do Governo, Santiago Creel, fez questão de que essa operação fosse conhecida, primeiramente, no *The Washington Post*. Esse plano anti-imigrante, que envolve corporações policiais municipais, estaduais e federais, assim como o Exército e a Marinha e que, para 2002, tinha previsto aumentar em 30% o número de funcionários da imigração em Chiapas, Oaxaca, Tabasco e Veracruz, estende-se até o Istmo de Tehuantepec, onde é mais fácil interceptar os ilegais.

Para ser mais preciso, o Plano abarca também o lado mexicano da fronteira com os Estados Unidos, onde o governador da Baixa Califórnia decretou uma faixa de 300 quilômetros de comprimento e de largura que coincide com a linha limítrofe, como zona restrita, não apenas para estrangeiros ilegais – o que seria uma ignorância, embora fiel à lei – mas também para cidadãos mexicanos, o que seria totalmente ilegal. Assim, com o argumento de que se pretende proteger a vida, pois o trânsito clandestino no país vizinho seria perigoso, o funcionário da Baixa Califórnia, proveniente do PAN, viola flagrantemente a Constituição, que em seu Artigo 11 garante a liberdade de trânsito. Graças ao Plano Sul, nos primeiros nove meses de 2001 o Instituto Nacional de Imigração expulsou do país 72 mil estrangeiros ilegais, dos quais 71.215 são da América Central, quase a metade guatemaltecos e os demais hondurenhos, salvadorenhos e nicaraguenses.

Os planos do Império

A região mesoamericana, sem dúvida, já caminha para o desenvolvimento e se o PPP se dispusesse a trazê-lo seria bem-vindo. Infelizmente, os planos governamentais para o Sul são uma combinação de demagogia, contrainsurgência e desejos, nem sempre fundamentados, de uma nova colonização puramente empresarial. A ideologia subjacente nos projetos pode ser examinada a partir de sua torpe denominação. A iniciativa do presidente do México de batizar o Plano de Puebla-Panamá, por exemplo, deveria ter sido traduzida para a denominação de México-Panamá ou, em todo caso, de Puebla-Darién, pois esta última é a província mais ao sul do Panamá; a menos que o senhor Fox tenha pensado que o estatuto dos países da América Central possa ser o mesmo que o dos estados da República Mexicana.

No que se refere à porção mexicana do projeto, a ordem que o promove não pode ser mais reveladora. Proclamar a Marcha ao Sul-Sudeste é sugerir que os guerrerenses e oaxaquenhos que vivem por ali se atirem ao mar e os chiapanecos e tabasquenhos se dirijam à Guatemala, ainda que isso seja um cínico chamado para que os nortenhos organizem a nova colonização do trópico. A designação é norteada pelas latitudes, pois quando o projeto trata do sudeste busca, obviamente, incluir a Península de Yucatán, embora os habitantes de Mérida sejam uns 150 quilômetros mais nortenhos do que os *chilangos*.[4] De fato, tanto Ángel Bassols, nosso grande geógrafo social, como as regionalizações administrativas anteriores, falavam da Região Peninsular para referir-se aos estados do Campeche, Quintana Roo e Yucatán. Isto ocorreu até a chegada do "governo da mudança",[5] que mandou corrigir a geografia.

Denominações e ordenamentos à parte, as intenções do PPP começaram a tomar forma, sobretudo no que se refere à porção mexicana. Florencio Salazar, guerrerense que militou no PRI e que

---

4 Termo pejorativo usado para designar os mexicanos da capital federal.
5 Governo do Partido de Ação Nacional, que ganhou as eleições de 2000.

foi para o PAN quando esse partido ganhava fama, foi o primeiro responsável do PSS e, em entrevista publicada em 16 de abril de 2001, demonstra os motivos do projeto:

> [...] não podemos ter uma região tão atrasada que cedo ou tarde represente uma séria ameaça à integração nacional [...] Quem está [...] abandonado, não tem porque sentir-se atado ao país [...] Não deve haver motivo algum para que alguém não se sinta suficientemente mexicano.

Em outras palavras, isso quer dizer que aqueles que habitam o "verdadeiro" México – os do centro e do norte – temem que aqueles que habitam o sul não tenham "adesão ao país"; preocupa-lhes o fato de que o sulista "não se sinta suficientemente mexicano". O regionalismo discriminatório, de enraizamento panista, é contagioso, pois, na boca de um guerrerense, os nortenhos que já sequestraram a nação agora estendem a corda aos *sudacas* porque temem que eles representem "alguma ameaça séria à integração nacional". Como pensar que são os pobres do Sul os que colocam em risco a mexicanidade quando nossos últimos presidentes – um com pós-graduação em Harvard e o outro em Yale – deixaram de conduzir os destinos da Nação para conduzir os destinos de corporações norte-americanas como a Dow Jones & Company Inc., onde trabalhou Carlos *Charly* Salinas, e a Procter & Gamble e a Union Pacific, onde trabalhou Ernesto *Ned* Zedillo? O que dizer de Fox, o criador do PPP, um homem que antes de dedicar-se à política era gerente da Coca-Cola? Desse modo, se tivéssemos que nos preocupar com a falta de "adesão", ou com o fato de que alguém "não se sente suficientemente mexicano", seria por causa do comportamento dos setores mais transnacionalizados de nossa anglófona iniciativa privada e dos burocratas que a compõem.

Outro preconceito subjacente no PPP e no PSS é o de ver na convenção geográfica que nos divide em uma porção nortenha e outra sulista a expressão de um dualismo socioeconômico e até civilizador que fragmenta a nação entre governantes de cima e perdedores de baixo. Assim, na cerimônia de apresentação do gabinete de Vicente Fox, Florencio Salazar disse: "Um simples olhar sobre o que somos evidencia dois méxicos: aquele que olha e participa dos Estados Unidos e aquele que está atado ao seu atraso, juntamente com nossos vizinhos do Sul".

É claro que a ótica dominante é a daqueles que consideram que depois do Nafta o México é substancialmente nortenho e que veem na fatalidade geográfica e histórica – que nos concedeu um vergonhoso sul – a oportunidade para constituir uma aliança com o resto da América, vendendo aos brancos do Norte nossos valiosos serviços como guias, tradutores e conhecedores do terreno. O PPP "fomentará uma nova união econômica e benéfica entre a América do Norte e o Sul do continente", anunciou Vicente Fox em julho de 2001. Além disso, assim como ocorreu em Chicago, Fox encerrou o seu discurso oferecendo ao público norte-americano o que ele acreditava que gostariam de ouvir: "Serão geradas muitas oportunidades de investimentos e serão evitados futuros fluxos migratórios provenientes da América Central, através do México, rumo aos Estados Unidos".

O fato de sermos promovidos a zeladores dos gringos é um dos aspectos mais vergonhosos do PPP, que dessa maneira constitui uma aliança com o Plano Sul, concretizando o compromisso de nosso governo com Washington no sentido de reduzir o fluxo de mexicanos ilegais, latino-americanos e orientais que tentam cruzar a fronteira através de nosso território. Em troca, receberíamos certos privilégios para nossos migrantes irregulares, concessões que estão longe da anistia pela qual clamam os desterrados, reduzindo-se a um suposto programa de "trabalhadores hóspedes", com licenças temporais que poderiam, inclusive, comprometer a saída dos "beneficiários" do país assim que terminasse o intervalo autorizado.

Apesar disso, o aspecto mais condenável do Plano Sul é o fechamento da fronteira do México com a América Central pela polícia militar e a intensificação das campanhas orientadas para capturar migrantes ilegais de outros países que cruzam pelo território nacional. Esta é uma ação mesquinha, imoral e desalmada, porém legal. Por outro lado, a outra parte do projeto, responsável pela definição de zonas de "alto risco" na fronteira norte, onde seria impedida a passagem de "potenciais" migrantes mexicanos, sob o pretexto de "proteger sua segurança", consiste em uma vilania, além de ferir a Constituição.

A raiz da *Tormenta de Manhattan* e a operação *Libertad Duradera*, que inauguraram a primeira guerra do novo milênio com milhares de mortos, cobraram maior importância das funções que interceptam migrantes nos corredores transversais previstos no PPP. Também se intensificou a vocação de Cérbero mesoamericano, exibida reiteradamente pelo governo de Vicente Fox em sua tentativa desesperada de manter a suposta "aliança estratégica" entre o México e os Estados Unidos. O então secretário de Relações Exteriores, Jorge Castañeda, já havia dito com sua propriedade habitual, ao explicar porque nosso país deveria alistar-se sem restrições nas aventuras bélicas do Império:

> Os Estados Unidos, obviamente, vão exigir represálias e têm toda razão e todo o direito de fazê-lo. Assim que encontrarem os autores desses atentados deploráveis, exercerão a vingança e não haverá forma alguma de solicitar-lhes apoio. Já insisti muito nisso, ou seja, não é o momento de solicitar apoios. (Castañeda, 2001a)
> Somos sócios [...] e isso também temos que levar em conta, pois, caso contrário, poderemos nos arrepender diante das possíveis dificuldades em solucionar um ou outro tema de nossa agenda com os Estados Unidos, já que estes podem reclamar o fato de não termos permanecido ao seu lado em momentos difíceis. Todo mundo no México tem que considerar isso, pois não é possível estar ora com eles e ora contra eles. (Castañeda, 2001b)

Quase juarista,[6] a máxima é clara, porém hipócrita. O contrário é o correto, ou seja, com um vizinho desse porte somente é possível haver "cooperação antagônica".

---

6 Referência ao político mexicano Benito Juárez Garcia.

Para debater seriamente esses planos macrorregionais deve-se primeiro definir o perfil da nação. Em um sentido profundo, não puramente geográfico, o México – todo o México – é Sul e, culturalmente, sua identidade gravita sobre a porção equinocial do continente. A articulação nacional, que nos faz muita falta, não pode consistir, como o velho indigenismo, em uma pretensa integração do Sul, lento e marginal, com a suposta modernidade nortenha. Tampouco o inverso, claro. Necessitamos uma integração nacional na qual caibamos todos, uma integração das classes, dos gêneros, das etnias, das regiões e dos setores em plano de igualdade; uma integração econômica, mas também social e cultural, uma integração que respeite e promova a diversidade virtuosa. Com base nessa integração, poderemos aprofundar nossa inserção no mundo. Não podemos esquecer, contudo, que nossas iniciativas estratégicas e globalizantes deveriam privilegiar o Sul sobre o Norte, promover alianças e acordos com nossos semelhantes, a fim de fortalecer a posição sulista no assimétrico e ao Norte (des)concerto das nações.

Isso não deve ser mal interpretado, pois não quero dizer que devemos renunciar aos acordos com países e blocos mais desenvolvidos ou simplesmente cancelar o Nafta e o acordo comercial com a União Europeia. Antes de mais nada, afirmo que devemos assumir, nos convênios, nossa condição sulista e negociar o reconhecimento das assimetrias. Ignorar esse fato significa conduzir o Nafta a um acordo profundamente injusto, uma vez que não prevê programas, recursos e ações destinadas a reduzir as disparidades e a promoção do desenvolvimento do sócio mais frágil. Também devem ser contemplados fundos e mecanismos compensatórios, por exemplo, na conformação com a União Europeia. Nesse mesmo caminho da injustiça, por não reconhecer as desigualdades, há o acordo de livre-comércio entre o México e o denominado "Triângulo do Norte" (Guatemala, El Salvador e Honduras), em que os negociantes mexicanos reclamam das humilhações do Nafta, que se comportam como representantes de uma *grande potência nortenha* diante dos *irmãos* da América Central.

O grande problema de fundo é que os acordos comerciais – todos – não são mais do que patentes de pirataria demandados pelo grande capital, cartas magnas supranacionais repletas de garantias para os investidores, porém omissas em relação aos direitos trabalhistas, migratórios e ambientais. Somente a pressão vinda de baixo poderá incorporar a agenda social aos acordos mercantis. No entanto, enquanto isso não ocorre, os programas nacionais ou multinacionais que se enquadram dentro dos convênios serão simples leilões de nossos recursos humanos e naturais; puro chamado a uma nova colonização, tão selvagem como as anteriores.

Muito além da visão nortenha, no fundo contrainsurgente, e que justifica o PSS pelos riscos sociais e políticos que representa a pobreza, a outra parte do discurso, a mais elucidadora, concebe o desenvolvimento do Sul como um combate à marginalização e um impulso à equidade a partir das potencialidades locais e dos projetos de seus atores. Lamentavelmente isso não passa de palavras, pois a vertente dura do projeto consiste em vender a região ao capital transnacional, propiciando a transação mediante desregramentos, facilidades normativas, isenções fiscais e dotação de infraestrutura financiada com recursos públicos. São "estímulos" que permitem ao grande capital potencializar as vantagens comparativas da região, tendo em consideração os recursos excepcionais e privatizáveis, fonte de lucros gigantescos. Na realidade, trata-se de promover indústrias, plantações especializadas e tecnificadas, megaprojetos turísticos e serviços voltados ao comércio, como o corredor ístmico de Tehuantepec.

Até poderíamos pensar que a chegada de investimentos e o impulso ao desenvolvimento social são duas faces de uma mesma moeda. Contudo, a realidade é que incorporar o Sul à globalização selvagem e combater a pobreza e a marginalização são projetos distintos, possivelmente contrários. E não sou eu quem digo, ou algum outro crítico da globalização, já que também comunga do mesmo parecer Santiago Levy, diretor do Instituto Mexicano de Seguridade Social (IMSS) durante o governo de Fox e um dos encabeçadores das reformas neoliberais dos anos 1990. No estudo *El sur también existe:*

un ensayo sobre desarrollo regional en Mexico, escrito em parceria com Kessel e Dávila, Levy afirma categoricamente que "o desenho de políticas públicas para o sudeste deve separar os objetivos de combate à pobreza daqueles que visam o desenvolvimento regional" (Levy; Kessel; Dávila, 2000).

O que subjaz nessa afirmação é o debate em torno da relação entre políticas de impulso ao crescimento econômico e as que promovem o bem-estar social, discussão de fundo na qual são confrontados os modelos antagônicos de desenvolvimento. A pertinência de trazer à luz essa polêmica provém não somente do fato de que o quadro político formulador de uma proposta da separação de intenções sociais e objetivos econômicos é o autor de uma proposta para o desenvolvimento de Chiapas e do sudeste, além de ser um dos membros em destaque do antigo regime que foi recuperado pelo "presidente da mudança", mas é pertinente também por se tratar de argumentos com os quais o atual governo se sustentou diante dos legisladores da solicitação orçamentária para o PSS, que são curiosamente parecidos aos do mencionado estudo. Como se não bastasse, há ainda o fato de que Levy era o subsecretário de Egressos em destaque quando essa solicitação foi elaborada pela equipe de transição foxista.

Assim, na *Exposição de motivos do Projeto de orçamento de despesas da Federação para o ano fiscal de 2001*, podemos ler:

> Para assegurar que os frutos da globalização cheguem a todos os cantos do México, a presente administração desenhou um programa estratégico de longo alcance que tem como objetivo promover a mudança estrutural nos estados do sul-sudeste.
>
> Esse programa está inserido em um plano de maior envergadura cujo objetivo é *eliminar os obstáculos que inibiram o potencial produtivo desses estados* e, com isso, *impulsionar seu desenvolvimento* e favorecer sua integração com os mercados nacionais e internacionais, não apenas com a América do Norte mas também com os países da América Central. O anterior permitirá a região aproveitar as oportunidades que oferecem os acordos internacionais que, em matéria

de comércio e investimento, foram negociados recentemente. (Levy; Kessel; Dávila, 2000, grifo nosso)

Por sua parte, Levy escreve:

> O diagnóstico apresentado [...] sugere [...] que as políticas públicas *reprimiram o desenvolvimento produtivo* do sudeste ao anular, em grande medida, suas vantagens comparativas. Por isso, argumentamos que existe um amplo espaço para desenhar uma política que *libere o potencial produtivo* da região. (Levy; Kessel; Dávila, 2000, grifo nosso)

As duas formulações compartilham a ideia de que o potencial produtivo do sudeste foi inibido ou reprimido e que há que se liberar ou eliminar os obstáculos que ocasionaram esse bloqueio. Levy é explícito na enumeração de tais obstáculos:

> Exclusividade do Estado em atividades estratégicas, particularmente em eletricidade, gás e petroquímica [...]
> O regime de direitos de propriedade sobre os hidrocarbonetos e a água também foram afetados no sudeste [...] região [...] muito bem dotada de petróleo e gás natural [Chiapas, Campeche, Tabasco] e cursos de água [Chiapas] [...]
> A longa duração da distribuição agrária representou um desestímulo ao desenvolvimento agrícola em nosso país [...] em especial no sudeste [...]
> Restrições derivadas do Artigo 27 da Constituição, vigentes até 1994 e referentes à posse ou arrendamento de grandes extensões de terras [...] foram particularmente distorcidas no sudeste, região que tem condições adequadas para produtos nos quais o cultivo mais eficiente ocorre no contexto de uma agricultura de plantação, ou seja, uma agricultura caracterizada por amplas extensões onde se cultiva, em forma tecnificada, um único produto de tipo perene [...] café, banana, açúcar, palma africana e produtos derivados da madeira, entre outros [...] Agricultura de plantação [...] [que] [...]

se desenvolve melhor por meio de agentes econômicos dotados de amplos recursos financeiros. (Levy; Kessel; Dávila, 2000)

Mais claro impossível. A propriedade da nação sobre a terra, a água e os recursos do subsolo, assim como a exclusividade do Estado na extração do petróleo, da petroquímica básica e da distribuição e comercialização de eletricidade são, juntamente com a prolongada reforma agrária e a economia parcelaria, os causadores do atraso da região. Se – como escreve Levy – "as políticas públicas reprimiram o desenvolvimento produtivo do sudeste ao anular, em grande medida, suas vantagens comparativas" (Levy; Kessel; Dávila, 2000), o remédio está na eliminação dos empecilhos constitucionais restantes, na construção da infraestrutura necessária – com dinheiro público – e limpar bem as unhas para servir a mesa ao exigente capital.

Em essência, trata-se de vender o sudeste ao grande capital, com argumentos muito parecidos aos que já foram usados em outros tempos. Em um folheto em inglês de 1909, destinado a potenciais investidores, lemos:

> México agrícola
> [...] maravilhosas possibilidades para os agricultores norte--americanos e europeus na república mexicana.
> México atrativo para o capital
> Mais de dois bilhões de dólares em recursos estrangeiros mostram que o governo é considerado estável, as leis justas e as oportunidades inigualáveis [...] Em muitos dos grandes negócios, os capitais norte-americano, inglês e alemão trabalham no mesmo nível [...] e o capital mexicano se mistura livremente [...] Esse trabalho de transformação se estende ao longo de toda a terra dos astecas [...] O que está ocorrendo no México graças [...] aos investimentos estrangeiros é pouco menos do que um milagre.

O fascículo intitulado *Agricultural Mexico*, foi publicado em 1909 como parte de uma campanha do governo de Porfírio Díaz para a promoção da colonização do sudeste pelas companhias transnacionais, oferecendo livre acesso à terra, isenção de impostos, novas vias de comunicação e estabilidade social. A campanha teve êxito e os trópicos se encheram de plantações e fazendas agroexportadoras norte-americanas, inglesas, alemãs, francesas, holandesas, espanholas e belgas que nessa ocasião tinham como sócios menores os empresários e sitiantes locais. No tocante ao crescimento econômico, os objetivos foram alcançados e, em 1878, as duas terças partes das exportações mexicanas eram metais preciosos; em 1910, o ouro e a prata constituíram unicamente 46% do valor exportado e 40% do total era formado por matérias-primas como o sisal, a seringueira, o café, além de metais industriais como o petróleo etc. Lamentavelmente, apesar do milagre porfirista, nesse mesmo ano a Revolução estourou. É que a modernidade, compreendida como a captura de investimentos estrangeiros, expansão econômica e inserção no mercado mundial, estava acompanhada de um saque irresponsável dos recursos naturais e do agravamento das injustiças sociais. O moderno México agroexportador era também o México bárbaro.

Pensam, alguns, que o PPP é uma ameaça e, outros creem que é, ao mesmo tempo, uma oportunidade. Em todo caso, se não quisermos que o ciclo da colonização selvagem se repita, devemos assumir que o investimento é necessário para o desenvolvimento, mas não é o suficiente, pois atrair capital para um lugar, desprezando sua vocação depredadora de homens e recursos naturais, não gera bem--estar, mas o contrário.

Os novos promotores da modernidade não apenas deixam de aprender com a história como tratam de sustentar a política de captura de *economia externa* a todo custo, com a peregrina teoria de que uma coisa é desenvolvimento econômico e outra, muito diferente, é o desenvolvimento social.

Assim, Levy (2000) assinala, acerca da problemática do sudeste, que há "dois pontos de vista", o que enfoca "as condições de pobreza e marginalização" e o que considera a "produção". Entre eles, há uma total desconexão, pois se em uma região não há atividades que gerem renda, as pessoas vão embora e permanece a pobreza; por outro lado, gerar "polos de desenvolvimento" em uma zona marginal atrai trabalhadores qualificados de todo o país, mas não os emprega satisfatoriamente nos locais (Levy; Kessel; Dávila, 2000). Dessa maneira, dado que

> a criação de um polo de desenvolvimento em uma região atrasada não resolve necessariamente seus problemas de pobreza [...] o planejamento de políticas públicas para o sudeste deve separar os objetivos de combate à pobreza daqueles que tratam do desenvolvimento regional, já que os instrumentos que serão utilizados em cada caso não são os mesmos, ao menos no curto prazo.

Mais adiante reitera:

> Para impulsionar o desenvolvimento de Chiapas e do sudeste em geral deve-se separar os objetivos de combate à pobreza dos objetivos de desenvolvimento regional. [E explica:] Para combater a pobreza é necessário contar com instrumentos de política social [...] [embora o] [...] diagnóstico apresentado [...] sugira [...] que as políticas públicas tenham reprimido o desenvolvimento produtivo do sudeste ao anular, em grande medida, suas vantagens comparativas. Por isso, argumentamos que exista um amplo espaço para desenvolver uma política que libere o potencial produtivo da região. (Levy; Kessel; Dávila, 2000)

Os "investimentos em capital humano" – que na realidade configuram um gasto assistencial focalizado e individualista, como o Programa Progresso, do qual Levy é inspirador – são os "instrumentos de política social" com os quais já "se conta". Assim, o que falta agora é promover o investimento irrestrito de capital, sem considerações societárias confusas (Levy, Kessel; Dávila, 2000).

A esta posição se contrapõem, por exemplo, os discursos do senador do PRI, Carlos Rojas, que na Exposição de motivos de sua *Iniciativa do Sul*, enfocando Chiapas, Oaxaca e Guerrero, argumenta: "O México segue sendo [...] exemplo [...] da incapacidade de articular plenamente a política econômica e o desenvolvimento social". Mais adiante diz que "se requer uma estratégia na qual o desenvolvimento regional seja concebido como um processo complexo, em contraste com outros enfoques que centram suas ações em aspectos únicos como a infraestrutura ou unicamente a assistência social".

O confronto entre Rojas e Levy é sintomático, pois o primeiro foi encarregado da política social nos últimos anos do governo Salinas e nos primeiros anos de Zedillo, enquanto o segundo foi o responsável por autorizar o gasto, entre outros o social, desde a Subsecretaria de Gastos da Fazenda do governo de Zedillo. Quadros destacados do velho regime, Rojas e Levy representam as duas tendências que coexistiram nos últimos anos do sistema de partido do Estado, ou seja, o clientelismo social e a conversão neoliberal da economia.

Conceitualmente, Rojas tem razão quando propõe a integração do desenvolvimento regional e questiona os enfoques que separam a promoção da produção, mediante infraestrutura, do gasto social assistencialista. O problema é que o atual senador identifica-se com a visão clientelista das políticas públicas e é o principal responsável pela incorporação do infeliz, porém famoso, Tópico B do Artigo 2 da Constituição da Lei Indígena aprovada pelo Senado, e que busca a mudança dos direitos negados aos povos indígenas em prol de obrigações assistencialistas do Estado. O senador também defendeu, recentemente, a continuidade em Chiapas do chamado Programa Cañadas, do qual foi o autor, enquanto as organizações sociais da região e o próprio governo estadual questionam seu caráter contrainsurgente e seus efeitos separatistas.

Quanto a Levy, é revelador o fato de que mesmo sendo um ilustre representante da "geração da mudança" pró-globalização e, portanto, dos "predadores, víboras pretas" (responsáveis, segundo Fox, pelo desastre social das últimas duas décadas), tenha sido recuperado pelo governo ingressante, não apenas como diretor do IMSS, mas como ideólogo de uma nova colonização do sudeste. Assim, Santiago Levy torna-se um brilhante tecnocrata de carreira, capaz de servir com presteza a governos de distintas orientações políticas desde que se mantenham as mesmas premissas econômicas neoliberais.

O documento difundido em março de 2001, por meio do qual o PPP faz a sua apresentação formal, é um claro exemplo de duplo discurso. No intitulado *Documento Base* – texto inconsistente e disperso como poucos – coexistem duas questões: o desenvolvimento social paternalista e clientelista, sustentado por programas de serviços e assistência, e a colonização selvagem com capital transnacional, propiciada pelo Estado mediante garantias, infraestrutura e facilidades. A primeira origina-se de uma vertente populista e clientelista do velho regime, retomada pelo foxismo de Florencio Salazar e pelo PAN, a partir da aliança dos senadores Carlos Rojas e Diego Fernández em torno da lei indígena. A segunda questão também tem origem no velho regime, mas de tecnocracia neoliberal, recuperada pelo foxismo do secretário da Fazenda, Francisco Gil, e do diretor do IMSS, Santiago Levy.

Embora já tenha sido dito que o núcleo duro da proposta é uma nova colonização, isto não significa que a faceta do desenvolvimento contrainsurgente e de controle social seja uma simples cortina de fumaça. Florencio Salazar disse que "se não quisermos prejudicar a paz social e multiplicar os grupos subversivos [...] é necessário dar opção a essa gente. Quem não tem nada no estômago tem a cabeça muito quente".

O *Documento Base* do PPP identifica como "fragilidades" da região: "Investimento estrangeiro direto, descontínuo e com um horizonte de curto prazo, devido à percepção de um alto risco da região, tanto físico como político". O mesmo documento também apresenta como "ameaças": "Desigualdade crescente entre pobres e ricos [...], com o consequente agravante de tensão social". Como o capital exige garantias, é indispensável que haja uma política social de contrainsurgência e controle que permita o domínio da "tensão social" e a redução do "risco" político.

Contudo, o PPP aposta fortemente no crescimento econômico a partir do estrangeiro, com gasto social de contenção. Para a expansão, o PPP confia no capital e, em particular, no capital estrangeiro. Desse modo, o mencionado documento está cheio de promessas ao grande capital: "construção de parques industriais" e "infraestrutura produtiva" por meio de investimento público, "incentivos fiscais", "dedução imediata dos novos investimentos", "simplificação dos trâmites", "mudanças na regulamentação federal" e, em geral, disposição para "eliminar obstáculos regulatórios", "segurança, estabilidade e certeza jurídica" etc. Tudo isso se deve ao fato de que a economia externa está muito disputada. Por outro lado, não há sequer uma referência ao mercado nacional fora dos quadros estatísticos, havendo apenas uma menção na página 28 que não toca no setor social integrado pelos pequenos e médios produtores, multitudinário contingente que é decisivo para a produção de grãos básicos e também para a produção comercial como, por exemplo, o café, a cana, o cacau, a palma, o tabaco e outras frutas.

É nessas ênfases e omissões que o documento mostra o ouro. É aí também onde se desmascara Florencio Salazar, que, no fim de julho de 2001, diante de uma comissão do Senado que desejava conhecer as propostas para o setor agrícola (que emprega a metade da população do sudeste), acusou os produtores de ter "esgotado as plantações" de café e palma. Além disso, disse a respeito do grão aromático que, salvo em "certos lugares de Chiapas e Veracruz", nos demais estados como Oaxaca, Tabasco, Guerrero, Puebla, San Luis Potosí, Hidalgo, Colima, Jalisco e Querétaro, os cafeicultores produzem "grão-de-bico". A afirmação é falsa e simplista, além de ofensiva aos produtores rurais aos quais Florencio Salazar deveria servir, já que, assim como o resto dos mexicanos, são eles também que pagam seu salário. Com líderes e promotores do *desenvolvimento humano* como estes, para que necessitam de inimigos os camponeses do sudeste?

Nem o gasto público, social e em infraestrutura, nem os projetos com dinheiro do sistema bancário multilateral, nem os investimentos privados são, a princípio, indesejáveis. Ao contrário, os recursos destinados aos serviços sociais, incluindo subsídios à extrema pobreza, devem ser aumentados significativamente, porém sempre vinculados a políticas de fomento do setor social de produção, tanto familiar como associativo. É esse setor que necessita de "incentivos", "eliminação de obstáculos", assim como "segurança, estabilidade e garantia" no que concerne a políticas públicas, pois a sua produção é socialmente necessária, tanto em autossuficiência alimentar como na geração de emprego e, portanto, de soberania trabalhista. É também um setor com experiências exitosas e propostas viáveis: tecnologias sustentáveis, projetos integrais de desenvolvimento, formas de organização econômica solidárias e mais ou menos equitativas.

Com relação aos recursos para o desenvolvimento provenientes do sistema bancário multilateral, é necessário que se leve realmente em conta a sua normatividade social e ambiental para que se tornem virtuosos. Vale salientar, também, que os projetos oriundos desses recursos devem ser elaborados com controle social e executados com transparência, o que geralmente não ocorre.

Ao contrário, o Banco Interamericano para o Desenvolvimento (BID) parece estar atuando tão superficialmente quanto o presidente Fox, pois sua adesão ao plano mexicano já gerou oposição em atores regionais como a Plataforma Centro-Americana Solidária, espaço onde convergem mais de 600 órgãos civis e cuja representante declarou, em fins de julho de 2001:

> Sem mais, para falar apenas superficialmente sobre o Plano Estratégico para o Desenvolvimento da região Centro-Americana, apresentado em Madrid, Espanha, em março desse ano, [o BID] colocou prontamente à disposição do PPP um empréstimo de 2 bilhões de dólares e uma equipe de vinte economistas para trabalhar no projeto.

Já o Banco Mundial, que repassou 39 bilhões de dólares ao Corredor Biológico Mesoamericano, 19 bilhões para o México e 20 bilhões para a América Central, também desperta desconfiança: "por mais que se diga que não haverá impacto no meio ambiente dos países envolvidos no Puebla-Panamá, é inevitável que seja assim". Para tanto, continua a representante, basta ver o exemplo do gasoduto México-Panamá, "que vai passar justamente pelas principais zonas aquíferas da região e também por algumas reservas naturais", declarou Rosa Chacón do Centro Humboldt, membro da Plataforma Centro-Americana Solidária.

O fato de as obras maiores de infraestrutura rodoviária, ferroviária e portuária do PPP estarem em função de nossos intercâmbios com o Norte ou planejadas para o serviço de fluxos comerciais dos Estados Unidos, que usam seus vizinhos como lugar de trânsito, é a expressão material de nossa submissão ao Império e, sem dúvida, está condicionada por circunstâncias geográficas imutáveis. As rotas do mercado mundial explicam, por exemplo, a condição estratégica do corredor ístmico mexicano, mas o fator mais influente é o de que no trânsito de Nova York a São Francisco a via Tehuantepec é 2300 quilômetros mais curta do que a do Panamá. Histórica e geograficamente condicionadas, a integração comercial voltada para fora e a globalização setentrional não são a única opção, nem a mais desejável.

Articular nossos espaços nacionais de acordo com as necessidades sociais e do mercado interno, atendendo, sobretudo, as possibilidades de integração com o Sul, não são apenas necessidades econômicas, mas também urgências políticas. A separação é velha e já foi assinalada pelo geógrafo libertário Eliseo Reclus, no capítulo sobre o México, em sua vasta *Geografia universal*, de 1895:

> Mais fácil foi unir a capital [do México] com a rede dos Estados Unidos. A inclinação da meseta de Anáhuac prolonga-se do Sul ao Norte sem bruscos escalões e nela foram evitadas obras de fábricas na maior parte do trajeto do México ao Rio Bravo [...] Em 1884, quando os norte-americanos estavam próximos de alcançar esse rio, em Laredo, os mexicanos inauguravam sua linha até Novo Laredo na margem oposta.
>
> No mesmo ano, abriram outro caminho que se desenvolveu paralelamente à Serra Madre ocidental até Paso del Norte, pois assim se uniam continuamente as comunicações por tração a vapor entre o México e São Francisco, São Luis e Nova York. Outro trilho atravessa o Rio Bravo entre Paso del Norte e Laredo por Piedras Negras e a quarta linha, que cruza Sonora, une a fronteira norte--americana com o porto de Guaymas.

Aqui termina o geógrafo e toma a palavra o anarquista:

> Mas todos esses caminhos de ferro que facilitam para os americanos do norte e para suas mercadorias a entrada no México, e que se direcionam até o coração do país, constituem um sério perigo político: abrem a fronteira a um vizinho poderoso, que já se apoderou de quase metade do território e que já ameaçou mais de uma vez estender o campo de suas conquistas. (Reclus, 2001, p.85)

Geografia é destino, não uma sentença inevitável, e se haveremos de resistir avassaladoramente à expansão do vizinho do norte, negociando uma associação no acordo, uma "cooperação antagônica" que reconheça a geografia como a primeira instância e não como a última, será necessário começar dentro de casa, fortalecendo a coesão nacional e usando a nova infraestrutura como mecanismo de inclusão e desenvolvimento regional equitativo, nos âmbitos social e econômico, como uma alavanca para favorecer as potenciais complementaridades de nossa produção e de nosso mercado interno.

Colocar a serviço do desenvolvimento equitativo e sustentável da Mesoamérica os gigantescos investimentos que supostamente viabilizariam o PPP – se é que se remonta logo a recessão e termina algum dia a guerra – é um tema ainda mais complicado. Em primeiro lugar, em função da tradicional atitude prepotente e da lógica depredadora do capital, mas também por causa de suas exigências de liberdade total e garantias plenas que se transformaram em lei suprema moldada nos tratados comerciais. Afortunadamente, cada vez é mais amplo o consenso em torno da necessidade de dominar o sistema bancário multilateral e domar o grande capital.

Menos rigoroso e mais comunicativo do que Levy, o responsável mexicano do PPP passa superficialmente por considerações como as anteriores e insiste no fato de que atrair investimentos é, sem dúvida, sinônimo de bem-estar social. Além do trabalho na indústria de construção, de caráter transitório e associado à realização de infraestrutura de transporte rodoviário, irrigação e serviços industriais, Florencio Salazar destaca a criação de emprego em duas frentes: na indústria e na agricultura. O orçamento para 2001 fala que, nesse ano, serão criados "37 mil empregos bem remunerados" nas fábricas, cifra pouco realista em tempos de desaceleração da economia norte-americana. Quando a taxa de crescimento da indústria de montagem diminui pela metade, crescem os cortes de empregados e, de janeiro a dezembro de 2001, perdem-se 250 mil empregos, embora o responsável já tenha elevado essa cifra a 50 mil em declarações de 24 de abril.

Metas à parte, inclusive admitindo que, como disse Salazar, as fábricas "não são um bicho de sete cabeças", a dúvida é se serão "empregos bem remunerados", pois as 337 empresas desse tipo que já existem na região (10,3% do total nacional) pagam salários 30% menores com relação a empresas semelhantes que existem no centro, e 40% mais baixos do que as fronteiriças. Além de desrespeitar direitos trabalhistas, as fábricas deformam ainda mais nossa já disforme planta industrial, pois ao incorporar menos de 3% de insumos nacionais aumentam o déficit comercial e desarticulam o aparelho produtivo.

Contudo, a promessa mais discutível do PSS é a criação de empregos agropecuários, pois "arrendar grandes extensões de terras [...] para estabelecer uma agricultura de plantação [...] onde se cultiva, de forma tecnificada, um único produto de tipo perene [...] por parte de agentes econômicos dotados de amplos recursos financeiros" (Levy; Kessel; Dávila, 2000), talvez permita explorar as "vantagens comparativas da região", "reprimidas" pelas velhas "políticas públicas", mas dificilmente poderão gerar mais e melhores empregos agrícolas do que os atuais, sobretudo se considerarmos que as novas plantações deverão substituir as pequenas, diversificadas e supostamente ineficientes parcelas camponesas.

Alguns dizem que o plano dos megaprojetos do Sul é frear o êxodo aos Estados Unidos, mediante corredores transversais sustentados em vias interoceânicas de comunicação e repletos de serviços comerciais e fábricas. Assim, devo reconhecer que, enfim, concordo em algo com essas intenções, pois, efetivamente, há que se deter as compulsões migratórias dos sulistas; desejo que desgarra tanto famílias como culturas e ameaça esvaziar nossos países.

Basta recordar que, segundo os censos de lá, há 21,5 milhões de pessoas de origem mexicana nos Estados Unidos, quase 8% de sua população e mais de 20% da nossa. Também vivem no estrangeiro em torno de 30% dos salvadorenhos e, nesse país, assim como em outros da América Central, a entrada de remessas enviadas pelos emigrados substituiu o minguante rendimento de divisas de exportações não humanas. As viagens instruem, mas não quando são o peregrinar da miséria ou da ilusionada desesperança. Desse modo, os mesoamericanos devem ser retidos em seus lugares de origem e neles permanecer – que viajem ao Gabacho somente de férias ou para visitar a família –; não há motivo para serem interceptados nos corredores industriais em curso, ou seja, infernos sociais cujas vantagens comparativas são, além da infraestrutura e boas comunicações, os frouxos e superficiais controles ambientais e as violáveis leis trabalhistas.

Parar a migração econômica compulsiva significa restaurar a esperança em um futuro regional habitável. Nesse futuro, haverá produção agrícola, agroindústria e serviços, assim como indústria, incluindo fábricas. O que não pode haver são condições trabalhistas como as da Inglaterra do século XIX, saques de recursos naturais como nos tempos das Companhias Coloniais de Ultramar e trabalho agrícola forçado como o das plantações e fazendas do porfiriato. Se atrair investimento à custa do "ecocídio" e da ignomínia social é inadmissível, também será o rechaço à expansão do capital realmente existente quando este gera as únicas fontes de trabalho disponíveis a muitos mexicanos.

Propor uma política de soberania trabalhista que nos permita reter os migrantes com opções dignas não significa desqualificar a migração nem satanizar seus destinos de trabalho. Da mesma forma, reivindicar bons salários e cadeias produtivas integradas que nos reportariam a um mercado interno dinâmico, em vez de uma economia onde somente cresce o setor exportador, não significa exorcizar a indústria de montagem e menos ainda quando esta é quase a única que está gerando empregos adicionais.

Na última década do século XX, nossa economia obteve um crescimento em torno de 3% ao ano, ao passo que as exportações obtiveram 15%. Isso significa que o setor de mercado externo, em particular as fábricas, gerou as únicas opções de renda disponíveis para aqueles que buscam emprego, cujo número tem crescido mais que a população e mais que a economia. Triste consolo, já que o modelo de maquiladoras é inviável e o México está claramente nesse caminho, ou seja, pouco mais da metade de nossas exportações são industriais, com um quase nulo componente de insumos mexicanos – entre 2 e 3% – o que provoca um aumento do déficit comercial, desarticulação do aparelho produtivo e dependência total e direta com relação à economia norte-americana, pois quando eles margeiam a depressão e fecham ou despedem as pessoas nas indústrias, das quais dependem 1,3 milhão de trabalhadores, nós afundamos no desemprego.

Os campos de concentração industrial são um purgatório, mas sem eles estaríamos no inferno do desemprego galopante. A situação trabalhista é certamente insustentável e, por isso, torna-se necessária uma virada em busca de um desenvolvimento mais equilibrado e equitativo. Contudo, o êxodo econômico e a indústria de montagem, intensiva em mão de obra, continuarão sendo um destino irrenunciável para numerosos mexicanos e mexicanas que seguem a pé. Há que denunciar, sem dúvida, a criminalização da migração e o regime carcerário das fábricas, mas também é necessário lutar para que se humanizem esses regimes que, para muitos, são trabalhos excessivos, pois a revolução já não mata a reforma, e enquanto se discute se são peras ou maçãs, o fato é que o envelhecido modelo econômico se enraíza e as fábricas carcerárias e os mortos sem identificação seguem por aí.

Não se trata, portanto, de rechaçar por princípio os investimentos. O problema está em reduzir tudo à criação de "polos de desenvolvimento", onde talvez se aproveitem apenas as "vantagens comparativas" quanto aos recursos locais, mas dificilmente se conseguirá solucionar as demandas sociais da região e, assim, a maior parte das pessoas continuará pobre, marginalizada e migrante. Será ainda pior se com o intento de "reprimir" o "potencial produtivo" for propiciada a concentração de terra via venda ou renda, e as grandes plantações para produção de celulose, óleo de palma africana ou de outro tipo, acabarem com o que resta da economia camponesa. Esses "polos de desenvolvimento" seriam, então, autênticas economias de enclave, voltadas, sem dúvida, para o mercado mundial e que dariam as costas à sociedade local. Levy tem razão quando diz que esse modelo econômico do sudeste não remete à sua pobreza social, já que, ao contrário disso, ela só aumenta.

O que fazer então? Compensar o mal com gasto assistencialista e direcionado, formando "capital humano" que permita aos locais sobreviventes, a longo prazo, aproveitar as "oportunidades do crescimento"? Opor-se a todo desenvolvimento econômico, visto que este resulta sempre em algo intrinsecamente maligno? Penso que a saída está em repensar a economia e seu estatuto para que, escapando da suposta ditadura do mercado, possamos fazer do fomento produtivo não um fim em si mesmo, mas uma alavanca de desenvolvimento social. Para isso, não é preciso negar, de maneira voluntária, "as vantagens comparativas". Os "sinais do mercado" são, sem dúvida, condicionantes de toda política de fomento que se respeite, premissas duras de qualquer estratégia de desenvolvimento, embora os valores e objetivos do projeto devam ser de caráter social. A função do Estado não é ser o crupiê que serve cartas marcadas aos jogadores do grande capital, nem a política econômica deve ditar as regras ao mercado. Necessitamos de uma economia de sujeitos e não de objetos, uma economia que se ocupe de necessidades e potencialidades humanas e não apenas de mercadorias, ou seja, uma economia moral. Como veremos mais adiante, essa economia já existe, não em megaprojetos governamentais, mas na lógica da produção doméstica rural, na vida comunitária, nas práticas de algumas organizações camponesas.

Soberania alimentar e soberania trabalhista

Fome e êxodo, duas palavras que resumem a problemática maior do sul mexicano e da América Central. A cintura do continente é habitada por uma população de feridos crônicos, sempre à beira de um desastre. Em uma região pródiga e de chuvas abundantes, onde, em geral, são possíveis três colheitas anuais, a combinação da seca circunstancial e a persistente queda dos preços do café incubam a fome multitudinária. Porém, essas calamidades não são conjunturais, mas estruturais, pois na Mesoamérica há 15 milhões de pessoas que não comem como deveriam, e dois terços dessas pessoas encontram-se no campo. Segundo a Organização das Nações Unidas para Agricultura e Alimentação (FAO), um quinto dos mesoamericanos estão desnutridos, porcentagem que é quase o dobro de toda a América Latina. Há ainda o agravante de esse índice ter diminuído dois pontos no subcontinente, na última década, enquanto aumentou dois pontos percentuais nos países do Istmo, nesse mesmo período.

A Mesoamérica tem também uma humanidade peregrina. As terras que conheceram o esplendor e a queda da civilização maia estão esvaziando novamente em uma catástrofe civilizatória da mesma magnitude. Enlouquecidos em suas pátrias, os centro-americanos empreendem uma longa marcha ao Norte, ainda que os nicaraguenses mais pobres quase não tenham forças para emigrar pela Costa Rica ou pelo Panamá. O trânsito é árduo e mortífero também nas terras do irmão mais velho, cuja "aliança estratégica" com os norte-americanos transformou-os em Cérbero. Mesmo assim, uma terça parte dos salvadorenhos conseguiu escapar e vive no exterior, enquanto o México já é um povo binacional, pois o mais recente censo dos Estados Unidos indica que habitam ali quase 22 milhões de pessoas de origem mexicana.

Se o êxodo e a fome nos definem, duas são também as prioridades mesoamericanas imprescindíveis: a soberania alimentar e trabalhista.

Soberania alimentar não significa apenas garantir estrategicamente a produção e o abastecimento de produtos básicos, significa também e, sobretudo, assegurar a todos os mesoamericanos a renda que lhes possibilite o acesso, com dignidade, a uma alimentação adequada e suficiente. Contudo, em nossos países ocorre o contrário. Assim, no último lustro do século XX, o México importou 80 milhões de toneladas de grãos básicos e a dependência alimentar aumentou em 30%, ao mesmo tempo que se perdiam milhões de empregos agrícolas. Dados concretos mostram que em 1999 dependíamos dos Estados Unidos para 60% do arroz, a metade do trigo, 43% do sorgo, 23% do milho e quase a totalidade da soja. No caso da Guatemala, a queda da produção de cereais durante os anos 1990 foi de 40% e a insegurança alimentar e nutricional tem sido severa na Nicarágua, em Honduras e El Salvador.

Soberania trabalhista significa que todos os nascidos na região encontrem nela opções de trabalho dignas, seguras e bem remuneradas, de modo que a ocasional migração seja opção enriquecedora e não compulsão da pobreza. Todavia, na Mesoamérica os bons empregos são uma espécie em extinção e, por isso, no último quarto do século estourou o êxodo trabalhista. No México, enquanto migraram 270 mil na década de 1960, nos anos 1980 migraram 2,5 milhões, quase dez vezes mais, e nos anos 1990 já foram 3 milhões. Assim, no início do milênio, um em cada duzentos lares mexicanos depende das remessas que os emigrados enviam.

Soberania alimentar e soberania trabalhista são duas faces de uma mesma moeda: sem trabalho digno não há renda suficiente e sem renda há fome, desilusão e migração. Em uma região fortemente agrária e com notável presença camponesa, como continua sendo a Mesoamérica, as duas faces do problema são também as duas faces da solução, pois a miséria e o êxodo são resultados da crise na economia agrícola e, em particular, camponesa. O remédio está em reativar e reorientar a pequena e média produção rural, tanto em termos alimentares como de matérias-primas.

Talvez essa não seja toda a solução, mas sem dúvida é uma parte substantiva da mesma. Sem impulsionar a agricultura e, em particular, o setor camponês e associativo, o sudeste não tem remédio. Não há que subestimar a importância do investimento em novas empresas, que boa falta nos fazem e serão bem-vindos sempre e desde que respeitem as leis ambientais e trabalhistas, mas o prioritário na Mesoamérica é apoiar a produção realmente existente revertendo a crise em que se encontra.

Diante disso, é necessário resgatar a atividade econômica imprescindível para nossa soberania trabalhista e alimentar, além de ser a que mais gera emprego e renda na Mesoamérica: a economia camponesa tradicional conformada pela *milpa*, pela horta e pelo *traspatio*.[7] Os *homens do milho*, dos quais falava com admiração o antropólogo Morley quando se referia aos maias, continuam sendo homens de milho, grão do qual anualmente se colhe na região umas 10 milhões de toneladas e que, junto com meio milhão de toneladas de feijão, além das frutas, animais e verduras da horta e do *traspatio* – ao que também se agregam o artesanato, a colheita, a caça e a pesca ribeirinha e outros trabalhos domésticos – sustentam mais ou menos a alimentação dos mesoamericanos.

No caso do México, ainda que esteja há léguas dos rendimentos do milho irrigado da Sinaloa, as *milpas* temporais dos estados do centro e sul produzem as três quartas partes de nossa colheita e organizam a economia de cerca de 3 milhões de produtores.

O milho é cultura e proporciona 70% das calorias que recebem as famílias rurais, mas também é matéria-prima de produtos crescentemente globalizados como a tortilha, que hoje é produzida nos Estados Unidos, Europa, Ásia e Austrália, e gera 5 milhões de dólares anuais a uma única empresa estabelecida nos Estados Unidos. Como se não bastasse, a *milpa* e a horta, bem trabalhadas, preservam uma parte significativa de nossa biodiversidade silvestre e domesticada, reproduzindo centenas de variedades de plantas que a Mesoamérica entregou ao mundo, sustentando tanto nossa identidade cultural como nossa diversidade culinária.

Não se pode negar que a *milpa* tradicional tenha problemas, pois a produtividade está estancada, já que o cultivo se estendeu sobre as áreas florestais sem vocação de milharal e as parcelas superexploradas sofreram com a erosão, perderam fertilidade e demandam doses crescentes de fertilizantes, além do uso do roça-derruba-queima mal praticado, ocasionando incêndios destrutivos. No entanto, tudo isso tem remédio. Soluções que já estão sendo aplicadas, como o

---

7 Parte de trás de uma casa camponesa, onde há uma pequena horta.

roça-derruba-pica ou a incorporação de leguminosas que restauram a fertilidade e matam as pragas sem a necessidade de recorrer ao fogo, além da lavoura de conservação que preserva os solos e aumenta os rendimentos.

Desse modo, restringir drasticamente as importações de milho e outros grãos básicos e revitalizá-los, ao mesmo tempo reorienta a agricultura camponesa de bens alimentares e é um dos pontos estratégicos do desenvolvimento inclusivo e justo do sudeste.

Contudo, se a *milpa*, a horta, o *traspatio* e, em geral, a produção camponesa de alimentos básicos fortalecem nosso mercado interno, tanto local como regional e nacional, a globalidade é raquítica e, por isso, também é importante amarrar nossa inserção no mercado externo.

Na Mesoamérica há uma atividade produtiva que aproveita extraordinariamente as vantagens comparativas, transformando-as em competitivas, um trabalho que gera riqueza e proporciona por volta de 5 milhões de empregos, diretos e indiretos, uma produção globalizada e exportadora, orientada a nichos de mercado exclusivos e de altas cotações, que gera divisas e nivela nossa deficitária balança comercial; uma produção com tecnologia de ponta, mas sustentável. Essa benção é o café.

Em oposição ao que disse o responsável pelo PPP, Florencio Salazar, a maioria dos pequenos produtores mexicanos não produzem grão-de-bico (ainda que os consumidores mexicanos o tomem no café e o comam no jantar em virtude de uma norma nacional que permite vender como café uma mescla com até 30% de impurezas). Ao contrário, a maior parte do café mexicano é lavado, de qualidade e está classificado junto aos "outros suaves" de qualidade semelhante ao dos colombianos. De condições semelhantes é também o aromático que se produz nos países da América Central, ainda que, atualmente, nenhum tenha preço.

Há, certamente, muito o que ser feito no mundo e principalmente na Mesoamérica para reestruturar a produção cafeeira, mas o grão amargo é uma vocação natural de grandes áreas da região e reativá-lo é outro ponto fundamental de um PPP realmente comprometido com o desenvolvimento popular.

O que acabamos de dizer sobre o café também pode ser estendido à cana-de-açúcar, ao cacau, à palma e também às frutas, bens comerciais exportáveis que são, ao mesmo tempo, de produção camponesa em sua maioria. Cultivos que, certamente, enfrentam problemas, mas que correspondem a nossa vocação agroecológica e merecem ser reanimados e estruturados.

A essas prioridades deve-se acrescentar o fomento aos projetos comunitários de manejo sustentável das matas. Esta é uma linha estratégica, pois além de deter e reverter a perda de superfície silvícola também proporciona incalculáveis serviços ambientais e ajuda a preservar a terra, a água, o ar, o clima e a biodiversidade. A conservação não se conquista decretando impedimentos sobre as florestas existentes e plantando pseudobosques artificiais sem diversidade biológica, mas se consegue, sem dúvida, quando as pessoas que vivem ali aproveitam a diversidade biológica existente de maneira múltipla e sustentável, assim como o fazem já as numerosas comunidades do sudeste, como as da Serra Juárez, em Oaxaca, e as do sul de Quintana Roo.

Por que essas evidentes prioridades do sudeste não aparecem nos megaprojetos que formam o PPP? Isso seria importante, inclusive, na perspectiva netamente gerencial ao uso, se quisermos apoiar os empresários e empreendedores inseridos na globalização, que transformam vantagens comparativas em competitivas, integrados horizontal e verticalmente, que articulam produção primária, industrialização e mercado, que operam agroindústrias sofisticadas e união de crédito, que se movem como peixes na água no mercado de futuros, pois operam com bens da bolsa. Se quisermos apoiar empresários experientes e direitos, por que não respaldamos estrategicamente as empresas cafeeiras do setor social, ou as meleiras, as cacaueiras, as silvícolas? Por que não projetamos um plano de desenvolvimento para a América Central e o sudeste mexicano sustentado na produção camponesa, tanto de alimentos para o mercado interno como agroexportadora? Por que o PPP praticamente não leva isso em conta?

Talvez porque ainda que sejam empresários são também pobres, camponeses e indígenas. Desses, indígenas e empresários pobres, iremos nos ocupar nos próximos capítulos.

O Sul que virá

> Tomou a bússola e fez girar a agulha sem advertir que se perdia em um sonho momentâneo, e concentrava a atenção no borne em serpentina [...] na imagem confusa, incerta, mas poderosa, que se resumiam no conceito Sul, com toda a magia dormida e sua energia mesmérica [...] Caminhava na beira da água rumo ao sul, debaixo de calor e chuva crescentes [...] como um segundo Adão em busca dos esquecidos paraísos do sol renascido.
>
> J.G. Ballard. *El mundo sumergido*.

Na mesma época em que o governo de Vicente Fox anunciava a Marcha ao sul-sudeste, em Chiapas, o comando do EZLN empreendia uma marcha de 3 mil quilômetros por doze estados com destino à capital da República. Assim, enquanto os nortenhos proclamavam a nova colonização, o sul profundo personificava-se no coração político do país, em um confronto simbólico de estratégias, projetos e imaginários, que culminou com a mensagem da *comandante Esther* na Câmara dos Deputados.

Com a cobertura midiática que somente abarcou os informes presidenciais, no dia 28 de março de 2001, no *sanctasanctórum* do poder, no lugar desenhado para render culto ao grande *tlatoani*, uma mulher indígena dirigiu-se à nação para advogar em prol dos direitos de seu povo. Pobre, zapatista, envolvida com um manto e, como se não bastasse o simbolismo, identificada como *Esther*, a personagem bíblica que entrou no aposento mais reservado do rei persa, onde somente entravam os mais íntimos, para falar em defesa do povo judeu. Desde os mais recônditos lugares, desde as margens da pátria, os pequenos levantaram a voz para anunciar um novo projeto de país. Não era um pronunciamento revolucionário, não era uma promessa partidária, não era um programa de governo ou uma modesta utopia que leva décadas para edificar-se sem pedir licença.

O reconhecimento constitucional dos direitos dos povos indígenas era o motivo imediato da mobilização, mas não seu sentido último, de modo que semanas depois alguns torpes e mesquinhos parlamentares abortaram a proposta de mudança constitucional negociada em San Andrés. O que não puderam, apenas, foi desviar as correntes profundas da história. Ninguém mais pode deter a marcha indígena. Seja com leis adequadas ou disparates jurídicos, como o que foi aprovado no Congresso da União e na maioria das câmaras estatais, nada mais impedirá que os povos primitivos continuem sua reconstrução. Com eles marcham também os excluídos e a maior parte do México assalariado que, expulsa da modernidade livre-cambista, teve que inventar outra sociedade, outra ordem solidária edificada nos interstícios do sistema, um modo de convivência que na falta do socialismo torna-se o único paradigma libertário disponível. É esta organização alternativa que confronta a nova colonização.

Diante do PPP, PSS e outros projetos obscuros não basta resistir. Nesse caso, a simples oposição parece uma estratégia contraproducente. É necessário, sem dúvida, questionar, desvelar as perversas intenções mais ou menos ocultas, criticar paradigmas, mas o fundamental é tomar a iniciativa, propondo opções, pois a ordem mesoamericana vigente é indefensável. No sul, as coisas não foram feitas para serem preservadas. Ao contrário, a mudança é indispensável, urgente, de vida ou morte, e se diante do que anunciam os modernos não houver, em contrapartida, um questionamento, a nova colonização será imposta, uma vez que muitas comunidades pensam, e com razão, que nada pode ficar pior do que já está.

As rigorosas, porém apavorantes análises críticas da nova e ameaçadora colonização que, sem querer, apontam um câncer em estado terminal, podem ser úteis para a denúncia ampla, mas entre os afetados geram espanto social e não são indicadas. Para começar, os sulistas não são pacientes, mas atuantes. Além disso, as metástases depredadoras são controláveis e, quem sabe, reversíveis.

Na luta justa contra as novas ondas de modernidade selvagem que ameaçam a Mesoamérica, deve-se evitar o neoluddismo fundamentalista; com uma rebelião ante o colonialismo bárbaro do novo milênio tão justificada como a dos seguidores do mítico capitão Ludd contra o regime fabril, mas menos potente do que aquela, pois os luddistas ingleses tinham amplo respaldo social e os antiglobalização mesoamericanos; corremos o risco de não conquistar o mesmo apoio, ou de perdê-lo entre os mais pobres se aos males do presente somente impusermos a denúncia dos males ainda piores do porvir.

No Sul, a espoliadora renovação tecnológica e social não ameaça os artesãos como ameaçava os ingleses dos séculos XVIII e XIX, ou a outros setores relativamente acomodados, mas ameaça os mais marginalizados, miseráveis e discriminados do século XX e XXI, comunidades que, materialmente, não tem nada que defender além de sua marginalidade. Se esses setores não se incorporarem ativamente à resistência, correremos o risco de que a rebelião contra a modernidade selvagem corra por conta de uma camada da "sociedade civil" muito enérgica, embora magra, ou seja, os reativos, porém instáveis *radicais livres*. Deve-se impedir, por exemplo, que nos corredores industriais se instaure uma ordem desumana e parecida com o regime fabril inglês do século XIX. Também se deve evitar que a preservação de uma estrutura exploradora e contaminadora agrave ainda mais as enfermidades trabalhistas daqueles que ali encontraram trabalho. Deve-se propor, enfim, valores, critérios e métodos distintos aos do desenvolvimento neoliberal. Os conceitos alternativos podem e devem respaldar-se nas experiências em curso, modos diferentes de fazer as coisas que estão demonstrando sua viabilidade.

Nessa perspectiva, o Plano Sul-Sudeste plebeu e o Plano Puebla--Panamá dos pobres deverão transitar sobre dois aspectos paralelos: o autogoverno local e regional, protagonizado pela autonomia dos povos indígenas, mas estendido ao conjunto da população, e a autogestão socioeconômica, incorporada em organizações de produtores e cafeicultores, mas que poderá abarcar também o conjunto da vida econômica local e regional. Democracia estendida que inclui sua transcendência eleitoral representativa à economia moral que reconhece a lógica do mercado e a subordina aos fins humanos.

A democracia radical e a economia do sujeito são alternativas que vem do Sul. Isso não se deve a algum privilégio ontológico dos trópicos ou virtude intrínseca das velhas civilizações equinociais, mas porque ali se concentram o despotismo e a injustiça, porque na ordem bárbara da periferia inventar opções solidárias é uma questão de vida ou de morte. As alternativas sulistas não são uma proposta de última hora, mas estão sendo gestadas há décadas marcadas pela resistência social.

No México, o movimento rural da última terça parte do século XX percorreu três etapas claramente diferenciadas: durante os anos 1970, renasce e ganha força a luta pela terra, atada durante mais de quarenta anos pela interminável reforma agrária mexicana; nos anos 1980, ganha espaço a economia associativa de autogestão dos camponeses e, nos anos 1990, impulsiona a insurgência cidadã pela democratização dos locais modernos, cujo núcleo é o movimento pelos direitos autônomos dos povos indígenas.

De modo geral, essas vertentes surgem sucessivamente, mas também se configuram como seções de um telescópio. Assim, no centro do movimento rural encontra-se a ancestral luta para que a terra seja um bem coletivo ao qual se tem acesso por meio do trabalho, sobre ela se sustenta o combate autogestor pela redução da assimetria da produção camponesa com relação à economia global e, ao redor, encontramos a reivindicação da autonomia política, entendida como livre determinação dos povos indígenas, mas também como poder popular em geral, como democratização e fortalecimento de todos os governos locais. Para resumir tudo em três palavras, posso citar Zapata: terra, igualdade e liberdade.

Esses grandes afluentes do movimento rural constituem uma experiência compartilhada por quase todos os países mesoamericanos. Na América Central, a luta pela terra responde às fases do processo de expulsão e encurralamento camponês que teve origem na formação dos latifúndios agroexportadores e, portanto, articula-se à reivindicação trabalhista dos assalariados. O nome comum de "bananeiro", usado tanto nas plantações de banana como nas de cana, café, algodão e outros produtos de exportação, cedeu lugar, em toda a região, ao surgimento dos sindicatos rurais. Estes consistiam em organizações que agrupavam, em geral, os trabalhadores das fazendas e lavradores arrendatários da mesma comunidade. Desse modo, em Honduras, as Ligas Agrárias Camponesas, integradas entre 1920 e 1950, realizam em 1954 uma grande greve bananeira. Porém, nos primeiros anos da década de 1970, multiplicam-se as ocupações de terra, que resultam em uma reforma agrária redistributiva, contida pelo golpe militar que, ao mesmo tempo, propiciou novas e mais exasperadas ocupações de terra. Esse combativo processo teve sua expressão mais significativa na Frente Nacional Camponesa Hondurenha, que se formou em 1979.

Na Nicarágua, desde meados do século passado, a Confederação Geral do Trabalho organiza sindicatos camponeses, cujas mobilizações ocorridas nos primeiros anos da década de 1960 impuseram ao presidente Somoza a fixação do salário mínimo. Contudo, junto às reivindicações trabalhistas, os camponeses de León e Chinandega, encurralados pelas plantações algodoeiras, canavieiras e bananeiras, bem como os de Matagalpa, reprimidos pelas fazendas de café, empreendem o corte de cercas e a recuperação das terras, forçando a execução de uma reforma agrária. A brutal repressão dos primeiros anos da década de 1970 interrompe o processo que, no entanto, é renovado com a formação, em 1976, da Associação de Trabalhadores do Campo, motivada por uma das tendências seguidas pelo guerrilheiro da Frente Sandinista de Libertação Nacional. Ainda que o sandinismo considerasse os camponeses como um quadro de combatentes e como base de apoio, muito mais do que como alicerce de um projeto de transformação social, os pequenos produtores rurais foram, certamente, parte significativa da Revolução de 1979.

Na Costa Rica, a luta pela terra ganha força a partir dos anos 1960 e se estende, nos primeiros anos da década seguinte, para a zona Atlântica, a zona sul, Guanacaste e para a região norte. A repressão ocasionada pelos fazendeiros e pela guarda rural esteve longe de frear o movimento, pois, ao contrário, fez surgir as primeiras Ligas Camponesas que posteriormente motivariam a reforma rural dos anos 1970, uma modesta partilha que não impediu a intensificação das ocupações agrárias nos primeiros anos da década de 1980 e tampouco a formação, por esses anos, da Federação Nacional Camponesa.

Em El Salvador, a reforma agrária de cima para baixo ocorreu durante a década de 1980, como parte da estratégia contrainsurgente do governo para esfriar a guerrilha da Frente Farabundo Martí para a Libertação Nacional (FMLN). No entanto, a transferência de parcelas via mercado não reduz sensivelmente a polarização e o minifúndio, pois em 1988 era de 71% das explorações, com uma extensão em torno de 1,5 hectares, apenas 10% da superfície agropecuária total. Nesse contexto, ocorrem os acordos de paz de janeiro de 1992 entre o FMLN e o governo e um dos pontos principais foi a distribuição agrária, ou seja, a doação de terras a ex-combatentes de ambos os lados e à população que foi deslocada durante a guerra civil que durou doze anos. Contudo, o governo não cumpre o acordo e não reduz a lentidão da distribuição conveniente de terras, que deveriam beneficiar quase 50 mil pessoas com cerca de 10% de todas as terras agrícolas do país. Ao contrário, o governo tenta reverter a reforma agrária dos anos 1980, obrigando as cooperativas endividadas a dividirem suas terras. O não cumprimento dos acordos e a contrarreforma agrária dos anos 1990 reativam o movimento camponês que, em 1989, forma a Aliança Democrática Camponesa, onde se agruparam 23 organizações, desde cooperativas até assalariados agrícolas, além de donos de terras. Na mesma década, forma-se a Associação Nacional de Trabalhadores Agropecuários.

A luta econômica por meio das formas associativas de produção é também uma experiência mesoamericana compartilhada que, em geral, desenvolve-se a partir de processos mais ou menos intensos de reforma agrária e se manifesta como um impulso de autogestão que resiste ou que busca reverter o cooperativismo clientelista e vertical imposto pelos governos. A atividade do Instituto de Terras e Colonização da Costa Rica, desde os anos 1960, é um bom exemplo dos limites do cooperativismo burocrático. Por essa mesma linha, nesses mesmos anos, também é pressionado o somocista[8] Instituto Agrário da Nicarágua, no qual se desenvolve um cooperativismo autônomo ou patrocinado pela Igreja e por agências privadas.

O exemplo mais interessante de organização camponesa de autogestão ocorre na Revolução Nicaraguense de 1979, ainda que, paradoxalmente, a experiência mais valiosa não seja resultante da reforma agrária sandinista, mas a que se constrói a partir da sociedade, nas difíceis condições criadas pela derrota da Revolução e pelas políticas de reprivatização.

A Nicarágua é hoje um dos países com maior proporção de economia associativa e isso se deve à reforma agrária sandinista, mas também à formação de cooperativas enraizadas a partir da desincorporação neoliberal dos anos 1990, quando foram privatizados os bens fundiários e agroindustriais nas propriedades do Estado. Uma parte desses bens passou para as mãos da burguesia enquanto a outra foi destinada a ex-combatentes, tanto do Exército Sandinista como dos Contras. Outra parte, ainda, ficou nas propriedades dos trabalhadores das antigas empresas paraestatais.

Atualmente, compõem o setor reformado cerca de 150 mil famílias de agricultores, 2 mil cooperativas e em torno de 50 mil trabalhadores agropecuários e agroindustriais que, juntos, controlam mais da metade das terras dedicadas a grãos básicos, mas também cultivam café, cana, tabaco, banana, gergelim, sorgo, soja, hortaliças, criam gado de carne e leite, assim como se dedicam a pesca e numerosos processos agroindustriais. É uma diversidade de unidades de produção e cooperativas que tendem a integrar-se em órgãos superiores como a União Agropecuária de Produtores Associados, formada em 1994, com mais ou menos 20 mil integrantes. Orlando Núñez, um de seus idealizadores e teóricos, caracteriza a Economia Popular como

---

8 Referência ao movimento político e social desenvolvido na Nicarágua entre 1937 e 1979, sob o governo ditatorial de vários membros da família Somoza.

um projeto associativo e de autogestão que constitui historicamente a síntese possível dos ideais e potencialidades circunscritas e desencadeadas pela Revolução Francesa, pela Revolução Comunista e pelos movimentos libertários, ou seja, de liberdade, igualdade e fraternidade, respectivamente. (Núñes, 1995, p.32)

Apesar disso, não superestima seu alcance ao dizer que:

A economia popular [...] não é um modelo para mudar ou subordinar o sistema atual, não é um modelo para todo o mundo ou para todas as nações, mas um projeto para construir uma alternativa econômica, social, política e cultural de resistência [...] diante dos desastrosos efeitos da globalização.

De uma ou outra maneira, nos últimos trinta anos todas as nações mesoamericanas viveram lutas pela terra, reformas agrárias estatistas – fracassadas ou radicais – e formas de autogestão de produção associativa e, por isso, os povos da região apresentam experiências semelhantes. Falta, apenas, que essas sejam experiências compartilhadas, pois são o patrimônio comum de onde haverá de surgir o Plano Panamá-Puebla dos pobres.

Mas até agora falamos de conflitos agrários e agrícolas, disputa pela terra e igualdade. Que rumo tomou a reivindicação das liberdades? No caso do México, a etapa superior dos movimentos rurais se centra no autogoverno local e tem sua forma mais acabada na luta indígena pelos direitos autonômicos. Será assim também nas demais nações centro-americanas?

Os povos originários como paradigma

> Quem disse que estamos cansados de ser índios?
>
> Yabiliquinya, cacique Kuna do Panamá.

Sul e Norte entrecruzados, uma encruzilhada de comércio interoceânico e êxodo austral, lugar de cruzamentos eloquentes e maias cruzoob em constante rebeldia. A América Central é uma América crucificada e também uma América crucial: incógnita onde apostamos nosso futuro, nossa cara ou nossa cruz.

A nova colonização selvagem anunciada pela iminente Alca tem sua prova de fogo em iniciativas como o PPP, projeto expansionista nortenho que, por meio de um México que serve como ponto de apoio e articulação, busca concretizar o Nafta também na América Central. É aqui, na cintura do continente, onde deverão ocorrer as batalhas decisivas, pois a América equinocial é o cruzamento de vias onde o antigo se mescla com o Império e a resistência, e onde convivem de modo ruim colonizadores e colonizados.

Além disso, junto com o mundo andino, a Mesoamérica é o berço de culturas primitivas, pátria adotiva de africanos forçados e de ríspidas mestiçagens. Na América Central, a quinta parte da população se reconhece como indígena e a presença do continente profundo vai muito além da estatística, abarcando a história, a sociedade e a cultura... e também a política, pois tanto no sul mexicano quanto na Guatemala, os primitivos têm sido os protagonistas das maiores cantigas libertárias.

O destino do continente na nova globalidade tem sua aposta na Mesoamérica e as propostas autonômicas e de autogestão dos indígenas serão cartas decisivas no desenlace dessa aposta.

Do Sul, e mais precisamente daqueles que foram humilhados por serem "outros", é que surge a mais forte reivindicação da pluralidade, da diversidade virtuosa. Não é que os indígenas sejam tolerantes por natureza, mas, ao contrário, surgem em suas comunidades expressões vergonhosas de exclusão. O que ocorre é que eles têm sido discriminados por sua diferença e somente a partir disso, dessa outra parte, desprezada e ofendida, é que se pode ter acesso à pluralidade, que é possível assumir a tolerância, não como dádiva generosa do igual por antonomásia, mas como conquista do distinto.

Se para combater a iniquidade é preciso assumir a condição de explorado e reivindicar a dignidade na diferença, deve-se também assumir a condição de indígena (leia-se: negro, mulher, homossexual, velho, deficiente etc.). É por isso que o fundador simbólico de nossa identidade americana foi Alvar Nuñez Cabeza de Vaca. Não porque tenha decidido viver e morrer entre os indígenas, pois isso não foi decisão sua; tampouco porque tenha casado com uma indígena e gerado filhos mestiços, que não procriaram. Alvar é quem nos funda, quando depois de vagar durante nove anos entre pimas, siux, ópatas e apaches, descobre-se um pálido e nu chichimeca diante dos olhos – "tão atônitos" – dos homens brancos e barbados de Nuño de Guzmán.[9]

Quando o jerezano[10] é visto por cristãos como indígena e por um momento olha os altos cavaleiros com olhos perplexos de chichimeca, nasce uma nova identidade, pois o único sincretismo americano possível é o que se constrói a partir da condição indígena. Não porque sejam bonitos ou feios, ou porque são quarenta milhões, pois até poderiam ser menos ou mais, mas somente a partir da primeira ou adotiva visão dos vencidos é que podemos nos reconciliar com a conquista, perdoar o dano que nos fizeram e até reconhecer o toque da espada ou o fervor da cruz. Não é possível fundar uma identidade ignorando a derrota, pois os vencedores escrevem a história, mas são os vencidos quem a plantam, a forjam, a tecem e a curtem; são eles que a veem suar, chorar e cantar. Reivindicar a identidade indígena da América não é exaltar o autóctone sobre o ocidental, nem preferir o sangue de uma ordem cruel ao ouro de uma ordem cobiçosa e tampouco a vocação pela derrota ou pelo martírio, mas uma irrecusável opção moral pelos vencidos, pelos resistentes, pelos construtores que estão na penumbra.

É nessa opção moral que falharam os genófobos torpes e as inteligências obscuras; como se fossem incapazes de solidarizar-se, e isso tem transformado em racistas tanto os "indiófobos" atuais como muitos pensadores sofisticados; e também certos antropólogos

---

9 Neste trecho, o autor faz um "jogo de espelhos", quando os povos nativos veem o colonizador como colonizado.
10 De Jerez de la Frontera ou relativo a essa população de Cádiz, que se encontra na comunidade autônoma de Andaluzia.

epidérmicos, cuja exaltação à custa da pureza e perfeição autóctone oculta o desprezo pelo indígena feio realmente existente.

Quando se insultam os indígenas negando a sua liberdade de autogoverno, sob a alegação de que seus usos e costumes são bárbaros, é que, no fundo, o que estão questionando é o seu direito à liberdade, à condição humana. O debate não é sobre as virtuosas ou viciosas práticas de tal ou qual comunidade, mas sobre a capacidade coletiva para refazer-se e reinventar-se. Os indígenas devem ser conduzidos à civilização ou podem ser emancipados por sua própria conta? Essa é uma questão. Por muito pouco que nos metamos em suas sandálias, veremos que eles são plenamente capazes de caminhar por conta própria. E como são!

Poucas práticas e discursos mudaram tanto e tão bem nos últimos dez anos, tais como os considerados imutáveis hábitos sociais e mentais dos indígenas: das formas de eleição direta como via para o "caciquismo" à designação consensual e democrática, a fiscalização de contas das autoridades, da discriminação extrema da mulher a uma participação feminina desejada por outros grupos sociais; e, além disso, de todo árduo trânsito da vergonha ao orgulho, da população diversa e degradada a objeto de assistência pública e curiosidade científica, ao papel de sujeito que ordena, propõe e mobiliza. Ainda assim são intolerantes, sexistas, violentos, alcoolizados... Claro que sim! Como quase todo o mundo, e justamente por isso, necessitam de sua autonomia, já que 500 anos de heteronomia e saques os têm levado a essa triste situação.

Os direitos e os tortos

Começaremos pelo racismo dos liberais do século XIX. No Congresso Extraordinário Constituinte, de 1856-1857, do qual foi cronista Francisco Zarco (1957), debate-se a viabilidade do jurado popular, que é um direito de base comunitário, pois o jurado era formado pelos vizinhos, que tomavam como exemplo outros direitos consuetudinários.

Se mudarmos o jurado pelos usos e costumes, escutaremos o debate atual:

na maior parte do país não há o entendimento necessário, a moralidade suficiente para sustentar o jurado [...] – disse Ignacio Vallarta – [...] por uma população como a da capital. Quantos não se escondem na densíssima ignorância! [...] Nosso povo está em sua infância, uma infância viciada pela série ininterrupta de pronunciamentos.

De forma mais clara, o deputado pelo Estado do México, Mariano Arizcorreta, diz primeiro

grandes elogios à República Romana [...] [e depois] [...] por meio de uma rápida transição [...] dirige-se a um povoado de indígenas otomíes que vivem nos montes e pergunta-lhes se entre eles é possível existir um jurado. Impossível de se responder a essa pergunta porque os indígenas otomíes vão julgar outros indígenas otomíes.

Para fundamentar sua oposição em fatos, conta que atualmente se julga uma mulher por feitiçaria, que no Tribunal Superior do Estado do México existe uma causa na qual aparece um povoado inteiro que concordou com o fato de se enterrar um bruxo por acreditarem que seus feitiços haviam causado a morte de um homem; menciona também que em outro povoado de Oaxaca foram queimados sete bruxos. É esta a garantia que oferecem os jurados? Desses fatos pode-se inferir que o jurado é impossível no México porque o povo não está suficientemente esclarecido.

Passemos agora a Enrique Krauze e Pedro Viqueira, dois brilhantes historiadores contemporâneos que no primeiro número da revista *Letras Livres* refletem praticamente por tabela sobre o custo de se deixar nas mãos das comunidades indígenas a escolha de seu caminho.

O historiador Juan Pedro Viqueira [...] – escreve Krauze – afirma que "[o bispo] dom Samuel Ruiz idealiza a condição indígena" [...] Viqueira preocupa-se com a legitimação da política dessa idealização [...] No caso dos indígenas de Chiapas, cujos usos e costumes são alheios ao conceito e à prática da tolerância, o resultado habitual foi a expulsão (caso Chamula), o assassinato e o martírio. A atroz matança de Acteal foi o caso extremo dessa tendência.

Em outro ensaio, o mencionado Viqueira conclui:

> Introduzir como método de escolha das autoridades municipais os "usos e costumes" [...] poderia agravar ainda mais os problemas internos dos municípios [...] Os únicos beneficiários seriam, sem duvida, os caciques e prestamistas [...] os "usos e costumes" podem chegar a ser a melhor forma de manter uma ordem ferrenha e autoritária, legitimada em nome das "autênticas tradições maias", na gigantesca reserva de indígenas desempregados e alcoolizados (o álcool também é parte do "costume"), que poderia chegar a ser realizado.

Assim como Arizcorreta, depois da afirmação generalizante de Krauze temos o endosso de um exemplo contundente que desqualifica qualquer objeção. A caminho de Bochil, os dois historiadores veem mulheres carregadas de "feixes" de lenha: "Comentei com Viqueira" – escreve Krauze – "a teoria de algum antropólogo, referida por dom Samuel, de que os homens vão diante da mulher que carrega as lenhas e dos filhos pelo simples instinto de protegê-los das feras ou cobras que pudessem aparecer no caminho" (Cf. Viqueira, 1999; Krauze, 1999). Viqueira responde com ceticismo: "Geralmente os defensores vão alcoolizados". A argumentação de Krauze é astuta: primeiro inventa-se um antagonista ("algum antropólogo"), depois, refuta-se com ironia e, na sequência, transcende o exemplo ("geralmente vão alcoolizados"). O resultado é a desqualificação dos antropólogos, de Samuel Ruiz e dos indígenas proverbialmente alcoolizados.

Em argumentações como essas se sustenta a mesma ideologia que em 1856 conduziu a Constituinte ao rechaçar os jurados e que em 2001 propiciou que o Congresso suprimisse da iniciativa de lei indígena os direitos "excessivos" previamente negociados entre o governo federal e os representantes das comunidades. É como disse Francisco Zarco (1957), compilador e cronista dos debates de 1856-1857: "Outra batalha perdida! Outra reforma frustrada! O juízo por jurados fracassou ontem na Assembleia Constituinte porque não é o momento de que nosso povo goze dessa garantia. Talvez o seja quando todos os cidadãos sejam juristas".

Mais sofisticada, porém igualmente contundente, é a análise que Bartolomé Calvero faz do debate sobre os jurados e que igualmente pode ser aplicado à castração legislativa da lei indígena:

> Não é que não exista ou que não se continue fazendo, tal julgamento interno ao grupo, mas o que se declarava era a cobertura constitucional de umas jurisprudências existentes, as indígenas. Esse argumento parece, então, decisivo para aquela Assembleia Constituinte, já que identifica o objetivo do mesmo preconceito acerca da ignorância desses povos, da conveniência no entendimento de que a lei os civilize. Aí encontra-se o assunto, pois não estavam exatamente discutindo se o povo mexicano podia julgar o próprio povo mexicano, mas se os povos indígenas podiam julgar os próprios povos indígenas, ou seja, se isso poderia ser reconhecido constitucionalmente.

Da mesma forma que em 1857 não se admitiram constitucionalmente os jurados, em 2001, os representantes do PRI e do PAN abortaram a lei indígena negociada em San Andrés e aprovaram uma caricatura. Uma lei na qual se reconhece contundentemente a autonomia dos povos primitivos, porém esvazia o conteúdo ao considerar essas comunidades como objetos de "interesse público" e não como sujeitos de "direito público", já que não se reconhece o direito ao uso coletivo de seus territórios, mas ao "uso preferente" dos "lugares que habitam". Além disso, a lei limita ao âmbito municipal a possibilidade de associação das comunidades indígenas, quando muitos povoados não apenas compreendem vários municípios como também se estendem por dois ou mais estados da República. Também é estabelecido em um artigo transitório e somente "quando seja possível" a redefinição das demarcações eleitorais em função da localização desses povos, em vez de garantir a representação política dos indígenas. Um monstrengo que, depois de enumerar em nove caprichadas e improcedentes cláusulas tudo o que o generoso Estado se compromete a fazer em prol do desenvolvimento dos pobres indígenas, dinamita o enunciado com um parágrafo final em que menciona que "toda comunidade equiparável terá os mesmos direitos", ou seja, a fim de apresentar como "generosa" uma lei amputada, foi acrescentada ao Artigo sobre direitos indígenas uma sequência de políticas públicas que tratam igualmente a todos os mexicanos.

A questão de se os indígenas têm ou não a capacidade de se autogovernarem é recorrente na história do México e em torno dela foram definidas as bandas progressistas e conservadoras. Vejamos o confronto de dois historiadores importantes a respeito do motivo das reivindicações autônomas do povo yaqui:

> Os yaquis [...] eram agricultores, bárbaros e pretendiam ser uma nação, falando da "nação yaqui" como um francês da nação francesa [...] Nenhum mexicano deveria aceitar a existência de uma nação yaqui ou de qualquer outra classe dentro da nação mexicana [...] [pois] [...] os direitos da nação yaqui [...] reduziam o território nacional e ofendiam gravemente a soberania. (Cossío Villegas, 1955, p.189)

> No México, 35% da população é composta por indígenas aborígenes e 65% de crioulos e mestiços e, segundo os defensores dos yaquis, os mestiços, crioulos e estrangeiros, proprietários no México, devem restituir os aborígenes de tudo o que os espanhóis lhes roubaram [...] O zapatismo foi uma consequência lógica do yaquismo. O general Díaz, identificado com os governos civilizados do mundo, não aceitou a doutrina zapatista [...] Era impossível que o general Díaz, orgulhoso de ter feito do México uma nação [...] se submetesse [...] às exigências de uma tribo; exigências que eram ofensivas ao patriotismo mexicano, à civilização, ao decoro do governo. Com uma bandeira tricolor na mão [...] preferiu seguir guerra.

Não, não se trata do senador do PAN e artífice do aborto legislativo da Lei Cocopa, dom Diego Fernández, mas de seu colega dom Francisco Bulnes, porfirista, contrarrevolucionário, antizapatista e defensor da superioridade racial dos comedores de trigo sobre os comedores de milho. Assim lhe responde, anos depois, outro renomado polemista:

> Porfírio Díaz e seu governo não viram no levante yaqui senão uma questão de ordem e disciplina e, em consequência, não pensaram mais do que em uma solução militar [...] A aberração, a inaptidão cabal e irremediável de Díaz e seu governo para ver este problema pode ser medida ao se recordar um de seus principais líderes, esse monstro de estupidez que se chamou Francisco Bulnes, que se alarmava, ainda em 1920, mesmo com o espetáculo da lição da Revolução Mexicana à vista, diante da pretensão dos yaquis de seguirem se autogovernando, assim como o haviam feito durante toda a vida. Bulnes se perguntava, indignado, como era possível imaginar e consentir uma república dentro de uma república.

Da mesma maneira julgaria dom Daniel Cossío Villegas, que escreveu isso nos anos 1950 do século passado, o que meio século depois alguns que se diziam seus discípulos e outros "monstros de estupidez" continuaram negando aos indígenas o direito de se autogovernarem do mesmo modo "como sempre o fizeram durante toda a vida".

Da vergonha ao orgulho

Em algumas regiões, os censos mostram um surpreendente crescimento da população indígena. Não é que sejam mais, é que antes negavam sua condição aos entrevistadores enquanto agora a proclamam. A mudança ocorreu em menos de dez anos, mas podemos encontrar seus antecedentes há um quarto de século, no Primeiro

Congresso Indígena Frei Bartolomé de las Casas, marco de uma nova etapa do movimento étnico mexicano, que deixou para trás o indianismo paternalista e integrador nascido na pós-revolução. Realizado em San Cristóbal, Chiapas, nos dias 13, 14 e 15 de outubro de 1974, o encontro congregou 587 delegados tzeltales, 330 tzotziles, 161 choles e 152 tojolabales, provenientes de 327 localidades. Ainda que o governo tenha assinado a convocação, o fato é que as comunidades se apropriaram do processo. Os debates e conclusões se estruturaram em torno de quatro temas que revelaram questões profundas do movimento indígena.

O primeiro foi a *terra*, que encerra a demanda histórica e básica de todos os camponeses e, nesse caso, em termos de restituição, pois trata-se dos donos originais: "Exigimos que nos devolvam as terras comuns que foram roubadas de nossos pais" (Acordos). O segundo foi o *comércio*, que sintetiza as demandas por justiça no âmbito da economia: "O fruto da terra não gera lucro para nós, mas para os comerciantes [...] sempre é assim: vendemos barato, compramos caro" (comunicação tzeltal). "Queremos um mercado indígena, ou seja, que nós mesmos sejamos os compradores e os vendedores [...] Queremos nos organizar em cooperativas de venda e de produção para nos defendermos dos grandes compradores e para que os lucros não saiam da comunidade" (Acordos).

O terceiro foi a *saúde*, que condensa as carências de serviços em seu aspecto mais dramático. O quarto foi a *educação*, que articula os direitos à própria cultura, começando pelo idioma e, por extensão, à preservação dos usos e dos costumes: "Queremos que sejam preparados professores indígenas e que estes ensinem em nossa língua e costume" (Acordos). Esses quatro temas foram os vetores de um processo organizacional:

> as comunidade indígenas de Chiapas – tzeltales, tzotziles, tojolabales e choles – em pé de luta para o resgate de nossa dignidade e nosso direito à terra, à educação e à saúde, unidos contra a exploração e exigindo respeito a nossa forma de vida dentro da nacionalidade mexicana. Fizemos o Primeiro Congresso Indígena para que

voltemos a nos organizar e lutar com mais força sobre a base de que somos trabalhadores do campo (Acordos).

Foi do congresso que surgiu uma poderosa via organizativa que flui por distintas vertentes. A primordial demanda agrária abarcou agrupamentos de luta pela terra como A Casa do Povo, do município de Venustiano Carranza, que se formou em 1976, e a Organização Camponesa Emiliano Zapata (Ocez), que se integrou em 1980 e opera nas zonas Centro, Altos, Norte e Fronteira. O reconhecimento de que os indígenas são "trabalhadores do campo" ficou expresso no trabalho com os assalariados que, desde 1976, formaram a Central Independente dos Operários Agrícolas e Camponeses (Cioac), primeiro com os peões das fazendas de café e pecuaristas de Simojovel, Huitiupan e Bosque, na zona Norte, e depois entre os cortadores de cana do Engenho de Pujiltik, no Centro. Mesmo assim, os temas chiapanecos dessa central nacional girarão em torno da luta pela terra e sua organização produtiva. O predomínio das reivindicações econômicas nos debates foi expresso nas alianças dos *ejidos* que proliferaram na segunda metade dos anos 1970, como a Kiptik ta Lecubtesel, de Ocosingo, que se formou em 1975 a partir da convergência de comunidades iniciadas dois anos antes. Aqui, nos ocuparemos de como o Congresso de San Cristóbal catalisou o movimento propriamente indígena, enquanto a vertente produtiva e de autogestão, compartilhada com todos os camponeses, será matéria de outro capítulo.

No princípio, foi o corporativismo clientelista quem saiu para a ofensiva, junto com a oficialista Confederação Nacional Camponesa (CNC), que promoveu a formação de conselhos supremos por etnia e convocou, em 1975, em Pátzcuaro, um Congresso Nacional de Povos Indígenas. Desde 1974 já existia o Movimento Nacional Indígena como parte do CNC, mas no congresso de Pátzcuaro é constituído o Conselho Nacional de Povos Indígenas (CNPI) que, apesar de sua origem, mantém por uns anos posições críticas ao governo até que, em 1981, é retomado por líderes mais complacentes com o regime. Em 1985, o Conselho transforma-se em Confederação, incorpora-se ao PRI e reclama seu reconhecimento como quarto setor. Das divisões no seio dos governistas nasce, em 1981, a Coordenação Nacional de Povos Indígenas (CNPI).

Contudo, a principal corrente desse processo organizacional consiste nos agrupamentos regionais. Alguns reúnem diversas comunidades de uma única etnia, como o Comitê de Defesa e Desenvolvimento dos Recursos Naturais da Região Mixe, transformado depois em Assembleia de Autoridades Mixes, de Oaxaca (Asam), a Coligação Operária Camponesa Estudantil do Istmo (Cocei), que agrupa zapotecos de uma mesma entidade, a União de Comuneiros Emiliano Zapata (Ucez), formada por purhépechas de Michoacán; a Tosepan Titataniske, da qual são membros os nahuas, totonacos e otomíes de Puebla; a já mencionada União de Ejidos Kiptik ta Lecubtesel, que reúne tojobales, tzeltales, tzotziles, choles e mestiços de Chiapas; a Organização Independente de Povos Unidos das Huastecas, que com outros, forma a Frente Democrática Oriental do México Emiliano Zapata, na Cidade do México, e constitui, em 1989, o Conselho Restaurador de Povos Indígenas, formado por nahuas dos povos do DF e por núcleos de simpatizantes de outras etnias.

Há, também, convergências de dois povos como a Organização de Defesa dos Recursos Naturais e para o Desenvolvimento Social da Serra Juárez, com zapotecos e chinantecos, e as multiétnicas como a União de Comunidades Indígenas da Região do Istmo (Uciri), com zapotecos, mixes, mixtecos e chontales. Há também o Conselho de Povos da Montanha de Guerrero, com mixtecos, tlapanecos, nahuas e amuzgos, entre outros. Finalmente, alguns agrupamentos são multiétnicos por representação, binacionais por território e espalhados pela geografia, como a Frente Mixteca, Zapoteca Binacional, depois a Frente Indígena Oaxaquenha Binacional e, hoje, Frente Indígena de Organizações Binacionais (Fiob), que tem bases em Oaxaca, no noroeste mexicano e na Califórnia norte-americana; e a Rede Internacional de Indígenas Oaxaquenhos (Riio), com cobertura semelhante.

A convergência de múltiplas comunidades e até de diversas etnias em muitos desses agrupamentos explica-se não tanto pela fortaleza regional das identidades e dos povos primitivos, mas pela coesão proveniente da problemática comum agrária, produtiva, trabalhista e até política. Assim, há organizações cujo eixo é a luta pela terra e que militam na Coordenação Nacional do Plano Ayala (CNPA), como a Ucez; outras de caráter predominantemente econômico, como a União de Ejidos Kiptik ta Lecubtesel, vinculada à União Nacional de Organizações Regionais Autônomas (Unorca); outras que defendem os direitos dos migrantes, como a Fiob e a Riio, e também algumas que se destacam por terem conseguido democratizar o governo local, como a Cocei no município oaxaquenho de Juchitán.

A problemática específica dos indígenas está presente em todas essas organizações, atuantes durante os anos 1970 e 1980, mas que se transformaram no principal aglutinador na iminência dos 500 anos da Conquista da América, quando ganha força o novo indianismo. Os encontros de Organizações Indígenas Independentes de 1980, em Puxmecatán, Oaxaca e Cherán Atzícurin, Michoacán, somente serviram para constatar as inflamadas divergências que existem entre agrupamentos étnicos e para receber uma delegação do Conselho Regional de Povos Indígenas do México e da América Central e Caribe, filial do Conselho Mundial de Povos Indígenas. Enquanto isso, o Congresso Nacional de Povos Indígenas, convocado pelo governo para legitimar sua iniciativa de adicionar uma frase ao Artigo 4 da Constituição para que se reconheça a existência das culturas indígenas, coloca em destaque que há também, entre os oficialistas, muitas diferenças.

Essas erráticas convergências e divergências étnicas encontram alicerce firme a partir do Primeiro Fórum Internacional sobre Direitos Humanos dos Povos Indígenas, reunião de organizações indígenas nacionais e independentes realizada em 1989 em Matías Romero, Oaxaca, na qual participam também delegados de agrupamentos étnicos de outros países. Neste Fórum, que se repetiu em março de 1990, em Xochimilco, DF, estiveram presentes mais de cem representantes provenientes de 25 regiões. Havia tlapanecos, nahuas, amuzgos e mixtecos da Montanha de Guerrero, totonacos de Puebla, otomíes de Veracruz, nahuas da Serra de Zongólica, perhépechas de Michoacán, zapotecos, chinantecos, mixes e mazatecos de Oaxaca, huicholes de Jalisco, raramuris de Chihuahua, seris, kiliwas e paipei da Baixa Califórnia, od-ham de Sonora, nahuas do Distrito Federal, entre outros. Desses encontros surge, no mês de julho desse mesmo ano, o Conselho Mexicano 500 anos de Resistência Indígena e Popular que imediatamente se incorpora à campanha continental de comemoração alternativa do suposto "descobrimento".

Por sua parte, o governo tenta retomar a iniciativa etnicista motivando a existência de um Conselho Indígena Permanente, que se formou em 1991 e se desintegrou em pouco tempo, quando a iniciativa presidencial de suprimir o conteúdo agrário do Artigo 27 da Constituição dividiu as organizações. Desprendimentos desse Conselho formaram o Movimento Nacional de Resistência e Luta Camponesa (Monarca) e depois o Conselho das Organizações Agrárias (COA).

Durante os anos 1990, os indígenas ganharam visibilidade nacional com mobilizações como as do Conselho de Povos Nahuas do Alto Balsas, que entre 1992 e 1995 marcha três vezes de Guerrero à Cidade do México; ou a caminhada também ao Distrito Federal, nomeada de Xi Nich, que em 1992, em 50 dias, percorreu 1100 quilômetros e foi realizada por 300 tzeltales, choles e zoques do Comitê de Defesa das Liberdades Indígenas, o Conselho Independente Tzeltal e a União de Camponeses Indígenas da Selva de Chiapas.

No início da última década do século, multiplicam-se os sinais de que o Sul merece atenção. O mais sintomático foi a mobilização de cerca de 15 mil indígenas dos Altos de Chiapas que, em 12 de outubro de 1992, aterrorizaram os *coletos* de San Cristóbal ao tomar, simbolicamente, a Cidade Real e derrubar a efígie do conquistador Diego de Mazariego. A ação foi coordenada pela Frente de Organizações dos Altos de Chiapas e, em particular, pela recente Aliança Nacional Camponesa Indígena Emiliano Zapata, seguidora da Aliança Camponesa Independente Emiliano Zapata, formada em 1989 pelas bases de apoio do núcleo clandestino e militante que cinco anos mais tarde seria conhecida como Exército Zapatista de Libertação Nacional. A título de conhecimento, dizem que por aí andava, tirando fotos, o subcomandante Marcos.

Após o levante do EZLN, em primeiro de janeiro de 1994, tudo se precipitou e em 10 e 11 de abril de 1995 cerca de duzentos delegados, que representavam aproximadamente cem organizações, realizaram na Cidade do México a Primeira Assembleia Nacional Indígena Plural pela Autonomia, onde se formulou um projeto de lei autônomo a partir de ideias que vinham sendo gestadas desde os anos 1980. Pouco depois, ocorreu uma nova assembleia nas terras yaquis de Loma de Vacum, Sonora, e em agosto desse mesmo ano, cerca de quatrocentos representantes se reuniram em Oaxaca. Desse processo, surge a Assembleia Nacional Indígena Plural pela Autonomia (Anipa), que apresentou relevantes ideias ao debate sobre a livre determinação dos povos e que é, hoje, uma associação política com registro, da qual provém funcionários importantes do governo foxista, como o novo diretor do Instituto Nacional Indigenista (INI) e alguns delegados estatais da mesma instituição; aqueles que subitamente ficaram do outro lado da escrivaninha.

Uma parte do novo indianismo, identificada com os insurretos chiapanecos, surge desde 1995 com a Anipa, embora a convergência expressamente convocada pelo EZLN inicie com o Fórum Nacional Indígena, reunido em San Cristóbal, em janeiro de 1996, que formou parte do processo de negociações entre o governo federal e o EZLN, iniciado em 1995 em San Andrés Larráinzar, ou Sacamchén de los Pobres. A essa reunião assistiram 178 organizações nacionais, desde grupos indígenas locais e ONGs até coordenações nacionais e 19 organizações internacionais. Os quase quinhentos participantes do evento, que além de espanhol, falavam inglês, francês e italiano, sem contar as 25 línguas dos povos nativos, debateram amplamente a agenda de San Andrés, oferecendo às negociações entre o governo e a guerrilha um caráter inédito, pois a posição do EZLN no tocante aos direitos e à cultura indígena não é apenas obra desse grupo, mas algo que foi ganhando apoio por um conjunto do movimento étnico nacional.

Representação orgânica e política dessa ampla convergência é o Congresso Nacional Indígena (CNI), que se constituiu e realizou sua primeira reunião geral em outubro de 1995, avalizada com a presença da comandanta Ramona do EZLN. Em 1998, quando saíram de Chiapas 1111 zapatistas rumo à Cidade do México, o CNI levou adiante seu segundo congresso. Para esse momento, as conclusões de San Andrés sobre o tema dos direitos e cultura indígenas, sintetizadas pela Comissão de Concórdia e Pacificação do poder legislativo, já haviam sido aprovadas pelo EZLN e rechaçadas pelo presidente Zedillo. Isso conduziu à suspensão do diálogo de paz e fez com que o CNI assumisse os acordos de San Andrés e a chamada "Lei Cocopa" como uma de suas bandeiras de luta. Porém, devido ao travamento do processo em torno da aprovação da lei, as organizações decidiram lutar, na prática, pela autonomia em todas as suas regiões e trabalhar pela reconstituição das comunidades e povoados.

Em março de 2001, coincidindo com a caravana zapatista, vive-se o momento mais intenso da mobilização étnica, quando centenas de milhares de indígenas agarraram seu *itacate*, abandonaram suas comunidades e empreenderam suas marchas pequeninas para receber o comando do EZLN nos inumeráveis comícios do percurso. A festa culminou na pequena população purhépecha de Nurío, Michoacán, onde cerca de 9 mil pessoas participaram do Terceiro Congresso do CNI. Quase 3400 delegados efetivos, representando 41 dos 56 povos indígenas que sobrevivem, provenientes de 27 estados da República, além de 5 mil observadores solidários, participaram, durante dois dias, de quatro efervescentes mesas de discussão.

Contudo, isso não era de se espantar, pois quase sempre os delegados realizavam reuniões preparatórias em suas comunidades de origem e em diversas ocasiões eram os porta-vozes das resoluções de amplos fóruns regionais. Assim, em Morelos, foi realizado o encontro Somemos Resistências; o Fórum Oaxaquenho que reuniu as opiniões dos 16 povos da entidade; os wixárikas e nahuas de Jalisco se reuniram antes de sair para Michoacán e o mesmo procedimento tomou a Frente Cívica Indígena Pajapeño de Veracruz, entre muitos outros que fizeram do encontro de Nurío um "congresso de congressos". De fato, aí estavam todos os agrupamentos nacionais, os regionais e os locais, além das organizações dos desterrados, como a Associação de Tepeuxileños Emigrados, *In Cucä*, que reuniu cuicatecos e mazatecos originários de Oaxaca, a rede de mixtecos, purhépechas, zapotecos e triquis que vivem em Guadalajara, os diversos migrantes próximos da Cidade do México e muitos mais. Na hora de recuperar as identidades, a ocasião serviu para que alguns se redescobrissem como indígenas.

A questão central dos debates foram os direitos dos povos indígenas e sua necessidade de unificação a fim de pressionar o Estado para que sejam incorporados à Constituição nos termos da Lei Cocopa. No entanto, ficou evidente que a luta indígena não começa nem termina na conquista do reconhecimento constitucional. "Estamos certos de que o Congresso [...] entrará em acordo e nossos direitos serão reconhecidos" – dizia o representante da Rede Nacional de Cidadãos e Organizações pela Democracia – "mas não vamos comer, nem vestir, nem se curar com a autonomia."

O reconhecimento da autonomia é um grande passo, mas o caminho para se alcançar a justiça, a democracia e a liberdade ainda é longo, e não é apenas de responsabilidade dos povos indígenas, é de todos os camponeses, dos professores, dos estudantes, dos operário. Na mesa, foram rechaçados o Puebla-Panamá e outros projetos colonizadores, mas também foi mencionada a necessidade de se criar programas próprios. Assim dizia Lorenzo García, da tribo yaqui de Sonora:

> Nós temos um plano estratégico de desenvolvimento desde 1983 e não nos ouvem. Reconhecemos como muito importante o movimento indígena nacional e apoiamos os acordos de San Andrés, mas me pergunto o que vai acontecer quando essa lei for aprovada [...] Não basta firmá-la, é preciso construir com nossa luta e nosso trabalho as condições para defendê-la.

Essa defesa se expressa, entre outras coisas, no comício indígena pelo estabelecimento de autogovernos, independentemente de se a Constituição Geral da República os inclui formalmente ou não. Depois de uma longa luta de etnias por reconhecimento, hoje, em Oaxaca, quase todos os municípios indígenas, pequenos e propícios ao sistema de cargos e à democracia direta, são governados por usos e costumes, normas consuetudinárias que estão reconhecidas na Constituição da entidade federativa.

Em Chiapas, o EZLN e suas bases de apoio, além de outras forças democráticas, formaram municípios autônomos que, na prática e sem reconhecimento, exercem a livre determinação política. Em Guerrero, junto com a crescente concorrência pelas prefeituras, ganha força a luta pela remunicipalização, principalmente onde os indígenas dos ranchos são discriminados pelos mestiços e caciques do comando. "A intenção de criar um município indígena em Alto Balsas" – escrevi em *Crônicas do Sul* –

> prolonga a luta dos nahuas da região contra a presa etnicista de San Juan Telelcingo. O Conselho de Autoridades Indígenas da região Costa-Montanha demanda um município mixteco e tlapaneco, enquanto no paupérrimo Metlatonoc os mixtecos querem criar um novo município de Chilixtlahuaca. Finalmente, desde 1995, moradores de Metlatónoc e Tlacoachistlahuaca defendem, de fato, um município chamado Rancho Novo da Democracia. Na Costa Rica, Marquelia quer separar-se de Ayutla e os de Pueblo Hidalgo querem separar-se de San Luís Acatlán; os mixtecos de Copanatoyac requerem um município próprio. Não se sabe se é desejável que ocorra a pulverização municipal e a separação administrativa dos governos étnicos, mas não resta dúvida que em Guerrero as demandas autônomas pela autoridade local têm uma força crescente. (Bartra, p.119-20)

A Ata de Ratificação dos Acordos de Nurío, firmada em San Pablo Oxtotepec, Distrito Federal, documenta a amplitude de olhares do movimento indígena:

> Rechaçamos veementemente as políticas que o grande capital motiva, pois a mãe terra e tudo o que nela nasce não é mercadoria

que possa ser comprada e vendida, porque a lógica simples e mesquinha do livre mercado não pode destruir nossa existência, porque os modernos piratas e biopiratas não devem expropriar mais nosso saber antigo e nossos recursos naturais, porque não se pode executar um único projeto ou megaprojeto em nossos territórios sem nossa participação, consulta e aprovação.

A corrente profunda da Torre de Babel redimida pelo diálogo que se edificou em Nurío, foi a diversidade virtuosa. Pluralidade de etnias, culturas e línguas em coexistência enriquecedora, mas também a pluralidade dos habitats naturais; pluralidade de recursos, tecnologias e maneiras de produzir; pluralidade de formas de organização social; pluralidade de sistemas jurídicos comunitários; pluralidade de faixas e vestimentas; pluralidade culinária (quando há condições para tal); pluralidade de cantos e danças. Se o ciclo nivelador do capitalismo está chegando ao fim, se o saldo desastroso da pretensão de homogeneizar os homens e a natureza está gerando resistências crescentes e paradigmas alternativos, o encontro de Nurío foi uma Arcádia transitória, porém alentadora, um reduto de pluralidades.

Sem exagerar, esse é só um exemplo de que no mundo do grande capital também existem os diferentes e que a convivência na diversidade é possível. Por isso, para muitos, Nurío e outros elementos indígenas e camponeses tornam-se estranhamente comovedores porque, apesar dos excessos e desfigurações, é possível experimentar durante uns dias outro tipo de socialização, isto é, o efêmero topo da utopia, o que Jean-Paul Sartre haveria de chamar de "grupo em fusão", antítese da seriação e da inércia.

Essa intensa, multitudinária e fervorosa construção social das ideias e dos acordos, que tiveram início há um quarto de século e se intensificaram na última década, é o que em abril de 2001 foi jogado no lixo, como se fosse um lenço usado. Os senhores parlamentares, congressistas, pastorearam dois patriotas calados: o senador do PRI Manuel Bartlett, que, sendo secretário do Governo, executou a fraude na eleição presidencial de 1988, e o senador do PAN, Diego Fernández, que sendo deputado "opositor" argumentou a favor de que se queimassem os pacotes de boletos eleitorais que o documentavam. Além disso, alguns ainda dizem que a democracia é o que se passa em San Lázaro, onde participam os deputados, e na mansão de Xicoténcatl, onde debatem os senadores, e não o que se discute em assembleias e fóruns populares. O fato de que o Congresso da União tenha sido eleito democraticamente não significa que os congressistas sejam democráticos. A nação não quer dizer que os que se elegeram tenham mandato expresso e legislem de fato para a própria nação. A menos que esses senadores e deputados sejam racistas e que acreditem que menosprezando a Lei Cocopa defendem a pátria das alarmantes pretensões dos indígenas. Capaz que sim.

América Central indígena

Os indígenas são locais e globais não apenas porque o êxodo econômico os leva a conhecer o mundo, mas também porque a luta pelos seus direitos os conduz ao estabelecimento de relações internacionais. O Congresso Mexicano 500 anos de Resistência Indígena, por exemplo, forma-se no calor da campanha iniciada na Colômbia, em outubro de 1989 e, em 1990, integram o Primeiro Encontro Continental de Povos Indígenas, celebrado em Quito, no Equador. Desde o início dos anos 1990, um dos precursores da nova onda étnica no México, o Conselho dos Povos Nahuas do Alto Balsas, recorre ao Encontro Continental de Organizações Indígenas, realizado em Quetzaltenango, Guatemala, acompanha a Cúpula da Terra, celebrada em Paris, e seus comissionados transitam pelos escritórios que o Banco Mundial tem em Washington. Mais recentemente, três representantes do CNI participaram do protesto multinacional de Québec, dramatizado em abril de 2001, em virtude da Cúpula das Américas, que debateu a Alca e, em maio do mesmo ano, o Congresso envia um comunicado à Conferência do Milênio, realizada no Panamá.

O continente americano tem sido um laboratório da nova luta étnica, cujas bandeiras são a justiça e a equidade, mas também o reconhecimento e a autonomia. Um dos núcleos precursores é a

Federação Shuar, cujas raízes estão nas terras baixas amazônicas do oriente equatoriano e que desde os anos 1970 iniciou o combate, primeiro pela defesa do território e depois pela identidade e direitos políticos. Nessa mesma década, a organização indígena desse país transforma-se em pluriétnica ao formar a Confederação de Nacionalidades Indígenas da Amazônia Equatoriana. Assim, em todas as nações andinas há organizações indígenas que extrapolam o comum e o regional e, com frequência, reúnem distintos povos. Como exemplos, temos a Associação Indígena da Selva Peruana, a Confederação Indígena do Oriente Boliviano e, na Colômbia, o Conselho Regional Indígena de Cauca.

Em 1989, na véspera do quinto centenário do proverbial encontro, a plataforma política dos povos originários do continente já estava definida. Assim, formula a Confederação de Nacionalidades Indígenas do Equador (Conaire), na Apresentação do Programa para o 500º aniversário:

> As práticas indianistas que defenderam a "redenção do indígena", por meio de sua integração com a sociedade nacional, não resolveram os problemas fundamentais de nossos povos. Apesar de certas previsões de que o desenvolvimento industrial da sociedade conduziria, necessariamente, à extinção dos indígenas, ressurgem os povos indígenas revigorados na luta por suas reivindicações, bem como a formulação de um projeto político alternativo para a construção de uma nova socialização. Dessa maneira, as Nacionalidades Indígenas se constituíram no núcleo mais importante da sociedade do futuro e do surgimento do Estado Plurinacional [...] Esta proposta política do Estado Plurinacional não visa constituir "Estados à parte", como insinuou o temor difundido por alguns setores da sociedade. Ao contrário, trata-se de refletir a realidade do [...] continente, tendo como base o respeito às diferenças nacionais culturais e a instauração da igualdade social, política e econômica.

É dessa forma que os povos primitivos do continente vão conseguindo sua visibilidade internacional. Em 1993, as organizações étnicas participaram com a ONU do Ano Internacional dos Povos Indígenas e, atualmente, com o mesmo patrocínio, da Década Internacional dos Povos Indígenas, que compreendeu os anos de 1995 a 2005. Mais importante ainda tem sido o apoio para levar adiante os acordos internacionais que reconheçam seus direitos. No Grupo de Trabalho das Nações Unidas sobre as Populações Indígenas há fortes resistências e pouco se avançou. Por outro lado, na Organização Internacional do Trabalho (OIT), foi possível acordar sobre o Convênio 169 a respeito das Populações Indígenas e Tribais, um texto consideravelmente avançado e assinado por numerosos Estados que, no entanto, pouco o respeitam.

Quanto aos países da América Central, em todos há populações identificadas com nações primitivas e em alguns existem grupos importantes de origem africana. Na Guatemala, cerca de 5 milhões de indígenas das etnias quiché, mam, kakchiquel, kekchí, kanjobal, tzutujil, ixil, achi, chorti, jalalteco, poconchi, poqomán, chuj, sacapulteco, akatako, aguacateco, dentre outras, constituem aproximadamente 50% da população. Em Belize, os 27,3 mil indígenas, principalmente garifuna, constituem 13,7% da população.

Em Honduras, os indígenas das etnias lenca, miskito, garifuna, xicaque, sumo, chorti, pech, dentre outras, somam 630 mil e são 12% da população, além de aproximadamente 2% de negros. Na Nicarágua, 326 mil miskitos, ramas, garifuna, subtiaba, moninbó e sumo constituem 7,3% da população. No Panamá, os ngöbe, guayni, kuna e emberá/chocó, somam 194.719 e são 7,8% da população, mas também há 14% de negros. Em El Salvador, há 88 mil indígenas náhuatl/pipil e lenca, que formam 1,7% da população. Até na Costa Rica, 24,3 mil cabecar e bribri representam 0,7% da população. No México, os estados compreendidos dentro do PSS continental somam 74% da população indígena do país, 4.506.753 pessoas das etnias náhuatl, maia, zapoteca, mixteca, otomí, tzeltal, tzotzil, totonaca, mazateco, chol, e outras, que constituem 16,4% da população regional. Estamos falando de quase 11 milhões de indígenas que representam 18% dos mesoamericanos.

Diante dessa evidência demográfica, marcada em alguns casos por fortes lutas de base étnica, as constituições desses países, com frequência, reconhecem formalmente seu caráter multiétnico e atribuem certos direitos indígenas. Alguns países, como o México, a Guatemala, a Nicarágua, a Costa Rica e Honduras também assinaram o Convênio 169 da OIT.[11]

O artigo 120 da Constituição panamenha de 1972 diz: "o Estado garante às comunidades indígenas a reserva das terras necessárias e a propriedade coletiva das mesmas", e posteriormente foi declarado nesse país um Estatuto de Autonomia.

A partir de 1987, os artigos 89, 90 e 181 da Constituição nicaraguense consagraram direitos autônomos:

> As comunidades da Costa Atlântica têm o direito de preservar e desenvolver sua própria identidade cultural na unidade nacional, dotar-se de suas próprias formas de organização e administrar seus assuntos locais conforme suas tradições. O Estado reconhece as formas comunais de propriedade das terras das comunidades da Costa Atlântica [...] O Estado, por meio de uma lei, organizará o regime de autonomia nas regiões onde habitam as comunidades da Costa Atlântica.

A constituição guatemalteca de 1985, em seus artigos 66 e 70, estabelece que a

> Guatemala está formada por diversos grupos étnicos [...] as comunidades indígenas e outras que tenham terras que historicamente lhes pertençam e que tradicionalmente tenham sido administradas de forma especial, manterão este sistema [...] o Estado proverá de terras estatais as comunidades indígenas que as necessitem para o seu desenvolvimento.

---

11 Convenção n. 169 da Organização Internacional do Trabalho (OIT) sobre Povos Indígenas e Tribais.

Direitos ainda muito limitados que já deveriam ter sido ampliados significativamente, pois nos Acordos de Paz de 1996, entre o governo e a guerrilha, foi conveniente reconhecer, perante a lei, os direitos políticos e culturais dos povos indígenas. Com a finalidade de concretizar esse acordo foi realizado, em 1999, um plebiscito. Essa conjuntura, contudo, foi aproveitada pela direita para orquestrar uma intensa campanha genófoba. Assim, a Liga Pró-Pátria afirmava em sua propaganda que a partir dessas reformas buscava-se a criação de "um Estado indígena no qual apenas seriam marginalizados aqueles que não fossem indígenas". A Aliança Evangélica, contudo, dizia que "isso propiciaria as reformas, a divisão e o confronto com a sociedade guatemalteca". Tal ofensiva paranoica dividiu o país em um altiplano indígena, que disse sim às reformas, e a capital e a Costa Sul, que disseram não.

Este fato e mais uma abstenção de 80% fizeram com que se perdesse a possibilidade de reconhecer, mediante a Constituição, os direitos pelos quais lutaram aqueles 200 mil guatemaltecos que morreram na mais longa guerra de base indígena do continente. Dois anos depois, em meio às mesmas campanhas e com idênticos argumentos, a direita mexicana ignorou partes significativas da lei indígena, impedindo as negociações de paz entre o governo e o EZLN.

Frustrações constitucionais à parte, a Guatemala é um país de acentuado despotismo governamental, mas também de tradição guerrilheira e, obviamente, de protagonismo étnico. Até 1970, a participação indígena na luta armada revolucionária havia sido marginal, pois o Partido Guatemalteco do Trabalho, entre outros, consideravam os indígenas como simples "reserva para a ação", e devido a esta ausência é que as dizimadas Forças Armadas Rebeldes atribuem seu fracasso. Por outro lado, as novas guerrilhas do anos 1970 não apenas recrutaram amplamente os indígenas como também incorporaram, de forma programática, suas demandas. Tanto o Exército Guerrilheiro dos Pobres (EGP), que surge publicamente em 1975, como a Organização do Povo em Armas (Orpa), que aparece pela primeira vez em 1979, são guerrilhas de base étnica, como fica evidente na tomada de Nebaj, em El Quiché, no dia 21 de janeiro de 1979, onde participaram cem homens armados, quase todos indígenas. Adolfo Gilly, em um texto jornalístico da época constata "um traço peculiar e que distingue o Exército Guerrilheiro dos Pobres que opera nas montanhas e aldeias da Guatemala: a declarada vontade de afirmar suas forças na organização dos camponeses indígenas, de seu idioma, de sua cultura e tradições".

O novo indianismo foi motivado, dentre outros, por aqueles que sustentam a Teologia da Libertação dentro da Igreja Católica, que é um fenômeno de longo alcance latino-americano e que se expressa na Guatemala, e também no México, onde em 1974 foi realizado o já mencionado Primeiro Congresso Indígena, que contou com a decisiva participação da diocese chiapaneca de San Cristóbal. A reivindicação dos povos primitivos ganhou diferentes formas e aderiu a distintas estratégias.

Assim, junto com o radical indianismo guerrilheiro do EGP e da Orpa, surge na Guatemala um etnicismo culturalista que também é apoiado pela Igreja Católica, ainda que por correntes pouco expressivas, e que se manifesta por meio da realização de numerosos seminários que desembocam na Associação Indígena pela Cultura Maya-Quiche, fundada em 1971. Esse culturalismo caminha, por uma parte, rumo a um etnicismo excludente e reacionário, vinculado a setores da burguesia indígena. Entre a guerrilha e o culturalismo conservador, no contexto da Pastoral Indígena, as correntes hegemônicas da Igreja Católica promoveram a formação de Ligas Camponesas que, em 1978, juntamente com as Comunidades Eclesiais de Base, organizaram um congresso no qual se integrou o Comitê de Unidade Camponesa (CUC).

A resposta do governo à rebeldia, tanto a armada como a pacífica, foi a de incrementar a política de extermínio, que adota métodos semelhantes aos da Guerra Colonial no Vietnã. O resultado é que o povo, acuado, incorpora-se tanto à guerrilha como ao CUC. Um folheto do Comitê, intitulado "Os homens do milho escrevem sua história", atesta essa participação ao mencionar que "os indígenas voltaram toda a sua arte, toda a sua criatividade nos teares, para a guerra popular. Essa criatividade eles incorporaram nas armas populares, ou seja, com cal, sal, chilli e água quente o povo fez suas armas". Em 1980, em uma reunião de líderes convocada pelo CUC, foi adotado, na *Declaração de Iximché*, um eloquente testemunho do projeto indígena nessa fase da luta: "Para que nosso povo indígena, como tal, possa desenvolver sua cultura interrompida pelos criminosos invasores, por uma economia justa em que ninguém seja explorado [...]; para que a terra seja comunal, como a concebiam nossos antepassados".

Na Nicarágua, a guerrilha da Frente Sandinista de Libertação Nacional (FSLN) derrota o ditador Somoza e esse fato é vivenciado como o triunfo de uma revolução tanto política como social. No entanto, se a guerra popular guatemalteca é, principalmente, de base étnica, na Nicarágua os indígenas somam menos de 8% da população e estão localizados na Costa Atlântica onde, por razões históricas, existe uma cultura miskito-crioula-anglosaxônica, englobada pela Igreja Morávia. Assim, a Revolução não passa por uma porção atlântica do país e o sandinismo tem escasso conhecimento e pouca sensibilidade com relação ao tema indígena. Dessa incompreensão resulta o conflito quando a organização Misurasata, promovida inicialmente pelo FSLN, rompe com o governo e, em meio a grandes deslocamentos populacionais a Honduras, desata uma guerra contrarrevolucionária, apoiada pelo governo dos Estados Unidos. Paradoxalmente, na Nicarágua é a guerra restauradora a que torna visível os indígenas e propicia a definição de uma política de livre determinação para os miskitos, sumos e ramas.

Direito ao autogoverno que consta na Constituição: "Para as comunidades da Costa Atlântica é estabelecido o regime de autonomia", que deverá abarcar duas regiões atlânticas, a norte e a sul. A Lei de Autonomia foi publicada em 1987 e vigora desde 1990, quando foram constituídos os dois governos autônomos. Dessa maneira, há dez anos a Constituição e as leis da Nicarágua reconhecem direitos pelos quais os indígenas da Guatemala e do México vêm lutando sem êxito por mais de um quarto de século. Além de reconhecer o território e o autogoverno, o artigo 9 da Constituição diz que: "Na exploração racional dos recursos minerais, florestais, pesqueiros e outros recursos das regiões autônomas, serão reconhecidos os direitos de propriedade sobre as terras comunais e deverão beneficiar, em justa proporção, seus habitantes, mediante acordos entre o Governo Regional e o Governo Central". O artigo 181 declara que: "As concessões e os contratos de exploração racional dos recursos naturais, que outorga o Estado nas regiões autônomas da Costa Atlântica, deverão contar com a aprovação do Conselho Regional Autônomo correspondente".

São direitos invejáveis que, no entanto, nem sempre se aplicam. Os governos autônomos compreendem 49% do território e 11% da população, mas apenas receberam 0,1% do orçamento de 2001, 18 milhões de córdobas, equivalentes a 90 mil dólares que, evidentemente, não servem para impulsionar nenhum projeto regional. Os projetos existem, porém não beneficiam significativamente a população indígena, pois trata-se de enclaves mineradores, petrolíferos, madeireiros e pesqueiros de caráter transnacional que, além disso, existem sobre uma reserva de 7.450 quilômetros quadrados de floresta subtropical úmida. O mais importante é o projeto de um "canal seco", com uma via férrea de 375 quilômetros que deverá unir o Atlântico com o Pacífico, com o qual o governo pensa abrir concessões, sem a consulta prévia ao conselho autônomo dos ramas; estes já buscaram amparo judicial para esses possíveis atos. Entretanto, os mais abastados da oligarquia já estão providenciando a compra das terras que serão brevemente valorizadas.

O "canal seco" nicaraguense e o megaprojeto transístmico mexicano são planos de governo que respondem a interesses multinacionais e que não foram realizados mediante consulta àqueles cujas terras e vidas serão amplamente afetadas. Além disso, enquanto na Nicarágua a livre determinação dos povos indígenas é constitucional e existem territórios e governos autônomos, no México, ainda estão cozinhando uma autonomia castrada, sem territórios e sem a possibilidade de autogoverno. É uma disparidade legal que, no entanto, não faz nenhuma diferença. A lição é a de que as leis são importantes, mas o mais importante é a força com que se busca sua validação. Sem efetivos sujeitos autônomos as leis autônomas não tem validade.

"A autonomia serve para a gestão de nossos próprios projetos e para que nos reconheçam como povos indígenas diante das grandes autoridades, diante daqueles que nos governam. Que sejamos consultados primeiro antes que se iniciem os programas governamentais", disse a istmenha Zoila José Juan, entrevistada durante o Congresso de Nurío. Nesse contexto, tudo leva a crer que no Istmo de Tehuantepec, assim como em todo o Sul, atualmente as comunidades e os povos terão que ser ouvidos pelo governo no marco de uma lei de autonomia castrada.

Em consequência, deverá ocorrer uma devida mudança constitucional. Contudo, a vida não para e, enquanto isso, as organizações indígenas, junto às camponesas e populares, prosseguirão resistindo à colonização e lutando pelos seus próprios projetos, com direitos restritos, porém com maior força. O movimento indígena dos últimos anos, mais ou menos centrado na mudança constitucional, levantou muitas regiões e sujeitos autônomos efetivos. Protagonistas sociais que estão fazendo valer seus direitos, reconhecidos ou não, e que agora enfrentam o desafio dos grandes projetos sulistas reativados ou criados por um novo governo. Urge a necessidade de uma boa lei autônoma e devemos trabalhar e seguir trabalhando como se nunca fôssemos alcançá-la. Trabalho cotidiano que tem a ver com autogoverno nos âmbitos político, cultural e de justiça, mas também com a autogestão da economia e dos serviços sociais.

Os homens de milho... e de café

> Aquele semeia o café com suas mãos rugosas
> Este poda o café com suas mãos ásperas
> Outro corta o café com suas mãos rudes
> Mãos iguais despolpam o café
>
> Alguém lava café
> E fere as mãos

> Outro cuida do café enquanto se seca
> E se secam suas mãos
>
> Alguém doura o café
> E se queima as mãos
>
> Outro mais vai a moê-lo
> A moer as mãos
>
> Depois o beberemos
> amargo.
>
> Efraín Bartolomé. Corte de café (fragmento).

O lado contrário da trama da livre determinação política é a autogestão econômica. O desenho brilhante que exibem orgulhosas culturas esconde, em sua sombra, os acordos, as cruzes e os nós da produção e distribuição de bens materiais. Um tecido que pode ser sólido ou frágil, durável ou provisório, harmônico ou desarmônico, equitativo ou desigual, mas que delimita as possibilidades da ordem social.

O reverso econômico espoliador e injusto é incompatível com as relações humanas generosas e solidárias do anverso, pois o primeiro é composto por um tecido produtivo no qual se depreda o trabalho e os recursos naturais e que resulta em uma sociedade conflitiva, irada e frágil. Prefiro substituir a tradicional metáfora arquitetônica que nos fez falar de *estrutura* e *superestrutura* como duas ordens separadas e hierárquicas onde a economia provê a interação. O fato é que um tecido tem dois lados, mas os fios que se entrecruzam e o formam são únicos e os mesmos. Além disso, por mais importante que seja a trama que o sustenta, não ocorre a nenhuma tecelã sacrificar a criatividade do anverso pela cega obediência aos ditames do reverso, de modo que a metáfora do tecido destaca-se pela supremacia do social sobre o econômico.

Toda utopia, todo projeto estratégico, renovador e integral, tem duas caras. Por um lado, prefigura a ordem espiritual desejada e, por outro, a ordem material que deverá sustentá-lo. No México raso, pobre e marginal por antonomásia, no México do qual o emblema é composto pelo Sul e pelos povos nativos, a luta pela construção de sujeitos com identidade cultural, território e autonomia política tem ocorrido por conta própria, principalmente do EZLN e do CNI.

Em contrapartida, na edificação de uma economia de autogestão e igualitária, os protagonistas foram as organizações camponesas de produção e serviços, entre as quais se destacam os propulsores do manejo comunitário e sustentável da floresta, como a União de Zapotecos e Chinantecos (Uzachi), de Serra Juárez de Oaxaca e as comunidades silvícolas do sul de Quintana Roo e, especialmente, os múltiplos agrupamentos locais, regionais e nacionais de pequenos produtores indígenas de café. Sem uma ou outra dessas experiências, o patrimônio político dos pobres do campo estaria coxo. No entanto, até o presente momento, os dois grandes afluentes da luta rural têm corrido por vertentes distintas e colocado em pé diferentes sujeitos.

Atores que não são antagônicos, mas convergentes e, inclusive, colados, mas que, por incumbência, por gênese histórica e até tática, se mantém distantes. Essa distância já não pode mais se manter.

A postergação do pleno reconhecimento institucional dos direitos indígenas, além de uma situação socioeconômica rural que se deteriora a cada dia e que pode piorar ainda mais mediante a ameaça dos megaprojetos do Plano Sul-Sudeste (PSS), impõem-nos o desafio de apressar a convergência de organizações e correntes diversas em um sujeito unitário que, por meio de sua força e representatividade, além de experiência e capacidade, possa orquestrar uma resposta integral. Essa seria uma alternativa tanto à discriminação como à espoliação, tanto à marginalidade política como à exclusão econômica e social.

Há muito com que armar um projeto alternativo. Já percorremos intensamente o movimento indígena no tocante à sua visibilidade e aos seus direitos. A esses fatores podemos agregar também a luta mestiça por fazer valer a democracia nos governos locais, tanto por via representativa e eleitoral como por mecanismos de participação direta. Abordaremos agora a trajetória e os saldos do combate produtivo, a silenciosa construção de uma economia moral que não espera o improvável triunfo "revolucionário" da utopia. Como veremos, o mais valioso e memorável dessa luta também tem o Sul como cenário e os indígenas como protagonistas.

Um grão que te mantém desperto

Os homens do cafezal são os pequenos produtores melhor organizados do México. A irrupção avassaladora do livre mercado, desde o final dos anos 1980, e duas colossais crises de preços em menos de dez anos, colocaram fim aos cafeicultores desse setor social, mas a maior parte deles ainda se mantém organizada. Por que um cultivo colonial imposto pelos fazendeiros, e que por mais de um século foi espoliador dos povos indígenas, transformou-se, em menos de 25 anos, em um bastão da economia camponesa organizada e de autogestão?

O milho é identidade e cultura. Cultivado por quase 3 milhões de famílias, esse grão é o sustento de cerca de 12 milhões de pessoas, a metade da população rural dos estados de Chiapas, Oaxaca, Guerreiro, Puebla, Veracruz, entre outros, e de seus brotos nasce o componente mais caro à subsistência nacional. Porém, o milho não teve a mesma transcendência organizacional que o café, pois esse aromático detém um cultivo mundializado e de enorme valor comercial, mas que é praticado, em sua maioria, por pequenos e pobres camponeses.

Nessa combinação de riqueza descomunal e pobreza extrema é onde está a alavanca da participação social: de um lado, a penúria incentiva o sujeito, de outro, a riqueza mundializada contribui com um cenário propício. Outro fator de fecundidade organizacional é que o âmbito dos que o cultivam é definitivamente local, mas o destino da maior parte dos grãos são os mercados mundiais, pois por mais que o cafeicultor se desvie ele sempre se encontra imerso na globalidade; território onde encontra, ao mesmo tempo, a ameaça de titânicos inimigos e insólitos aliados entre os consumidores. Além disso, o café é cultivado com suor e degustado no frio. É um cultivo tropical consumido, em grande parte, nos países industrializados que, por sua própria natureza, une o Primeiro Mundo com o Terceiro, os agricultores de maior ascensão com os consumidores pós-modernos; os cafeicultores preocupados em evitar os agrotóxicos diante das muitas espécies que atacam as plantações com sombra, mas também a iniquidade que assombra os produtores. Por último, tanto na África como na América Latina, o aromático é cultivado por milhões de pequenos produtores que são, em geral, descendentes de povos originários. Por isso, é um produto indígena por excelência, mas especialmente apreciado pelos "brancos" do Norte europeu e dos Estados Unidos e, paulatinamente, pelos "amarelos" do Oriente.

O café é cotado na bolsa de Nova York enquanto entre os indígenas da Serra Juárez tem valor de moeda. É na tensão entre a pobreza e a riqueza extremas, entre o meio local dos produtores e o mercado globalizado, entre a origem nos trópicos do Terceiro Mundo e o destino no invernal Primeiro Mundo, entre os produtores "de cor" e consumidores "brancos", que reside uma das chaves do potencial organizacional da cafeicultura social.

Outra explicação é a de que o café é um produto globalizado e que manteve por mais tempo os acordos econômicos internacionais. São leis realizadas nacionalmente por institutos governamentais que, com frequência, fomentaram a pequena produção e dirigiram técnica, financeira e comercialmente as modestas plantações, promovendo, assim, uma certa organização clientelista. No caso do México, os agrupamentos induzidos, inicialmente, pelo Inmecafé, foram o gérmen de uma generalizada organização de autogestão que, no cancelamento dos acordos internacionais e recuo do Instituto, lutaram pela ocupação dos espaços abandonados. Pelo fato de ter sido o café, durante décadas de acordos internacionais, um assunto do Estado, os pequenos produtores acostumaram-se a negociar com o Leviatã e aprenderam rápido que o destino do setor, assim como o de toda a agricultura, depende dos camponeses, mas também e, decisivamente, das políticas públicas.

Além dos aspectos mencionados, a natureza tecnológica do cultivo é propícia às formas associativas, pois, em geral, as plantações estão localizadas na serra. Ainda que seu aprovisionamento, transporte e industrialização primária não sejam beneficiados a tempo e percam valor, exigem infraestrutura e organização. Se essa infraestrutura e organização estiver nas mãos dos monopólios privados, isso poderá favorecer a exploração. Se, ao contrário, estiver nas mãos do Estado, poderão gerar corrupção e clientelismo. Assim, não basta que os camponeses se livrem dos intermediários e do paternalismo governamental, é preciso assumir coletivamente as funções que estes desempenhavam.

O grão aromático goza, ainda, do favor de Deus. Tanto no México quanto na América Central, algumas das experiências organizacionais mais interessantes e maduras foram propiciadas, inicialmente, pela Igreja Católica e agências internacionais cristãs. Essa intervenção teve um destacado papel na criação do sistema internacional de rótulos e mercados equitativos e foi decisiva na introdução de pacotes tecnológicos sustentáveis. Dessa forma, o café é hoje o produto mais importante nos mercados justos e nos cultivos orgânicos, que constituem um laboratório de comércio alternativo e tecnologia de opção.

Não apenas sua capacidade organizacional, mas também seu peso econômico e importância social fazem do grão um paradigma alternativo para o Sul. Depois da *milpa*, a plantação cafeeira é o cultivo que mais socorre os pobres do campo mexicano. Em 700 mil hectares, distribuídos em 12 estados, 56 regiões, 400 municípios e 4 mil localidades, mais de 280 mil produtores cultivam café. Destes, 92% tem plantações de 5 hectares ou menos e cerca de 200 mil trabalham em minúsculos cafezais de menos de dois hectares. Além disso, 65% dos plantadores do aromático são indígenas, cerca de 185 mil cafeeiros pertencentes a 25 etnias. O cultivo está localizado principalmente nos estados do sul-sudeste, sendo Chiapas o maior produtor, seguido de Veracruz, Oaxaca, Puebla e Guerrero, que geram a quase totalidade da colheita.

Os camponeses tomam pouco café, e ruim, mas o aromático é um cultivo de primeira necessidade, uma atividade econômica socialmente necessária na qual se ocupam cerca de 300 mil famílias de produtores diretos, aproximadamente 1,5 milhão de mexicanos, mais de centenas de milhares de assalariados estacionais que trabalham durante a colheita. Assim, na fase primária, o café emprega em torno de 1,7 milhão de pessoas ao ano, o que nos doze estados produtores representa um total de 52% da população rural trabalhadora, proporção que é maior nas entidades de maiores colheitas como Chiapas e Oaxaca. Se considerarmos toda a cadeia produtiva, o café é responsável pela manutenção de cerca de 3 milhões de empregos.

Alguns o consideram supérfluo, mas no que se refere à ocupação e renda geradas, o café é um grão básico, um produto de primeira necessidade. Nos anos 1970 e 1980, as plantações do aromático se transformaram em um cultivo de refúgio para os camponeses que já não encontravam na comercialização dos módicos excedentes *milperos* a renda monetária necessária para sobreviver. Assim, nessas duas décadas se duplica o número de produtores, mesmo que a extensão total das plantações apenas tenha crescido 60%, o que significa que o tamanho médio das plantações diminuiu. Ao mesmo tempo, as colheitas aumentaram 70%, o que representa um insignificante 0,5% anual de aumento dos rendimentos. Desde os anos 1950, quando a forte demanda do pós-guerra o torna atrativo, e principalmente nas décadas de 1970 e 1980, quando o Inmecafé o fomenta, o aromático transformou-se em um cultivo acentuadamente camponês e indígena. Contudo, trata-se de uma produção de rendimentos estancados, em crescente pulverização e cada vez mais polarizada, pois 270 sitiantes de altos rendimentos relativos, com centenas de hectares cada um, concentram 7,1% da superfície cafeeira total.

Um cultivo de refúgio e socialmente necessário, o grão aromático se inscreve também em um processo produtivo de natureza camponesa, já que, no aspecto econômico, pode ser associado ao milho em estratégias de sobrevivência, tanto para autoconsumo como para fins comerciais. No aspecto técnico, é cultivado em plantações com sombra e diversificadas, o que alguns chamam de policultivo tradicional.

Sob a influência da lógica mercantil e, principalmente, por meio da indução do Instituto, as estratégias cafeeiras camponesas encontravam-se desgastadas em prol da monocultura e, inclusive, das plantações de sol. Todavia, não há mal que não venha por bem, e as megacrises iniciadas no final dos anos 1980 e fins dos 1990 demonstraram que colocar todos os ovos em uma mesma caixa era um péssimo cálculo e, com isso, regressaram à *milpa* de autoabastecimento, aos animais de *traspatio* e à plantação diversificada. Em um segundo momento, nos últimos anos, as práticas tradicionais começaram a perder espaço para o cultivo ecológico e sustentável que, se for bem estruturado, pode resultar em uma forma superior de manuseio das técnicas camponesas. A tendência é a intensificação e a racionalização da velha plantação ou do planejamento para a organização de policulturas comerciais e, sobretudo, a substituição de agrotóxicos nas práticas de plantio e o uso de insumos não contaminantes.

Por inúmeras razões de caráter ambiental, técnico, econômico e comercial, mas também por suas virtudes organizacionais e sua localização em redes solidárias internacionais, o cultivo orgânico é uma verdadeira revolução que avança no sentido de uma modernidade alternativa. É no âmbito do café que o progresso mais aflorou, pois dos pouco mais de 100 mil hectares de cultivos orgânicos que existem no México, quase 70 mil estão ocupados por cafezais. Certamente, ao partir do zero, a agricultura ecológica teve um crescimento acelerado, pois em 1996 havia 23 mil hectares e, em 2000, já eram 102 mil, distribuídos em 262 zonas. Os conversores são, principalmente, camponeses, isto é, 84% da superfície certificada é desse setor social, 98,5% das unidades tem em torno de dois hectares e 50% dos agricultores orgânicos são indígenas. O café representa 70% desses cultivos, seguido pelo milho e pelo gergelim, com 4% cada um, e por pequenas superfícies de feijão, maçã, abacate, manga e plantas medicinais.

O manuseio sustentável dos recursos naturais e a agricultura ecológica são parte da luta camponesa e constituem o que Victor Toledo chamou de "revolução centrípeta", que vai do mundo rural e indígena às metrópoles industrializadas. "Um primeiro recontar dessas experiências", escreveu o biólogo, "economiza quase uma vintena de iniciativas notáveis, as quais mobilizam cerca de 2 mil comunidades rurais, principalmente nas porções central e sul do país [...] O grosso dessas lutas, sua coluna vertebral, é formada, certamente, pelas comunidades florestais e cafeicultoras" (Toledo, 2000, p.7).

A cafeicultura mexicana, porém, tem severos problemas. Com o fim dos acordos econômicos da OIC, transbordaram no mundo as plantações e, atualmente, há uma forte superprodução que derruba os preços. Um punhado de transnacionais alimentares controla o mercado e impõe sua lógica e cotações que, além disso, estão sujeitas à especulação, pois o grão está na bolsa de valores; como se não bastasse, nossa cafeicultura é altamente ineficiente e uma parte das plantações camponesas encontra-se em zonas inadequadas para cultivo. Mesmo assim, os cafezais mexicanos são estratégicos porque o grão é o principal produto de exportação depois do petróleo e, principalmente, porque seu cultivo é prioritário desde o ponto de vista social e, certamente, comporta a produção netamente comercial da qual mais pessoas dependem. Além disso, a cafeicultura é um trabalho de camponeses pobres, a maioria indígena e altamente organizada, e que está vivendo uma intensa revolução tecnológica, um cultivo que se pratica no centro sul da República e que tem uma enorme importância na economia de quase todos os países da América Central. Nessas condições, poderíamos supor que o "café social" será um dos maiores eixos do PPP e do PSS e que o diálogo com as organizações dos pequenos produtores do grão constitui uma das prioridades do acordo social dos planos e projetos. Não é assim. Ao contrário, os posicionamentos do maior teórico do governo representam uma ameaça expressa ao campesinato cafeeiro e um explícito rechaço ao modelo econômico, técnico e social que o colocou em pé.

No estudo já mencionado, Santiago Levy diz:

> o sudeste [...] tem condições adequadas para produtos cujo cultivo mais eficiente ocorre no contexto de uma agricultura de plantação, ou seja, uma agricultura caracterizada por amplas extensões onde se cultiva, de forma tecnificada, um produto de tipo perene (não de ciclo anual): café, banana, açúcar, palma africana e produtos madeiráveis, entre outros.

Ele ainda afirma que a agricultura de plantação "se desenvolve melhor por meio dos agentes econômicos dotados de amplos recursos financeiros". Este é o retrato falado das *Plantagengerelschaft* alemãs e outros sítios transnacionais que durante o porfiriato colonizaram o sudeste, saqueando seus recursos naturais e transformando os indígenas em escravos. As plantações de Levy são o oposto do modelo camponês, que se desenvolve em pequena e média escala, dentro de uma estratégia econômica diversificada, em plantações de sombra com cultivos simples, não "tecnificadas" no sentido clássico, e que mediante a associação alcança as escalas necessárias para organizar com eficiência tanto o financiamento e a renovação tecnológica quanto a industrialização e o mercado. Uma cafeicultura que, na lógica neoliberal dos tecnocratas, deveria deixar espaço às vertiginosas plantações especializadas e "tecnificadas" em mãos de "agentes econômicos de amplos recursos financeiros", modelo colonial que é, teoricamente, insustentável e que, sob o aspecto econômico, torna-se espoliador e, no social, excludente.

Diante disso, minha hipótese de trabalho é a de que o manuseio cafeeiro dos camponeses organizados é economicamente viável e tem uma eficiência social e ecológica infinitamente superior ao modelo de plantação. Acredito, também, que o paradigma implícito na cafeicultura camponesa pode ser transportado, com as devidas adequações, às diversas atividades produtivas. Sustento, por último, que tropeçando e na contramão a cafeicultura de associação é uma parcela demonstrativa da economia moral, ou seja, uma produção e distribuição de autogestão e com vocação de equidade, que seria o sólido reverso da sociabilidade libertária que buscam os povos indígenas e outros mexicanos comuns. No abono dessas hipóteses, os seguintes capítulos documentam a experiência organizacional dos indígenas cafeeiros do sudeste.

Hora do café

Sendo o aromático um cultivo realizado historicamente em fazendas, as primeiras organizações de produtores são empresariais.

Em 1954, formou-se a União Agrícola dos Cafeeiros e, logo, a Confederação Mexicana de Produtores de Café que, hoje, representa cerca de 5500 proprietários, agrupados em associações agrícolas e uniões de produtores. Mais tarde é constituída a União Nacional de Produtores de Café, associada à Confederação Nacional de Produtores Rurais que, até 1986, representava cerca de 20 mil cafeicultores e, agora, agrupa menos de 3 mil. Dado que o grosso das plantações camponesas aparece no último quarto de século e com a cobertura do Inmecafé, os primeiros agrupamentos do setor social são corporativos, como a Federação Nacional de Produtores de Café, fundada em 1977 e filiada à CNC. Contudo, a primeira organização cafeeira de cobertura praticamente universal são as unidades econômicas de produção e comercialização (UEPC), promovidas pelo Instituto para operar a antecipação da conta da colheita, concentrar a provisão do grão e canalizar o pagamento inicial e as quitações.

No ciclo de 1986-1987, pouco antes da desincorporação do Inmecafé, 85% dos produtores, donos de 76% da superfície com plantações, estavam enquadrados em alguma UEPC. Todavia, certas atividades das UEPC se mostraram insuficientes e, desde os últimos anos da década de 1970, começaram a se formar as uniões regionais de *ejidos* cafeeiros que, no início, tiveram como principal contraparte o Instituto e, depois, começaram a assumir maiores responsabilidades econômicas. Privilegiada pelo governo na operação de créditos e quotas de exportação, a CNC cria, primeiro, numerosas uniões de *ejidos* e, posteriormente, associações rurais de interesse coletivo (Aric). A partir da Associação de Misantla, Veracruz, é constituída a Aric nacional, com 16 organizações regionais de Chiapas, Oaxaca, Puebla e Veracruz. Assim, desde os anos 1970, a maioria dos cafeicultores agrupou-se na UEPC, muitos se enquadraram em uniões e associações regionais e alguns participaram em uma associação nacional com grande capacidade financeira, industrial e exportadora. Pouco mérito, na realidade, pois quase todas essas organizações representam a continuidade da administração pública; aparelhos econômicos paraestatais que, com o tempo, passam a cumprir funções corporativas e clientelistas.

A organização cafeeira autônoma nasce, na realidade, no final da década de 1970, quando agrupamentos independentes como as uniões de *ejidos* Kiptik ta Lecubtesel, Luta Camponesa e Terra e Liberdade, de Chiapas, e a Alfredo V. Bonfil, de Guerrero, junto com a União de Produtores de Café, de Veracruz, empreenderam lutas regionais contra a lerdeza e as deficiências do Instituto; ações que nos primeiros anos da década de 1980 transformaram-se em uma ampla e combativa mobilização nacional.

Da exigência de soluções ao governo, as organizações passam a conceber e executar projetos de autogestão, numa virada que alguns chamaram de "mudança de terreno" e que diluiu a incipiente coordenação nacional, mudando a atenção dos agrupamentos sobre suas respectivas zonas. Assim, durante os anos 1980, foram consolidados numerosos núcleos cafeeiros regionais que desenvolveram aparelhos econômicos próprios como sistemas de provisão e comercialização, equipe agroindustrial para o beneficiado primário e, eventualmente, a torrefação, sistemas financeiros, entre outros; tudo dentro da estratégia chamada "apropriação do processo produtivo". Nesta etapa introspectiva, cada uma das regiões cafeeiras definiu estratégias diferenciadas de acordo com sua história e contexto específicos.

As plantações mestiças do centro de Veracruz, por exemplo, são formadas por cafeicultores camponeses tradicionais, fortemente especializados e de altos rendimentos, que habitam uma zona de boa comunicação e com serviços financeiros. Para eles, o importante é dotar-se de infraestrutura para o benefício do grão e tentar a exportação direta, não necessitar de sistemas de crédito próprios e depender pouco do Inmecafé. Ao contrário, os de Chiapas e Guerrero são cafeicultores mais recentes e de baixos rendimentos, localizados em zonas de comunicação ruim, cujas prioridades são passar dos rústicos pátios de secado para o beneficiado úmido; estes não têm financiamento bancário e assim formam uniões de crédito que ainda assim dependem fortemente do Instituto. Voltados para a tarefa de edificar aparelhos econômicos eficientes e serem "bons empresários", a maioria dos trabalhadores organizados participa pouco das novas lutas nacionais pelos preços, como a do ciclo de 1986-1987, que impulsionou quase exclusivamente os cafeicultores da Cioac veracruzense e alguns grupos da CNC. Quando os projetos econômicos de autogestão esquentavam os motores para decolar e a emancipação livre-cambista dos camponeses parecia iminente foram cancelados os acordos econômicos da OIC, subiram os preços do café e o Instituto empreendeu sua retirada. Tratou-se, na verdade, de um choque com o capitalismo selvagem realmente existente, comoção que no caso do café correspondeu a uma virada histórica, ou seja, o trânsito de uma longa regulamentação internacional que, ao manter os preços relativamente altos, deu segurança às nações consumidoras, mas, em sua maioria, beneficiou economicamente os países produtores, um sistema de livre mercado submetido, na realidade, às transnacionais agroalimentares e à especulação da bolsa; uma mudança de rumo cujo efeito inicial foi a queda das cotações e o desmantelamento dos aparelhos de intervenção econômica estatal na cafeicultura. A primeira turbulência do vendaval varreu a ineficiente, subsidiada e corrupta organização econômica da CNC. No bando de autônomos, paradoxalmente, golpeou com maior força os mais eficientes e avançados, os cafeicultores veracruzenses que, uma vez adquirido a crédito benefícios industriais, tiveram que enfrentar os preços ruins e o aumento das taxas de juros. Como produtores especializados, não tiveram outros rendimentos agrícolas e nem puderam acumular as safras esperando tempos melhores.

Nas crises, é comum lembrar-se dos amigos e, no final dos anos 1980, os agrupamentos cafeeiros, abalados em suas regiões, restauraram as relações nacionais que quatro anos antes haviam deixado esfriar. Em julho de 1989, foi realizado em Oaxaca o Primeiro Encontro Nacional de Organizações Cafeeiras, com 25 agrupamentos de seis estados que firmaram um Convênio de Unidade de Ação.

No mesmo ano, foi realizado um segundo encontro, dessa vez em Veracruz, no qual estiveram presentes as mesmas organizações e mais de cem UEPC desse estado. Produto dos encontros foi a

Coordenação Nacional das Organizações Cafeeiras (Cnoc), fundada em julho de 1989 em Lachivizá, Oaxaca, e onde participaram, entre outras, a Aric, a União de Uniões e a União de Crédito Pajal Yakiltik, de Chiapas; a Coligação de Ejidos da Costa Grande de Guerrero; a União dos Produtores de Café de Veracruz; a Tosepan Titataniske, de Puebla; a União Camponesa Independente Cem Anos de Solidão (UCI 100 anos), a União Camponesa Independente da Região do Istmo (Uciri), a União Camponesa Independente da Zona Norte do Istmo (Ucizoni) e a Povos Unidos do Canto, todas de Oaxaca; a Cooperativa Amanhecer do Povo, de Tabasco e grupos cafeeiros da Cioac. A Cnoc é uma rede de organizações de produtores, mas, de certa forma, é também uma coordenação pluriétnica de agrupamentos indígenas e, certamente, a maior e mais forte que já existiu no país. "A grande maioria de nós é indígena" – disse a Cnoc em entrevista – "pois somos: tzotziles, tzeltales, tojolabales, choles, huastecos, nahuas, totonacas, tlapanecos, mazatecos, zapotecos, mixtecos, chinantecos, triquis, entre outros".

Na Cnoc, convivem duas tendências do movimento camponês, a que encarna na Cioac uma coordenação fundada e por muitos anos impulsionada por militantes do Partido Comunista, e a formada, em sua maioria, por organizações vinculadas à Unorca, que nesse momento vivia em lua de mel com o Estado, graças a uma relação de proximidade com o grupo do presidente Carlos Salinas.

Assim, a coordenação nasce no contexto ideológico do que chamei de "emancipação livre-cambista" e, logo de saída, flertou com o "novo movimento camponês", apoiado por uma tendência supostamente renovadora da CNC. O "novo movimento" é uma corrente que não pretende integrar organizações sociais – das quais se presume por definição que sejam contestáveis, briguentas e clientelistas –, mas "redes de empresas sociais e ramos de produção", que se voltem para a política privatizadora e desregulamentadora impulsionada pelo governo e na qual se vê uma oportunidade de que os camponeses alcancem a "maioridade", mediante a apropriação gerencial das empresas e das atividades econômicas abandonadas pelo Estado.

Além das filiações, a Cnoc é uma frente realmente plural e constituída por efetivas organizações de base que, de início, definem sua própria política. Desde sua fundação, a coordenação tornou-se o principal interlocutor do governo na assinatura do Convênio de Acordo para a Mudança Estrutural do Inmecafé, em que foi estabelecido que as organizações de produtores assumirão as funções de crédito, provisão, benefício e comercialização, para as quais o Instituto deverá transferir 33 benefícios úmidos, 12 benefícios secos, 31 armazéns e outras instalações. Nessa linha, as organizações da Cnoc fundam a Promotora Comercial de Cafés Suaves Mexicanos, S.A. de C.V, com a finalidade de apoiar as exportações e o comércio direto com os Estados Unidos, com o registro da marca Aztec Harvests. No entanto, o financiamento foi uma alavanca decisiva que o setor cafeeiro pós-Inmecafé não conseguiu restabelecer, pois os programas de habilitação com recursos governamentais, como o crédito em dólares de 1994, fracassaram, em parte, por causa da mudança conjuntural na paridade monetária, mas também devido ao clientelismo da CNC e da lógica contestatória de algumas organizações independentes que, ao mesmo tempo, incentivaram o não pagamento, uns porque eram do PRI e se dedicaram aos votos e outros porque não pertenciam ao partido e cobravam rigorosamente a dívida histórica do Estado com os camponeses.

A crise gerada pelos preços baixos e pelo desregramento estatal protagonizado no desmantelamento do Inmecafé, não teve uma aterrissagem suave e, apesar de a Cnoc e outras organizações haverem se mobilizado e negociado intensamente, entre 1989 e 1994, em quase todos os aspectos a cafeicultura social naufraga ou faz água. Contudo, assim como em 1974, a queda dos preços do aromático e a presença do levante armado do Partido dos Pobres na zona cafeeira da Costa Grande de Guerrero impulsionaram o fechamento do Inmecafé; em 1994, a prolongada desvalorização do grão, a emergência do EZLN e o fato de o Conselho Estadual das Organizações Indígenas e Camponesas (Ceoic), de Chiapas (formado no calor da insurreição), colocar em primeiro plano a problemática do café, de acordo com a pressão da Cnoc, se combinaram com o objetivo de precipitar um multimilionário programa governamental.

Dessa maneira, o conturbado período de transição, caracterizado por ínfimas cotações, desmantelamento dos aparelhos econômicos do Estado, programas governamentais pouco exitosos, protagonismo crescente da Coordenação e rebeliões armadas em zonas cafeeiras, terminou simbolicamente em 1994, com a entrega aos produtores de um subsídio direto de 700 pesos por hectare, com a possibilidade de se inscrever em até quatro; um subsídio clientelista e eleitoreiro em torno de 400 milhões, com o qual se pretendia contentar a Cnoc e seus associados, jogar água na guerrilha e colaborar para que o PRI ganhasse as eleições para a presidência, que foi realizada nesse mesmo ano.

Em 1994, fenecem tanto o sexênio como a credibilidade de Carlos Salinas. Com isso, esgota-se a aliança do "novo movimento camponês" com o governo para impulsionar um processo no qual o descomprometimento rural do Estado e a liberação do mercado deveriam emancipar os pequenos produtores agrícolas transformando-os em eficientes empresários.

Os documentos do Primeiro Congresso da Cnoc, celebrado em junho de 1994, em Oaxaca, registraram tanto o novo ceticismo ante a livre-concorrência quanto as conclusões extraídas pela coordenação sobre os intensos acontecimentos recentes, sendo que, nesse momento, este era o agrupamento camponês mais sólido do país, e também a maior organização indígena:

> A explosão chiapaneca demonstrou [que] [...] os intentos de modernizar o setor rural por meio de "golpes de mercado", a tentativa de drenar a população rural [...] cedo ou tarde provocam instabilidade [...] [assim,] qualquer política de modernização no futuro deve partir da consideração de que os camponeses existem e ignorá-los ocasionará um enorme custo político e social. Segundo [...] [mostrou] a estreita relação que existe entre a luta rural e a democratização política do país. Ainda que as pressões rumo a uma democracia plena já estivessem presentes [...] a insurgência

indígena e camponesa as estendeu e as ampliou [...] Terceiro [...] a profunda imbricação [...] entre as demandas rurais e a questão étnica. Ao longo e ao largo de todo o país, a recuperação da etnicidade por parte da multidão de povos indígenas rompeu com uma visão culturalista [...] imposta pelo Estado e colocou no centro do debate nacional a questão da autonomia e do autogoverno.

Isso não foi dito por uma organização testemunhal ou uma central de fachada. Nesse ano, foi elaborado o primeiro padrão confiável de cafeicultores e a Cnoc demonstrou que representa cerca de 66 mil produtores efetivos, enquanto a oficialista UNPC da CNC afirmou representar 86 mil, e as empresariais CMPC e CNPR agruparam 5500 e 2800 produtores, respectivamente. No entanto, 1994 foi também o ano de maior militância e presença nacional da coordenação, pois desde 1995 os preços do grão aromático se recuperaram e o governo definiu uma nova política para o setor, consistente em promover a renovação das plantações subsidiando a produção e o estabelecimento de plantas.

O Programa Aliança-Café foi aplicado, de maneira descentralizada, por meio dos conselhos estatais e, na maior parte dos casos, conduziu à negociação bilateral de quotas por parte de cada uma das organizações, que se transformaram, assim, em simples operadoras de recursos fiscais. Contudo, a Cnoc e suas filiais enfrentaram melhor que as outras as novas condições. Fernando Célis, especialista no assunto, calculou que para o ano de 2000 a Coordenação ainda representaria cerca de 50 mil produtores, enquanto a Cioac, dividida em duas frações, a União Geral Operária Camponesa Popular (Ugocep), a União Nacional de Trabalhadores Agrícolas (Unta), e outros núcleos independentes, agrupariam a outros 25 mil. Por sua parte, a CNC conservava em torno de 60 mil dos quase 90 mil sócios que chegou a ter e as duas coordenações empresariais haviam se dividido e perdido a representatividade.

A partir de 1998, os preços do café entraram outra vez em uma vertiginosa queda, caindo, no final de 2001, para 40 dólares (por cem libras). Para um produtor médio, a cotização mínima para evitar perdas é de 100 dólares. Além disso, o café mexicano sofreu castigos de até 30% sobre o preço da bolsa e, como se não bastasse, o peso estava superavaliado. Novamente, a crise fortaleceu a convergência nacional.

Desde 1997, a Cnoc, a Cioac, a UNPC da CNC, a CMPC e a UNPC, afiliada à Confederação Nacional dos Proprietários Rurais, reuniu-se em um Fórum das Organizações Nacionais que tratou de fortalecer a posição dos produtores, tanto sociais como privados, em face ao peso excessivo que no Congresso Mexicano do Café têm os grandes exportadores, os industriais e os governos estatais e da federação.

Com a queda dos preços, o Fórum ganha força, unificado na demanda de novos programas emergentes, mas também de uma verdadeira política cafeeira de longo prazo. É uma linha estratégica que deve incluir mecanismos de estabilização dos preços, pois se no último quarto de século a média das cotizações faz do aromático um cultivo rentável, as flutuações de até 300% da última década configuram um plano inconduzível.

Desse modo, em 15 de março de 2000, os cafeicultores se mobilizaram de novo em escala nacional. Com o intuito de negociar com as secretarias de Agricultura e de Fomento, chegam à Cidade do México 2300 produtores provenientes de Oaxaca, Chiapas, Puebla e outros estados, e entram em um acordo com as autoridades no sentido de reterem 350 mil sacas de café, comprados com recursos fiscais, além de um novo plano emergente de apoio direto ao produtor. Esse Programa, assim como o de 1994, transformou-se em uma ação política, pois em 2000 também houve eleições federais. Assim, apesar de os produtores de café não chegarem a 300 mil, o último governo do PRI repartiu dinheiro para, aproximadamente, 500 mil pessoas, e mesmo assim perdeu as eleições.

Durante o ano de 2001, a novidade a respeito dos preços do café foi a de destacar a frase "pior do que está não fica", já que no mês de outubro a saca de cem libras de café alcançou a inimaginável cifra de 42 dólares. Quanto ao exacerbado governo federal alternado, as negociações que impulsionaram o Fórum continuaram sendo tão difíceis como no passado, com a diferença de que, nesse momento, são o INI e a Comissão da Presidência para Assuntos Indígenas que pretendem dirigir a negociação e retirar a divisão política da condição predominantemente étnica de algumas organizações de produtores sociais que não foram acompanhadas até o início da distribuição de apoios conjunturais, amplamente negociados com o governo. Nada de novo, pois nos últimos anos da década de 1980 e nos primeiros anos da de 1990, o INI-Solidariedade entrou em acordo com o Inmecafé em sua retirada, buscando capitalizar os programas emergentes com a criação de seus próprios agrupamentos cafeeiros corporativos.

Para os pequenos produtores, que iniciaram suas plantações nos bons tempos dos acordos econômicos internacionais e do Inmecafé, foi impossível ocultar o lado sombrio do novo panorama. A falta de regulamentação de um mercado que, hoje, assim como no início do século XX, é controlado pelas multinacionais, pode ser observado na descontrolada concorrência entre os países produtores, cujo saldo são os preços baixos e erráticos. As perspectivas imediatas não são boas, pois no início do novo milênio, e em decorrência, principalmente, das crescentes colheitas da Ásia e da Oceania, a produção ultrapassou o consumo em 10%, e os inventários, que foram reduzidos em meados de 1990, voltaram a crescer, inclusive nas mãos dos importadores e contra a sua lógica de produção *"just in time"*.

Assim, para muitos produtores modestos, o café está deixando de ser rentável, não apenas por causa do nível dos preços, mas, sobretudo, por suas severas flutuações. A plantação se converteu em uma herança incômoda que apenas se mantém em função da espera por tempos melhores, que possivelmente não virão ou que, em todo caso, não perduram, e porque é possível ter acesso aos subsídios do Programa de Emprego Temporário e de Aliança para o Campo. Essa é uma amarga perspectiva para aqueles que permaneceram na lógica das velhas estratégias do Instituto. Contudo, há outro setor, cada vez mais numeroso, que busca e encontra opções tecnológicas e de mercado e que, embora tenha crescido no café, não tem apostado tudo nesse grão, investindo na diversificação da produção.

Esse novo movimento cafeeiro não é formado pelos núcleos estruturados de fins da década de 1970 e princípio da de 1980 que animaram as lutas precursoras, mas por agrupamentos mais recentes, ou seja, por uma nova geração de cafeeiros organizados que se caracteriza pela posse de produções muito pequenas e por um perfil marcadamente indígena, mas que tem colocado em pé fortes organizações capazes de combinar eficácia técnico-econômica e legitimidade social.

Café com piquete

Os fetichistas da livre-concorrência pensavam que com a falta de regulamentação os cafeeiros iriam se "modernizar" e que, devido "a golpes do mercado", os produtores mais modestos e diversificados desapareceriam deixando seu lugar aos verdadeiros empresários da cafeicultura. Não foi assim. Na crise dos preços, os mais afetados foram os mal denominados "transicionais", produtores pequenos e médios, porém especializados, e que dependem exclusivamente do café e têm gastos produtivos incalculáveis. Ao contrário, os cafeicultores diversificados, com plantações ínfimas e técnica tradicional, intensificaram seu trabalho em outras áreas de produção, por conta própria e por meio do trabalho assalariado, deixando de melhorar o cafezal para esperar por tempos melhores. Todos sofreram os impactos, porém, as estratégias camponesas foram mais eficazes do que as empresariais para escapar do vendaval.

Em vez da esperada "reconversão" empresarial, a crise gerou uma boa dose de recamponização das estratégias cafeeiras. Muitos dos pequenos produtores que nos anos de preços relativamente bons e menos estáveis responderam ao discurso agradável e convincente do Inmecafé, especializando-se e aumentando sua dependência dos agrotóxicos e de trabalho assalariado, restabeleceram, nos anos 1990, o cultivo de milho para o autoconsumo e buscaram outras opções produtivas comerciais.

Diante da exclusão selvagem, operada pelas inclemências do mercado, as táticas camponesas, baseadas em lógicas de produção não empresariais, operaram como mecanismos de inclusão. Com uma dose de feminização da economia doméstica, a intensificação do solar, do *traspatio* e dos básicos do autoabastecimento, além de ser reforçada com a migração estacional mais ou menos prolongada dos homens adultos da família, abrindo-lhes uma porta para a sobrevivência. Contudo, o mais importante é que as estratégias camponesas passaram do doméstico ao associativo e foram adotadas também pelas organizações de produtores.

Paradoxalmente, os mais prejudicados foram os agrupamentos de bons produtores do centro de Veracruz e de agricultores comparativamente grandes da Costa Grande de Guerrero, uns e outros mestiços, mais ou menos especializados, enquanto os núcleos de produtores indígenas com hortas muito pequenas e diversificadas, de Oaxaca, Chiapas e Puebla, se saíram melhor. O fato é que a segunda geração de organizações cafeeiras autônomas, nascida na iminência da crise de 1989-1993 ou durante ela, já não se deslumbra com a miragem que deixou os precursores veracruzenses e guerrerenses endividados e com instalações agroindustriais subutilizadas e, na falta de preços assegurados e de quotas de exportação, opta pela reconversão produtiva e pela busca de nichos de mercado mais favoráveis.

No entanto, envereda também na diversificação, tanto doméstica e comunitária quanto na de maior escala, pois na nova cafeicultura social a chave do êxito reside tanto na integração vertical da cadeia produtiva como na articulação horizontal dos agricultores; no fortalecimento do sistema-produto, mas também no impulso e racionalização da diversidade; na boa colocação no mercado externo e, ao mesmo tempo, no bom aproveitamento das possibilidades do mercado local; na combinação da agroexportação mais intensa com o autoconsumo; no fato de assumir que o café pode ser um meio de pagamento nos intercâmbios locais, assim como foi o cacau antes da conquista, ao mesmo tempo que é cotizado na bolsa de Nova York.

Assim, a combinação do global com o local, própria da natureza da produção desse grão, é a pedra de toque de seu vigor organizacional.

As novas estratégias cafeeiras são relevantes e paradigmáticas em um sentido mais amplo, pois a crise do campo não se circunscreve ao desastre do aromático. A abertura comercial, negociada como parte do Nafta, favoreceu unicamente a exportação de hortaliças, atingindo a produção nacional de grãos básicos e gerando uma tal dependência alimentar que terminamos o século importando alimentos pelo mesmo valor de nossas exportações de petróleo.

Não estão em crise apenas os cultivadores de milho, feijão e arroz, pois, em 2001, encurralados pela concorrência da alta no preços das frutas, os produtores de abacaxi ficaram quebrados por causa da entrada no país da fruta enlatada; os produtores de leite foram atingidos pelo leite em pó de importação; os pecuaristas, pela carne estrangeira, entre outros. O saldo dessa crise generalizada, que afeta tanto os grãos básicos como as matérias-primas dos rendimentos camponeses e os empregos locais, resultou em um empobrecimento que se revela na exportação dos próprios trabalhadores, em um incontrolável êxodo rural, aos campos agrícolas do noroeste e aos Estados Unidos.

O fim da soberania alimentar e a perda da soberania trabalhista são os dois cravos que nos fincam na cruz da dependência perversa. Digo perversa porque nem todo tipo de dependência o é, já que não é a mesma coisa negociar a soberania em troca de interdependência virtuosa com a União Europeia e depender, absolutamente, e de um único país, em duas questões vitais e inegociáveis como a alimentação e o emprego.

Isso não é catastrófico, pois em tempo de mudanças climáticas planetárias a oferta mundial de grãos básicos não está garantida. Basta recordarmos as filas que se faziam nos países pobres para comprar produtos básicos a qualquer preço depois das longas secas de 1995, na Rússia, Austrália e África do Norte, bem como após as intensas geadas de 1996 nos Estados Unidos. Vale lembrar, também, os anos de recessão econômica nesse país, conciliados ao terrorismo, à paranoia e às novas cruzadas bélicas imperiais, além do acesso mexicano aos postos de trabalho dos Estados Unidos e as remessas de dólares que sustentam uma em cada duzentas famílias residentes aqui. No México, a ameaça de uma crise grave nas importações alimentares, na exportação de trabalhadores e na chegada de remessas não é apenas efetiva, mas também iminente. Na maior parte dos países da América Central isso já é uma dramática realidade.

Entretanto, a multidão de migrados que envia remessas de dinheiro e os subsídios governamentais, que são de caráter assistencialista e, na prática, dirigidos ao consumo, estão transformando muitas comunidades em uma quantidade de povoados "dormitório", com mínima atividade produtiva e absolutamente dependentes de recursos do exterior. As remessas da solidária raça desterrada já estão em torno de 20 bilhões de dólares ao ano; mais de quinze vezes o gasto da Procampo e cinco vezes o orçamento da Secretaria de Agricultura, Pecuária, Desenvolvimento Rural, Pesca e Alimentação (Sagarpa).

As respostas do governo de Vicente Fox a esse desastre são as fórmulas tripartidas de sempre: aos empresários, "um ambiente de negócios que lhes garanta segurança e rentabilidade", aos eternos transicionais (se é que sobra algum, pois a maioria já se transferiu para o porão camponês), "transformação do produtor tradicional em pequeno e médio empresário", ou seja, a ilusão da via de negociação onde muitos são chamados de nenhum e, para os desiludidos, "impossibilitados de transitar por seus próprios meios em direção a uma economia de mercado", sobra um reconhecimento mais evidente ao destino anterior do esgoto demográfico, a drenagem populacional.

Como a miragem de empregar-se em uma indústria que supostamente cresceria em torno de 7% não se cumpre, os foxistas vislumbram como futuro "a venda de serviços pessoais a pequenas indústrias rurais, a empresas agrícolas no país ou no estrangeiro". Ou seja, a condição de *golondrinos* ou *mojados* como único destino. Já havia dito o atual presidente Fox quando era governador dos guanajuatenses: é mais válido estudar jardinagem para encontrar trabalho nas residências dos gringos. Não importa se a viagem é perigosa, pois em maio de 2001 há Oficina da Presidência. Para a Atenção aos Migrantes, ele prometeu aos peregrinos e peregrinas do "sonho americano" uma caixinha com pílulas contraceptivas ou com 28 preservativos, além de aspirinas, medicamentos contra diarreia, vendas, atum, carne-seca, granola e sua benção. Lamentavelmente, a Presidência se arrependeu – ou as pressões dos Estados Unidos ocasionaram seu arrependimento – e os *mojados* terão que continuar cruzando sem o *kit* sobrevivência que antes haviam batizado de "caixinha feliz".

Por sorte, há outras saídas. Em vez do panorama de improváveis neoempresários agrícolas e efetivos migrantes esfarrapados que o governo nos reserva, as organizações cafeeiras tem um projeto de inclusão; certamente um projeto modernizador, mas também de perfil camponês.

O caso de Oaxaca é bastante instrutivo. Lá, a cafeicultura teve um crescimento explosivo, pois dos 14 mil produtores e 62 mil hectares que havia há pouco mais de vinte anos, passou-se a 58,6 mil produtores e 180.239 hectares na atualidade. A esmagadora maioria dos novos agricultores é indígena e o extremo desse fato é que o café é o principal cultivo comercial de onze dos dezesseis grupos étnicos da entidade, tais como zapotecos, triquis, mixes, chinantecos, chatinos, chontales, zoques, mixtecos, tacuates, cuicatecos e mazatecos. Além disso, os cafezais são muito pequenos e 88% têm cinco hectares ou menos e, dentro desse setor, 35 mil hortas são de menos de dois hectares. Se considerarmos, por exemplo, que os rendimentos são baixos, ou seja, 400 libras por hectare em média e de menor valor no caso dos produtores menores, é claro que o café não é suficiente para alcançar um nível de subsistência e, por isso, os agricultores indígenas também produzem milho, criam animais, são coletores e trabalham como assalariados.

Em Oaxaca, o processo de organização autônoma, não corporativo e nem paraestatal, acelera-se em meados da década de 1980. Um dos primeiros agrupamentos é a União Camponesa Independente da Região do Istmo (Uciri), que nasceu em 1983, com o apoio da Diocese de Tehuantepec, comunidades eclesiais de base e organismos solidários europeus. Os zapotecos, mazatecos, chontales e mixes, que integram a união, enveredam prontamente no mercado mundial, pois desde 1985 exportam para a Holanda e, posteriormente, para os Estados Unidos, Canadá, Inglaterra, Itália, Alemanha e Japão.

Apesar dos apoios solidários que recebem, desde o início a Uciri tem sua linha de ação definida, ou seja, "Comércio e não assistência". "Não necessitamos de esmolas, preferimos vender nosso café por um bom preço". É um posicionamento claro, porém difícil de ser concretizado e que, entretanto, transforma-se na ideia motriz do "comércio justo". Pouco tempo depois, a União torna-se cofundadora da marca Max Havelaar, cuja certificação permite aos produtores pobres e organizados que operem sem intermediários em cooperativas democráticas e equitativas, que tenham acesso a mercados alternativos que pagam bons preços e a reservatórios significativos, importante sobretudo no momentos em que desabam as cotizações no mercado convencional.

"Comércio justo" é um oximoro, uma fórmula contraditória, já que justiça é um valor social e, por definição, o mercado é insensível a toda consideração ética. É, contudo, oximoro fértil e sugestivo, pois dramatiza a necessidade de domesticar o livre-câmbio, de colocar freios na perversa "livre-concorrência". Isso será possível em escala restrita, porém relevante quando o intercâmbio tem como base uma comunidade capaz de entrar em acordo sobre o valor das coisas, tomando o preço como referência, mas utilizando o valor de uso como critério.

Nesse caso, o que se pondera não é somente o valor de uso imanente, mas também os valores sociais que animam a comunidade de produtores e a comunidade de consumidores. A contrassignificação de um comércio socialmente equitativo requer materialidade porque, além de organizações cafeeiras do Terceiro Mundo, há consumidores organizados do Primeiro Mundo.

Desde 1998, a Max Havelaar opera para eles na Holanda e na Suíça; a Trans-Fair na Alemanha, Áustria, Itália, Luxemburgo e Japão; a Fair Trade Foundation na Inglaterra e na Irlanda; a Equal Exchange, desde 1986, opera nos Estados Unidos e Canadá, e também a Ten Thousand Villages e Justus! Atualmente, há 17 selos de comércio justo, agrupados em redes como a Federação Internacional para o Comércio Alternativo, a Associação Europeia de Comércio Justo e a Fair Trade Labeling Organization International. Desde 1999, opera também a Comércio Justo México A. C., onde participam, além da Uciri, outras organizações cafeeiras de Oaxaca e Chiapas, a Cnoc e organismos como a Rede Mexicana de Ação Frente ao Livre Comércio. A Federação atua em 45 países do Sul com produtos como café, chá, açúcar, banana, mel, cacau, nozes, especiarias e artesanatos, produzidos por aproximadamente 800 mil famílias.

Não é o paraíso. O comércio justo é um nicho minúsculo ao qual poucos podem ter acesso. Seu crescimento foi importante, mas ocorreu lentamente e teve altos custos de transação sustentados, em sua maioria, com o trabalho voluntário. A certificação tem um custo e quando é necessário obter várias para se ter acesso a distintos mercados pode ocorrer que os produtores não consigam pagá-las. Em consequência, tais certificações funcionam, em alguns aspectos, como a de qualquer mercado, pois quando a oferta é maior do que a demanda os produtores competem pelo acesso e, finalmente, a qualidade do produto é o que abre as portas ao elevado preço justo.

Esses aspectos são uma virtude, pois nos falam de um projeto realista que continuará sendo útil para alguns, além de paradigmático e inspirador para todos, na medida em que atinja tudo o que faça falta ao mercado e mantenha vivos os princípios e valores do projeto. Nessa perspectiva, uma das experiências mais importantes foi a recente incorporação de alguns dos critérios do comércio justo no mercado massivo convencional quando a empresa norte-americana Starbucks, líder do café gourmet nesse país, agregou o grão certificado como justo para o preparo das 30 variedades da bebida que vendem. Dessa maneira, existem atualmente 2300 pontos de venda da união americana onde o café justo é vendido com diversas denominações de origem.

Não foi fácil. Embora a rede de cafés Starbucks leve o nome do primeiro oficial do baleeiro Pequod que, segundo Herman Melville, é a encarnação da "dignidade democrática" e da "realeza dos humildes", e apesar de essa empresa promover sua imagem como "companhia responsável" e ter noticiado, em 1996, um Código de Conduta que incluía saúde ambiental e condições de trabalho dignas para seus produtores, na hora da verdade esta mostrou que seu discurso se tratava de mera mercadotecnia.

Foi necessário que em 1999 a Equal Exchange realizasse uma intensa campanha com ativistas que informassem aos frequentadores de cafés e, principalmente, que veiculasse pela televisão um documentário que mostrava os maus tratos para com os trabalhadores em uma fazenda guatemalteca abastecedora da Starbucks, para que o Leviatã cafeeiro negociasse e assinasse, em setembro de 2000, um comunicado publicitário em que se comprometia a comercializar o café por meio do comércio justo. Desde a rebelião dos pobres na Idade Média para que se abaixasse o preço do trigo, fica evidente que dominar o mercado e impor certa "economia moral" (ver Thompson, 1979, p.318) pressupõe uma enérgica pressão popular, isto é, uma mobilização cidadã onde é possível forjar sujeitos sociais que, se no momento, alimentam essa luta, talvez possam, mais tarde, impulsionar mais e ambiciosos projetos honestos.

Outra contribuição da Uciri à nova estratégia cafeeira é a introdução da técnica orgânica nas plantações dos pequenos produtores. O cultivo do grão aromático, com a substituição dos fertilizantes químicos por compostos e adubos verdes, assim como a dos pesticidas pelo controle biológico, foi posto em prática há várias décadas no sítio chiapaneco Irlanda, embora tenha sido a União istmenha que introduziu, nos anos 1980, essa tecnologia nas hortas camponesas.

O cultivo orgânico, por meio do qual é possível alcançar um rendimento de até 45 quintais[12] de café por hectare, não é um regresso à horta natural, mas uma revolução tecnológica que pressupõe conhecimentos, disciplina e trabalho. Também representa um avanço científico convergente com a primitiva racionalidade técnica dos camponeses, antes de serem seduzidos pelo consumismo de agrotóxicos induzido pelas empresas fabricantes. Além disso, forma parte das tecnologias ecológicas orientadas à sustentabilidade; procedi-

---

12 Unidade de peso equivalente a 100 libras (46 kg).

mentos perversos na ótica de um capital que não só depreda como também promove a absoluta homogeneidade tecnológica, única compatível com um sistema de mercado em que bens iguais, que tem preços iguais, devem ser gerados com tecnologias semelhantes. Hoje, sabemos que a natureza não é niveladora e que seu aproveitamento sustentável pressupõe a adequação das técnicas à diversidade dos ecossistemas. Sabemos, também, que esse é um dos limites absolutos do sistema capitalista. Os camponeses sempre souberam disso e, ultimamente, têm recordado essa lição com o apoio das tecnologias inovadoras.

Afortunadamente, a preocupação com a saúde ambiental é compartilhada por um setor crescente de consumidores, disposto a pagar um alto preço pelos produtos limpos e sustentáveis, de modo que a opção da Uciri por tecnologias não contaminantes tem um prêmio no mercado. O comércio justo e o mercado orgânico foram decisivos na capacidade da União istmenha para superar as crises de preços que prejudicaram outros projetos associativos. Nesse mesmo caminho tem andado também a chiapaneca Indígena da Serra Madre de Motozintla (Ismam), organização de indígenas mames que surgiu em 1985 sustentada pela Diocese de Tapachula, que também tem acesso a mercados alternativos e tecnologias ecológicas e que, hoje, comercializa sua própria marca de café tostado e moído. O mesmo modelo inspira os nahuas da Serra Norte de Puebla, agrupados na cooperativa Tosepan Titatanisque que, além de produzir café com procedimentos orgânicos, tem incorporado em suas plantações até 200 espécies diferentes de plantas, todas úteis e algumas comerciais como a macadâmia, pimenta, canela, mamey, caoba e cedro, entre outras.

Uciri, Ismam e Tosepan são excelentes exemplos de como, em poucos anos, modifica-se a estreiteza local e se internacionaliza a visão camponesa. "Alguns de nós" – disse um folheto da União – "perderam o medo de ir à cidade e outros aprenderam a usar o telefone [...] Antes, as únicas máquinas que havíamos usado eram pequenos moinhos manuais e a maioria nunca havia estado em uma cidade grande".

Sintomaticamente, a Uciri é vinculada de forma oculta ao EZLN e, em março de 1994, o exército irrompe na escola de agricultura da União, suposto centro de adestramento militar. A acusação é caluniosa, mas a relação profunda existe, pois a preocupação dos istmenhos é a produção e a equidade, mas também as reivindicações indígenas: "Não lutamos apenas para melhorar o preço [...] do café", proclamam as Regras Básicas da Uciri, publicadas em 1986. "Sabemos muito bem que a felicidade e a liberdade não podem ser compradas e tampouco estão à venda... Queremos manter nosso orgulho como habitantes ancestrais de nossa região, com nossa língua, com nossos bons costumes."

A Coordenação Estatal de Produtores de Café de Oaxaca (Cepco), uma rede ou federação que agrupa cerca de 40 organizações regionais da entidade e oferece serviço e identidade a mais de 23 mil pequenos produtores, é a maior organização cafeeira estatal do país e, ao lado da Uciri, Ismam e Tosepan, uma das mais exitosas também.

A Cepco surge em 1988, juntamente com a Cnoc, que também se formou nesse mesmo ano, e é filha do final do sistema de quotas, da crise cafeeira e das negociações que pretendem amainá-la. Richard Snyder disse que, em Oaxaca, foi imposto um "neoliberalismo negociado", diferentemente de outros estados onde a imposição dessa dor súbita não teve misericórdia. Com razão, e graças à intensa mobilização dos cafeicultores, o governo da entidade favoreceu uma aterrissagem suave, que permitiu à Cepco, e a outras organizações parceiras no Conselho Estadual do Café (organismo plural e razoavelmente bem estruturado), substituir paulatinamente o Instituto na entrega de adiantamentos, provisões, benefícios do grão e sua comercialização.

Em junho de 1990, com um ano de vida, a Cepco realiza uma assembleia com 1500 representantes de 18 mil membros e, em agosto, realiza seu primeiro congresso, que teve como principal acordo o estímulo ao autofinanciamento para as provisões e comercialização. Forma-se, para isso, a Comercializadora Agropecuária do Estado de Oaxaca (Caeo), que consegue um crédito do Banrural e envereda no mercado externo com o apoio solidário da Uciri. Em 1993, a coordenação apropria-se de duas plantas de beneficiado em seco e das transferidas pelo Inmecafé. Em 1995, a União de Crédito

Estatal de Produtores de Café de Oaxaca (Ucepco), além de sua própria operação, habilita organizações irmãs, membros da Cnoc, como a chiapaneca Majomut e a povoadora Tosepan Titataniske. Em 1996, a Cepco já tinha 22 mil filiados e 40% dos produtores da entidade de acordo com o censo do programa governamental da Aliança Café. O autodiagnóstico da coordenação, nesse mesmo ano, é revelador:

> A reação lógica diante da queda dos preços [...] foi abandonar as plantações e dedicar-se a alternativas como o cultivo de alimentos básicos e pecuária, imigrar às cidades e explorar as florestas [...] não nos preocupamos em fazer render a cafeicultura, nossa principal preocupação era sobreviver [...] Os produtores não conseguiam trabalhar e destinavam os escassos apoios para a aquisição de alimentos [...].

No entanto, "era necessário tornar mais rentável a cafeicultura [...]" mediante a renovação técnica e a integração vertical. Mas também era indispensável diversificar a produção "como uma forma de obter recursos que o café não mais nos proporcionava". Assim, desde o ciclo 1993-1994, a coordenação inicia o programa do café orgânico e, ao mesmo tempo, busca multiplicar as atividades distintas do cultivo do grão aromático.

O sujeito das políticas locais de diversificação é a economia camponesa. Contudo, o programa é dirigido às mulheres que, uma vez reconhecidas pela organização como cafeeiras, são também as principais propulsoras de outras atividades. Em 1995, a Cepco realiza o Primeiro Encontro de Mulheres Cafeeiras, onde elas afirmam: "Somos sócias com plenos direitos de cada organização e da Cepco [...] No entanto, como temos projetos próprios das mulheres, e necessidade de discuti-los, criamos uma Diretiva de Mulheres". A observação que se faz é a de que se há uma dupla jornada também pode haver uma dupla militância, no sentido de reconhecer os interesses específicos do gênero sem criar um gueto feminino. "Já temos mais projetos, os maridos já nos deixam sair, passamos de projetos de animais a outros como abastecimento, farmácias, padarias, fabricação de compostos orgânicos". Também há outros de viveiros, cultivo de flores, produção de *traspatio* e horta familiar, apiários, produção de fungos. Dispõem, além disso, da cooperativa Ita-Teku, com viveiros e invernadas e, inclusive, um laboratório de biotecnologia e uma granja integral, que funcionam como centros de capacitação. Para impulsionar uma diversidade produtiva que cada vez mais adquire importância econômica, a Cepco estabeleceu um Sistema de Microcrédito para Mulheres, com recursos do Banco Interamericano de Desenvolvimento.

Partindo da mesma ideia de não apostar tudo no café e gerar empregos e rendas de outras origens é que, em 1997, a coordenação estabeleceu uma lavanderia industrial e uma fábrica de roupa, com a finalidade de abranger desde o corte e a confecção até a lavagem e outras etapas do acabamento. Nesses projetos, representados na figura das Empresas Camponesas de Oaxaca, a Cepco trabalhou juntamente com a Uciri. Apesar da experiência empresarial acumulada entre as duas, ocorreram também vários tropeços: o cliente inicial se retirou, houve atrasos nos pagamentos, as mudanças na demanda deixaram a estrutura subutilizada e tornou-se difícil competir na confecção com as roupas feitas com a mão de obra extremamente barata dos chineses.

Diante dos acontecimentos, observa-se que é necessário muito esforço para consolidar esse tipo de empresa, embora a opção de emprego industrial que representavam não era algo depreciável. Contudo, o desejável seria a existência de cadeias industriais integradas em vez de plantas de montagem que aproveitam o baixo custo de nossa mão de obra. É preferível, sem dúvida, a indústria social e domesticada às selvagens indústrias privadas.

No sexto congresso da Cepco, realizado em novembro de 2000, a coordenação diagnosticou uma dualidade em sua militância: os que se encontravam por lá simplesmente porque a Coordenação oferecia programas públicos de subsídio e, eventualmente, era possível conseguir bons preços, e aqueles que tinham uma participação e compromisso maiores. Este último setor abrange, principalmente, os que estão envolvidos no programa do café orgânico; opção que exige disposição às mudanças de hábitos produtivos, trabalho intenso, benefícios que são entregues depois da data prometida e uma estreita organização com relação a grupo e comunidade, além de manter-se em um nicho de mercado muito exigente. A partir dessa radiografia, foi desenhada uma estratégia que privilegia a consolidação do crescimento extensivo da militância e dá ênfase à paulatina conversão aos orgânicos.

Com isso, a Cepco transcende por completo a visão estreita dos anos 1980 que preconizava a "apropriação do processo produtivo", entendida como incursão associativa sobre financiamento, benefício e comercialização que, ao deslocar *coiotes*, usurpadores e usurários permitia que os produtores diretos retivessem o "excedente econômico".

Atualmente, a Coordenação assume a tarefa de apropriar-se do processo produtivo, mas também de revolucioná-lo, visto que em uma economia mercantil de nada serve o controle da cadeia econômica se não houver uma eficiente produção competitiva e geração de bens de qualidade reconhecidos pelo mercado. Em outras palavras, se não houver excedente, não será possível retê-lo, pois ainda que o trabalho individual dos camponeses seja extenuante, se ele não tiver uma produtividade social aceitável, ele simplesmente deixará de existir. Por isso, a luta dos trabalhadores e, em especial, dos camponeses, não é apenas contra a exploração – a expropriação do excedente –, mas também contra a exclusão – ou seja, a expropriação das condições materiais –, de forma a ser possível produzir com eficiência bens socialmente necessários.

O modelo da Cepco, assim como o da Ismam, Uciri e Tosepan, além de outras organizações de pequenos produtores, cafeicultores ou não, apoia-se em uma hipótese de trabalho que é também uma aposta:

> Foram subestimadas as oportunidades que o desenvolvimento econômico rural oferece para a ampliação dos mercados de trabalho como alternativa para os processos imperfeitos de absorção de mão

de obra rural, em razão da debilitação da capacidade de absorção dos centros urbanos e dos processos industriais.[13]

Trata-se de potencializar os usos e costumes produtivos dos camponeses em organizações que são *holdings* associativas e, ao mesmo tempo, uma gama de comunidades. Assumir o desdobramento dos bens em mercadorias, mas não o investimento e a mudança de sujeito, fazendo com que o valor de uso continue imperando sobre o valor de troca. Criar aparelhos econômicos eficientes e competitivos, cujos administradores dominem, com presteza, as artimanhas empresariais, mas que coloquem sempre em primeiro lugar os objetivos sociais e a qualidade de vida de seus associados. Esse é o sonho *guajiro* dos produtores indígenas, a utopia possível que as organizações cafeeiras têm defendido. Também não deixa de ser um paradigma de projeto para o Sul digno de ser desenvolvido.

A selva dos caminhos que se bifurcam

> A tradição dos oprimidos nos ensina que a regra é o "estado de exceção" em que vivemos [...] Tenhamos então em mente como objetivo nosso provocar o verdadeiro estado de exceção; com o qual melhorará nossa posição na luta.
>
> Walter Benjamin. *8ª tese sobre o conceito de história*.

"Em nome do café, Chiapas também empobrece", escreveu o subcomandante Marcos.

Da produção nacional do café, 35% é oriunda de Chiapas, que emprega 87 mil pessoas. Dessa produção, 47% destina-se ao mercado nacional e 53% é comercializado no exterior, principalmente nos Estados Unidos e Europa. Mais de 100 mil toneladas de café

---

13 Documento fotocopiado.

saem do Estado para engordar as contas bancárias da besta, pois em 1988 o café pergaminho foi vendido no exterior a 8 mil pesos, mas o produtor chiapaneco recebeu por ele apenas 2500 ou menos.

Datado de 27 de janeiro de 1994, *Chiapas: el sureste en dos vientos, una tormenta y una profecía*, documenta a importância que tem a problemática do grão aromático para o EZLN e suas bases de apoio. Na realidade, a queda do preço do café é o pano de fundo dos momentos de ascensão do movimento popular na região.

A baixa das cotações cafeeiras subjaz após o Congresso Indígena de 1974, não apenas por sua repercussão acerca dos pequenos produtores do Norte da entidade, mas também pela queda de salários e movimentação de assalariados locais, resultante da contratação por parte dos sitiantes da mais barata mão de obra guatemalteca. Assim, o café constitui um tema fundamental do encontro. Dizem os tojolabales: "Não nos foi dada a oportunidade de sermos favorecidos com os preços de garantia do Inmecafé porque a compra é feita dos monopólios e não de nós". E os choles denunciam:

> O Instituto está mancomunado com os monopolizadores. O que nos dizem é que o nosso café não está bom e que não podem comprá-lo. Os monopolizadores sim, estes compram o nosso café por um preço bem inferior ao de garantia. Mais tarde, consequentemente, esse mesmo café rechaçado pelo Instituto é comprado do monopolizador.

Das correntes organizacionais que nascem do Congresso, a que levanta a problemática econômica dos pequenos produtores tem seu foco no café. Em 1979, quando foi apresentada uma ou mais quedas cíclicas das cotações, formou-se uma Comissão Coordenadora que exigiu do Instituto os pagamentos atrasados e demandou que este se responsabilizasse pelo transporte do grão. No ano seguinte, com base no êxito do movimento, as congregações de *ejidos* Kiptik ta Lecubtesel, de Ocosingo, assim como Terra e Liberdade e Luta

Camponesa, de Las Margaritas, dentre outros núcleos menores, formaram a União de Congregações Ejidais e Grupos Camponeses Solidários de Chiapas, que reúnem cerca de 12 mil famílias de 180 comunidades e 11 municípios. Em 1982, essas mesmas forças impulsionaram a fundação da União de Crédito Pajal Yakiltik, processo no qual se dividiram e que ocasionou a mudança de nome da coordenação que, desde então, passou a chamar-se União de Uniões Ejidais e Sociedades Camponesas de Produção de Chiapas.

Política Popular (PP) é a corrente ideológica que estimula esse processo organizativo e antepõe a gestão econômica a toda consideração de princípios e privilegia seus contatos com funcionários públicos em vez de outros critérios sociais. Assim, quando a Quiptik sofre a agressão de grupos da CNC, apoiados pelo governo, os outros núcleos liderados pelo PP solicitam-lhe solidariedade, o que poderia colocar em risco a União de Crédito e, em geral, a relação com o Estado. "A economia se converteu na chave da manipulação política", escreveu Neil Harvey (1997), que reconstruiu minuciosamente o processo. Efetivamente, a suposta liberação livre-cambista dos camponeses, por intermédio da gestão de fortes aparelhos econômicos, está condicionada não apenas à independência com relação ao governo, mas também com relação à simples solidariedade para com aqueles que estão sofrendo agressões do Estado.

Desse modo, em meio a fortes desacordos, forma-se a Associação Regional de Interesse Coletivo União de Uniões (Aric), que será a principal interlocutora do governo federal na Selva Lacandona e uma das organizações rurais prediletas de Carlos Salinas. Contudo, enquanto os dirigentes e assessores da Aric organizam piquetes de centro com o presidente da República, tomam café com o então poderoso Manuel Camacho e organizam reuniões do general Absalón Castellanos com funcionários federais para que os do centro se submetam ao governador; e em La Selva e em Las Cañadas, a força pública desaloja comunidades e reprime sem misericórdia. Além disso, no início dos anos 1980 caem os preços do café.

Sigilosamente, outra rede está se formando em La Selva. Uma organização que, como todas, apoia-se no trabalho que os catequistas da Diocese de San Cristóbal haviam desenvolvido entre os migrantes de Las Cañadas e também na experiência adquirida durante uma década de mobilização econômica em uniões de *ejidos*. Os ativistas das ideias radicais, que em 1984 chegam ao Deserto da Solidão, tem a seu favor o descontentamento crescente de uma jovem geração que havia se deslocado a Las Cañadas em busca de oportunidades, mas que acabaram encontrando todas as portas fechadas, pois a pecuária extensiva não é viável e desde 1989 há proibição florestal e o café se desvaloriza reiteradamente. Uma geração que, graças ao êxodo, havia renovado seus usos comunitários em um sentido democrático e que, em menos de dez anos, passou da ilusão ao desencanto com relação às uniões de *ejidos*. Uma geração encurralada pela repressão da força pública e pelas milícias brancas privadas. Uma jovem geração talvez mais aberta e astuta do que as anteriores, mas também mais arisca e desconfiada.

Em 1989, torna-se conhecida a Aliança Camponesa Independente Emiliano Zapata que, em 1992, transforma-se em Aliança Nacional com os mesmos sobrenomes. Contudo, essa não é mais do que a parte visível do que será o novo zapatismo. Ocultamente, está em construção também uma organização clandestina e um grupo armado que se caracteriza por estar entre a guerrilha convencional e o exército de indígenas. A força que em 1994 apareceu como EZLN surge durante o contexto da decomposição política e moral das organizações gestoras mais governistas e se consolida no marco da derrota da ilusória emancipação do livre-câmbio e do fechamento do Instituto.

Se a infância for destino, deve-se admitir que o EZLN e sua militância nascem vacinados contra as imorais ajudas econômicas como opção libertadora. Se a desconfiança dos zapatistas em relação às diligências "conciliadoras" surgiram desde que eram pequenos, a experiência posterior ratifica suas convicções, pois no seio do Conselho Estatal das Organizações Indígenas e Camponesas, que se formou em Chiapas na raiz do levante, a Aric, União de Uniões, apoiada pela Solidariedade Camponesa Magisterial (Socama) e pela

CNC, erigem-se em líderes das posições governistas, confrontam os agrupamentos independentes como o Ocez, Cioac e Xi'Nich e, finalmente, dividem o efêmero Conselho e recebem os qualificativos de "corruptos e governistas" por parte dos zapatistas. Posteriormente, o EZLN e suas bases de apoio terão que enfrentar os assassinos paramilitares armados pelo governo e apoiados pelas organizações clientelistas, como a Socama, o desenvolvimento contrainsurgente do Plano Cañadas, comandado pela Secretaria de Desenvolvimento Social, e o sistemático "milharal" governamental dos grupos e organizações mais ou menos beligerantes.

O EZLN tem razão quando coloca a boa política acima das reparações econômicas, ao privilegiar a conquista e o exercício das liberdades em relação à corrida por recursos governamentais. Contudo, isso não significa que todas as experiências camponesas de autogestão sejam politicamente desprezíveis. A própria Aric União de Uniões dividiu-se e, distinguindo-se do antizapatismo dos assessores e parte da direção, um grupo majoritário assumiu uma posição independente e crítica do governo e de suas políticas contrainsurgentes.

Além disso, há em Chiapas outras organizações de produtores amplamente recuperáveis. A União de Ejidos e Comunidades de Cafeicultores, Majomut, integrada por tzeltales e tzotziles de Los Altos, formou-se em 1981 e desenvolveu uma experiência interessante e exitosa até que, por causa de sua proximidade com o zapatismo, foi agredida por grupos paramilitares e pelo Exército, que destruíram seu viveiro e forçaram a retirada de 340 famílias. Atualmente, a Majomut está se recuperando e chegou a exportar café nos últimos ciclos da nova safra.

A União de Ejidos de La Selva, organizada em 1983 em Las Margaritas, e que fez parte da Aric, conseguiu sobreviver ao seu desastre político e, a partir da adoção do modelo tecnológico da oaxaquenha Uciri, começa, em 1989, a produzir e a exportar café orgânico. A já mencionada Ismam, desde seu nascimento em 1985, impulsiona a produção ecológica e, desde 1987, vende ao mercado externo, além de ter promovido o café orgânico em toda a entidade, apoiado a Federação Indígena Ecológica de Chiapas e fundado a Associação Mexicana de Agricultores Ecológicos.

Graças ao seu exemplo, a maior parte das organizações cafeeiras chiapanecas do setor social, como a Sociedade de Solidariedade Social Timelonlá Nich K'lum, de Palenque, Salto del Agua e Tumbalá; a União de Cooperativas Tzotzilotic-Tzobolotic e Cholom B'ala, separada em 1992 da União de Uniões e com forte participação feminina; a União de Ejidos de San Fernando, de Los Altos; a União Regional de Ejidatários, Agropecuária, Florestal e de Agroindústrias dos Povos Zoques e Tzotziles de Chiapas, vinculada à Cioac; a União de Ejidos Otílio Montanho, de Motozintla, associada até pouco tempo a nada recomendável Socama, dentre outras associações menores, impulsionaram programas de café ecológico, fazendo da entidade um dos estados com maior produção de grão orgânico.

O EZLN e suas bases de apoio passaram os últimos anos submetidos a um cerco político-militar e praticando uma espécie de economia de guerra. Essa situação tem que mudar. Para isso, é necessário apontar, com sinais claros, os agravantes gerados pelos últimos governos federais, de modo que as negociações de paz recomecem e, finalmente, o zapatismo e suas comunidades possam ser inseridos, com plenos direitos, na vida política nacional. Quando isso ocorrer, o EZLN terá, caso decida ir por esse caminho, a possibilidade de constituir-se em uma organização política *sui generis*, enquanto suas comunidades transitarão das bases de apoio de um exército a grupos sociais carentes de exercer com mais tranquilidade sua autonomia. Certamente, poderão consegui-la ao governarem livremente, mas também impulsionando seus próprios programas de desenvolvimento. Assim, quando a autonomia política e a autogestão econômica forem encadeadas de novo, o zapatismo de base terá que reencontrar a organização produtiva formal da qual tanto se afastou.

Com relação ao amplo movimento indígena que luta por autonomia, a alta probabilidade de que sua incorporação plena à Constituição de direitos dos povos originários seja adiada por um tempo coloca em uma situação insustentável os dirigentes indígenas, que aceitaram cargos públicos no governo de Fox, segundo a lógica de que primeiro se ocupam os postos e que, depois, virá o reconhecimento dos direitos, juntamente com a reforma institucional.

No tocante ao CNI, que não apostou seu capital político no *voto útil* e conserva toda sua autoridade, encontra-se de novo na perspectiva de seu segundo Congresso a tarefa prioritária de reconstruir os sujeitos sociais indígenas e exercer, na prática, as formas de autogovernabilidade. Uma parte dessa reconstrução e desse exercício tem a ver com o desenvolvimento das regiões, com os serviços sociais e com a produção e a renda, ou seja, com a autogestão no cenário econômico.

É essa intensa movimentação que as organizações indígenas nunca abandonaram e que, em muitos casos, constitui o centro da medula de sua existência, mas que, nos últimos anos, foi ocultada pela questão dos direitos por autonomia, não só porque esta é uma reivindicação fundamental, mas também por sua eficácia em, ao mesmo tempo, unir forças e mobilizar em escala nacional. Não estou dizendo, como alguns políticos que tem os olhos voltados para o Norte, que passada a hora em que o tema dos direitos dos indígenas estavam na ordem do dia, chegou a hora de cozinhar os feijões.[14] Afirmo, sim, que nos próximos meses, juntamente com a estratégia para alcançar o reconhecimento de seus direitos, os indígenas, os camponeses e, em geral, os humildes mexicanos, teremos que desenhar estratégias nacionais que permitam resistir a planos como o Sul-Sudeste, além de apontarmos para outro desenvolvimento, justo e inclusivo. Nessa tarefa, a experiência dos cafeeiros será paradigmática.

Nos últimos vinte anos, os indígenas apresentaram contribuições decisivas para a cultura política nacional. Por um lado, sua luta por autonomia colocou toda a nação no caminho de um sistema de governo realmente democrático, participativo e plural, no qual os indígenas e todos os mexicanos possam exercer, de forma

---

14 Metáfora que se refere ao tempo lento.

responsável, sua autodeterminação. Por outro lado, seu combate por uma organização de autogestão da vida econômica, particularmente evidente no setor cafeeiro, é exemplo de resistência às políticas neoliberais, mas também paradigma de economia moral, de modernidade alternativa.

Para que essas duas contribuições se concretizem em um projeto libertador e justo, de caráter unitário, é necessário vencer algumas resistências. Nos movimentos rurais do último quarto de século, foram definidas duas grandes tendências: uma recupera a bandeira do zapatismo histórico que, se primeiramente reivindica a terra com métodos de ação direta, posteriormente reivindica o direito político ao autogoverno; a outra prolonga a experiência do cooperativismo agrário cadernista e promove a apropriação camponesa da vida econômica.

Ainda que estas duas vertentes tenham vivido épocas de diálogo e momentos de confronto com as forças do sistema, em geral, a primeira encontrou as portas fechadas do governo, enquanto a segunda dispôs de espaços de negociação, sobretudo nas administrações neoliberais que travestiram a privatização e o desregulamento na "maioridade" camponesa. Assim, enquanto a primeira corrente define-se como questionadora, a segunda se supõe conciliadora. Não são moedinhas de ouro, pois, se em uma é frequente a aceleração, o sectarismo e o exagero verbal, na outra figura o oportunismo e o neocorporativismo de *laptop* e celular. Contudo, ambas têm vivido experiências valiosas e, juntas, contêm os germens de um futuro habitável.

Para superar o desencontro histórico, será necessário comprometer a luta libertária com projetos de desenvolvimento viáveis, mas também politizar a autogestão econômica para incorporá-la à livre determinação democrática. A chave dessa inevitável reconciliação são os indígenas, pois no trânsito dos milênios os maiores protagonistas do combate pela liberdade política rural foram os indígenas do Sul. Também são indígenas e sulistas os motivadores das maiores lutas pela equidade econômica.

Desse reencontro depende, em grande medida, a capacidade do povo mexicano de resistir e enfrentar as políticas mercadológicas com que o governo de alternância perpetua os desígnios neoliberais do anterior. A mesma convergência é necessária para encarar o PPP com propostas alternativas e viáveis, sustentadas por forças populares que estejam à altura do desafio. Isso é necessário porque, se os projetos governamentais são multinacionais, também deverão figurar no mesmo patamar os atores sociais capazes de resistir a eles, pois com o capital globalizado, também é necessário "globalizar a esperança".

Essa não é uma tarefa impossível. Já vimos, anteriormente, que, além da maneira de andar e do ar familiar, os povos da América do meio têm grandes afinidades e agitam movimentos e lutas semelhantes. Dissemos, também, que em quase todos os países da América Central foram encenados importantes combates agrários e que muitos compartilham com o sudeste mexicano uma forte presença dos povos indígenas.

Recordemos, para terminar, que praticamente todos sustentam sua economia na cafeicultura, setor que gera anualmente, na região, 1,2 milhão de toneladas, representa entre 20 e 50% das exportações e se estende sobre 1,5 milhão de hectares. Assim, enquanto os estados mexicanos incluídos no PPP colhem cerca de 290 mil toneladas de café ao ano, a Guatemala produz 300 mil, Honduras 185 mil, El Salvador 160 mil, Costa Rica 150 mil, Nicarágua 92 mil e Panamá 11 mil. A maior parte dos produtores mesoamericanos são de camponeses pequenos, com frequência indígenas. A Guatemala tem 63 mil pequenos produtores de café, Honduras 45 mil, Panamá 23 mil e Nicarágua 12 mil. Além disso, quase todos esses modestos produtores estão organizados em cooperativas e participam de organizações internacionais, como a União de Pequenos e Médios Produtores de Café da América Central, México e Caribe.

Entre os indígenas e os camponeses do Sul encontram-se as experiências e as organizações que compõem o patrimônio libertador de nossos povos. Encontra-se, também, a argamassa de uma Aliança Social Panamá-México capaz de confrontar com sonhos *guajiros* – mas também com projetos alternativos, feitos à mão – os pesadelos e os megaplanos do grande capital.

Mesoamericanos: atualizando uma identidade coletiva

> Talvez a Mesoamérica possa atingir sua integração [...] copiando [...] as formas [...] de seu poderoso vizinho do norte [...] Ou encontrará algum dia seu próprio caminho? [Presa] [...] entre o ontem e o amanhã. Mesoamérica continua em vias de formação. O galo já cantou [...] [mas] [...] transcorrerá algum tempo antes de que o sol se levante; porém os homens examinam o céu...
>
> Eric Wolf. *Pueblos y culturas de Mesoamérica*.

Em sua *História da Guerra do Peloponeso*, Tucídides recorda-nos que entre 500 e 400 a.C os gregos inventaram a si mesmos ao mitificar a Guerra de Troia, mas, principalmente, ao derrotar em uníssono a incursão persa. Dois milênios e meio depois, os povos continuam tecendo identidades com os fios do mito, da resistência e da luta.

A consciência da unidade da Hélade diante dos "bárbaros" acabou com a expedição troiana. Posteriormente, a "Grécia que ficou muito tempo sem realizar uma obra memorável coletiva, tampouco poderia fazer cada cidade se erigir por conta própria". Até que, providencialmente, chegou "o rei Xerxes da Pérsia com grandes tropas e com o propósito de conquista [...] Pouco tempo depois, todos unidos e de comum acordo expulsaram os bárbaros" (Tucídides, 1975, p.3). Assim, os gregos tornaram-se protagonistas da história.

Dois mil e quinhentos anos mais tarde, outros povos dispersos – os mesoamericanos – começam a se reconhecer em sua unidade. Não por se sentirem ameaçados pelas tropas dos medos, mas pelas do capitalismo desenfreado. Sua resistência não é frente aos planos de Xerxes, mas aos de George W. Bush e Vicente Fox. Porém, assim como os gregos daquela época, chegaram à conclusão de que não podem realizar uma "obra memorável [...] cada cidade por si própria" e que somente "todos unidos e de comum acordo" poderão, se não expulsar os novos "bárbaros", ao menos parar o PPP, a Alca e outros planos obscuros do tirano.

Sábado, 19 de julho de 2003, em El Progreso, município de Santamaria, Honduras. Foram assassinados dois camponeses que lutavam por terra. Segunda-feira, 21, o Conselho Coordenador das Organizações Camponesas de Honduras (CCOCH) organizou uma manifestação em Tegucigalpa. Nada fora do comum na dolorida América Central. O inesperado foi que entre aqueles que protestavam havia dezenas de camponeses nicaraguenses, salvadorenhos, costarriquenses, panamenhos, guatemaltecos, belizenhos, mexicanos, cubanos que, nas palavras de ordem, recordavam o indígena Lempira, mas também Zapata, Martí, Sandino. Nas ovações a Honduras, Cuba, Nicarágua, Costa Rica e México, estes misturavam-se com alegria a uma entidade que há um par de anos era desconhecida entre os centro-americanos, mexicanos e caribenhos e que, hoje, é matéria de novas palavras de ordem: Mesoamérica unida jamais será vencida! O campo mesoamericano não aguenta mais! Outra Mesoamérica é possível!

Há muito tempo os *pinoleiros*[15] fogem da Nicarágua para as terras *ticas* (costarriquenses) ou panamenhas, pois ali há mais emprego. Também é um costume ancestral dos mames guatemaltecos cruzar o Soconusco em direção às pequenas plantações de café. Nos anos 1970, as guerras civis e catástrofes naturais contribuíram para aumentar as tropas de desterrados centro-americanos no México. Nos últimos anos, cada vez mais *catrachos* (hondurenhos), *chapines* (guatemaltecos) e *guanacos* (salvadorenhos) abandonam Honduras, Guatemala ou El Salvador e cruzam o Suchiate em uma alucinante viagem em direção à grande ilusão norte-americana. Por outro lado, são centenárias as peregrinações dos zapotecos de Oaxaca ao santuário do Senhor de Esquipulas, na fronteira entre Honduras e El Salvador. Mas os deslocamentos de hoje são diferentes, pois os mesoamericanos que nos últimos três anos animavam os fóruns multitudinários em Tapachula, Xelajú, Manágua e Tegucigalpa, sonham acordados sonhos *guajiros*, vão atrás de utopias que, nos tempos ruins que correm, são fatores de primeira necessidade.

---

15 Gíria utilizada para designar os nicaraguenses.

Os que clamavam por justiça nas ruas de Tegucigalpa já haviam ensaiado palavras de ordem no México, na Guatemala e na Nicarágua, no calor das passeatas que culminam os encontros multinacionais da região (I Fórum Social, em Tapachula, Chiapas, seguido de um segundo em Quetzaltenango, Guatemala, um terceiro em Manágua, Nicarágua, e um quarto em Tegucigalpa, Honduras).

O estopim foi o Plano Puebla-Panamá. Um projeto que não se solidificou, mas que ao colocar nome e apelido na injustiça, gestou uma grande divergência social, talvez desproporcional às curtas influências do PPP, mas suficiente para enfrentar os concretos estragos desse obscuro "modelo desenvolvimentista". Se, em grande proporção, a cintura do continente sofre as inclemências sociais e ambientais do mercantilismo absoluto (um péssimo sistema nas metrópoles, porém infame nas colônias), em pequena proporção, padece do esgotamento da agroexportação e da depreciação das matérias-primas de origem agropecuária, ao mesmo tempo que presencia o início de um saque nada tradicional, voltado para as reservas de água e a biodiversidade. Como se não bastasse, também há danos de conjuntura, derivados da crise econômica mundial que tem resultado no fechamento das indústrias, na redução do turismo e na diminuição dos investimentos.

Diante dessas calamidades civilizatórias, provenientes do modo de produção, dos saldos nefastos do sistema colonial e neocolonial, das tropas do Estado, que elaboram acordos comerciais como o Nafta, parece que a Mesoamérica atuou sobre sua resposta a um programa de seis anos prematuramente enfermo.

O PPP é, de fato, um projeto desprezível. Em março de 2002, reconheceu Marcelo Antinori, do BID: "As ações do PPP serão limitadas, pois o investimento que o financia provém de recursos fiscais, que são poucos, ou de empréstimos, que não são fáceis de conseguir". Pouco tempo depois, o próprio Enrique Valentín Iglesias (presidente do BID entre 1988-2005) disse: "A oferta de crédito do BID e de outros órgãos financeiros não é o impeditivo para a execução dos objetivos do PPP [...] mas sim a capacidade de endividamento dos países" (*La Jornada*, 27/6/2002). No fim de julho de 2003, enquanto em Tegucigalpa 1600 participantes, provenientes de 15 países davam início ao IV Fórum Social Mesoamericano pela Autodeterminação e Resistência dos Povos, o mais recente dos encontros contra o PPP, o secretário de Relações Exteriores, no México, enfraquecia-se em seu enésimo intento de relançar o programa. Até o Darién[16] e, quando menos, o Suchiate,[17] assinaram um Convênio de Colaboração com oito governadores; isso três anos antes do início formal do programa. Para piorar, isso não bastou: "enquanto o PPP não for prioritário no Plano Nacional de Desenvolvimento" – disseram – "tudo ficará no papel, sem nenhuma utilidade ou validade". (*La Jornada*, 19/7/2003)

Assim são as coisas e os "PPPfóbicos" passaram a ocupar-se também de questões mais transcendentes e agudas como o Nafta, a Alca e o Tratado de Livre-Comércio entre os países centro-americanos e os Estados Unidos, chamado Cafta; o impacto dos acordos com a OMC; a ingerência do Banco Mundial no Corredor Biológico Mesoamericano; a ameaça econômica e ambiental que representam as sementes transgênicas; os direitos à autonomia dos povos indígenas; a migração descontrolada. De um modo geral, ainda que as ONGs presidam os debates e fixem uma agenda, o carro-chefe dos pesos pesados da resistência mesoamericana tem sido as OSBs – as Organizações Sociais de Base que, em outros tempos, chamaríamos de agrupamentos *de classe* – e, sobretudo, as organizações camponesas e indígenas, que são a maioria em uma região onde o rural ainda é a chave do futuro.

Acostumados a se unirem por razões práticas e estabelecerem acordos, os rústicos camponeses não se encontram mais nos fóruns que não sejam declaradamente mesoamericanos. Assim, após a reunião de Xelajú, algumas organizações rurais decidiram convocar o Primeiro Encontro Camponês Mesoamericano (Tapachula, Chiapas, maio de 2001) com a participação de 270 representantes de quase 60 organizações rurais, em sua maioria mexicana.

---

16 Província na fronteira do Panamá com a Colômbia.
17 Rio na fronteira do México com a Guatemala.

A desproporção foi corrigida no Segundo Encontro (Manágua, Nicarágua, julho de 2002), em que participaram menos associações, porém mais representativas da região. O Terceiro (Tegucigalpa, Honduras, julho de 2003), com quase duzentos representantes de aproximadamente cinquenta agrupamentos, foi ainda mais equilibrado e representativo, ou seja, do México, participaram uns quarenta dirigentes; também vieram representantes muito significativos de Honduras, Guatemala, Nicarágua e El Salvador; um pouco menos da Costa Rica, Panamá e Belize e, pela primeira vez, esteve presente uma representação da cubana Associação Nacional de Pequenos Agricultores. As primeiras reflexões estiveram centradas no diagnóstico dos males que os assolam e no reencontro das vertentes do movimento agrário mesoamericano, mas para o Segundo Encontro já foi possível aprovar uma Plataforma Comum e, para o Terceiro, foi institucionalizada uma coordenação regional batizada de Movimento Indígena e Camponês Mesoamericano (Moicam).

A cintura do continente é o coração rural da América, ou seja, quase a metade dos 64 milhões de habitantes que povoam seus 100 milhões de hectares vive no campo e, aproximadamente, 40% trabalha na agricultura. É, também, o núcleo da América indígena, pois um em cada cinco mesoamericanos milita culturalmente em alguma comunidade dos povos indígenas. Por último, a "terceira raiz" de nossa mestiçagem é evidente em Belize e Panamá, sobretudo, nos países do Caribe.

A Mesoamérica é, além disso, a parte mais pobre de um subcontinente pobre. Aqui, a renda *per capita* é a metade da latino-americana, que já é muito baixa, e duas em cada três pessoas são indigentes. Essa miséria, com frequência, resulta em fome, pois somente o México, o Panamá, a Costa Rica e Belize têm certa segurança alimentar, enquanto os demais países praticamente não contam com reservas de grãos. As novas riquezas do terceiro milênio, tais como biodiversidade e recursos naturais, são abundantes na região. Contudo, enquanto as avançadas corporações transnacionais chegam farejando seus patrimônios, os mesoamericanos se vão; alguns aos encraves econômicos demandantes de mão de obra barata, localizados no

México, Costa Rica e Panamá, outros, rumo ao legendário Norte do Gabacho. A maioria emigra "à raiz", ao puro valor mesoamericano. Assim, de cada 100 ilegais residentes nos Estados Unidos, 60 são latinos e, destes, 40 são mexicanos, 10 salvadorenhos, 4 guatemaltecos, 2 nicaraguenses e 2 hondurenhos.

Em uma região insegura e sempre à beira do desastre, a Plataforma do Moicam é muito mais do que uma proposta setorial, é um projeto de futuro. Nos encontros camponeses não se discute somente agricultura, mas também o destino de toda a Mesoamérica. Desse modo, ou caminha-se para uma neocolonização selvagem e inóspita que continue colocando as riquezas a serviço da acumulação desleal e especulativa como, por exemplo, a extração de recursos, a privatização de espécies, o estabelecimento de plantações especializadas, a instalação de corredores de serviços comerciais, as indústrias, o turismo, negócios cujos lucros voltam-se menos para o investimento produtivo e mais para a depredação ambiental-trabalhista e os lucros propiciados pela terra – sua fertilidade, as riquezas do subsolo e seus recursos, a água, a vida, a paisagem, a cultura; ou caminha-se para uma articulação de baixo para o centro, uma integração habitável e sustentada na economia solidária e associativa dos camponeses e, em geral, dos trabalhadores diretos.

Como marco dessa encruzilhada civilizatória, foi diagnosticado, nos encontros, a crescente perda da soberania alimentar – com suas consequentes fomes extremas e recorrentes – e a incontida perda da soberania trabalhista – expressa em explosões populacionais –, saldos da guerra comercial empreendida pelos Estados Unidos e União Europeia, países que subsidiam e protegem sua agricultura e, por outro lado, nos impõem uma abertura comercial que acaba com as plantações de alimentos, arruína os camponeses e submete as nações incapazes de empregar seus cidadãos e produzir alimentos em quantidade suficiente.

Foram detalhadas, também, as causas da acentuada queda dos preços de nossas exportações agropecuárias, tais como a superprodução induzida, a intermediação monopólica, a especulação na bolsa no caso de alguns produtos. Foi examinado o curso das reformas agrárias, que ocorreram no México e na Nicarágua, e que não chegou à Guatemala, visto que, induzidos pelo Banco Mundial, os governos tratam de suplantá-la com créditos para a compra de terras. Muito além da economia imoral que nos assola, evidenciam-se a falta de liberdade política e de autêntica democracia participativa, assim como o severo déficit em direitos humanos, que se destaca por estar acima dos direitos de gênero e do reconhecimento da autonomia dos povos indígenas. Esse reconhecimento deverá ocorrer, de fato, em países como a Nicarágua, onde são constitucionais, porém não se praticam e, de fato e de direito, no México e na Guatemala, onde estão pendentes as reformas constitucionais que os governos acordaram com as guerrilhas no processo de pacificação e, depois, não cumpriram.

O discurso de que o mercado nos tornará livres, justos, democráticos... e até jovens e belos; a falácia de que a riqueza goteja – como a água de uma fonte – e que se houver crescimento algum dia também haverá distribuição de renda, resultam em tapeações que buscam sustentar a proposta de que a liberalização comercial é a chave do desenvolvimento.

Hoje, sabemos que não é assim, pois nem a integração virtuosa nem o desenvolvimento equitativo são procurados, pois desregulam o mercado. Ocorre, portanto, o contrário, pois tanto o Nafta como os tratados entre o México e países da América Central ocasionaram desarticulação da economia e regressão social nos associados mais débeis. O mais grave é que, nos acordos, hipotecamos nosso direito soberano de defender os grandes interesses nacionais, nosso direito de conectar nossa ferramenta ao mercado no sentido de tornar viáveis a produção e o consumo, talvez não competitivos, mas socialmente necessários.

Convencidos de que, com relação ao comércio, não se deve liberá-lo, mas amarrá-lo e que uma sociedade livre somente é possível com um mercado domesticado, os mesoamericanos se recuperam paulatinamente de sua debilidade, uma vez que tocaram fundo na questão, pois a ilusão mercantilista já não é mais possível e, portanto, é necessário buscar paradigmas de prevenção.

A comida é uma arma nas mãos do Império. É por isso que os países poderosos e suas transnacionais estão empenhados em uma cruel guerra mundial pelo desmantelamento da agricultura nos países frágeis e para acabar com os camponeses que cultivam produtos básicos, pois uma nação que não pode garantir a alimentação de seus cidadãos é uma nação submetida [...] Entendemos, por soberania alimentar, o direito dos povos de definir suas próprias políticas e estratégias sustentáveis de produção, distribuição e consumo de alimentos [...] Em nossos países, isso somente é possível com base na pequena e média produção, e respeitando e promovendo os modos camponeses e indígenas de produção agropecuária, florestal, pesqueira, artesanal, assim como de comercialização e de gestão dos espaços rurais,

estabeleceu a Plataforma Camponesa do Moicam.

Não é por acaso que o movimento surja promovendo e participando no Fórum Internacional Camponês e na Marcha Internacional pelos Direitos dos Camponeses e pela Soberania Alimentar, realizados em Cancún, por ocasião da reunião da OMC.

Assim, a Mesoamérica inaugurou, no cenário da resistência global, uma cara camponesa. Os lavradores, que presenciaram o nascimento do capitalismo, foram testemunhas de sua reprodução e estão presentes na disjuntiva civilizatória do terceiro milênio, representando uma multidão em perene rebeldia, uma classe intranquila, hoje globalizada, que se alinha, com pleno direito, às tropas antiglobalização.

A pluralidade geográfica e ambiental mesoamericana suportou um quebra-cabeça de culturas. Em sua origem, todos nós éramos homens do milho, embora os náhuatl lhes chamasse *centli*, *zuba* os zapotecas, *kosak* os chontales, *mok* os zoques, *xál* os mames e *nal* os maias. Em seus momentos expansivos, as grandes culturas irradiaram sobre essa diversidade sem suprimi-la e, no final do século XV, o Império Tenoxca era um mosaico variado de usos e costumes, articulados pelo comércio, o tributo e o náhuatl como língua franca.

A Mesoamérica ainda não possuía um território delimitado com precisão e politicamente centralizado. A conquista e a dominação foram que conferiram unidade; primeiro no âmbito nuclear, densamente povoado e "civilizado" e, paulatinamente, na sua periferia "selvagem", de tênue demografia, porém promissora em riqueza mineral. Assim, por conta da cobiça colonial, a Mesoamérica dilata suas fronteiras.

A nova articulação econômica, sociopolítica e geográfica da nova América hispânica faz do território um ambiente de acrioulamento, mestiçagem e resistência, criando um novo perfil mesoamericano e inéditos sujeitos históricos. Para Edmundo O'Gorman, trata-se da "invenção da América", resultante do esforço crioulo por transformar "uma Espanha no Novo Mundo em uma Espanha do Novo Mundo". Daí, escreve o historiador em suas *Meditaciones sobre el criollismo*, "surgiu [...] a rebeldia [...] a mola impulsionadora da história da nova hispanidade" (O'Gorman, 1970). Certo. Mas também há outra inquietação de raiz propriamente mesoamericana, ou seja, a rebeldia indígena e mestiça, empenhada em reinventar-se, não como Nova Espanha desterrada, mas como Nova América. Durante os séculos XIX e XX, a rebeldia mestiça torna-se nacionalismo, ou seja, uma poderosa força de coesão voltada para a construção da unidade dos diversos a partir da resistência ao inimigo comum. Primeiramente, o domínio diretamente espanhol e, mais tarde, a incursão de outras potências europeias e, finalmente, a intrusão dos Estados Unidos.

No século XX das revoluções (interrompidas como a mexicana, derrotadas como a guatemalteca, enclaustradas como a cubana, revertidas como a nicaraguense), a Mesoamérica ancestral reaparece no discurso dos Estados nacionais como fundamento mítico da identidade. Retórica, na verdade, pois o pasmo diante das conquistas culturais do indígena morto encobre a ofensiva marginalização do vivo; presumível saldo do passado que o "indigenismo" pretende redimir introduzindo-o em uma "cultura nacional" que devore simbolicamente o caráter indígena para excretá-lo neutralizado e, assim, poder infligi-la, na prática, sem custo para o patrimônio cultural da nação.

Com essa genealogia, não surpreende que os anfitriões hondurenhos tenham empregado como emblema do III Encontro Camponês um mapa da Mesoamérica que começa no Rio Bravo e termina no Darién, nem que o Moicam tenha decretado, nas resoluções: "Para o final dessa aliança, entendemos por Mesoamérica a América Central (Belize, Guatemala, El Salvador, Honduras, Nicarágua, Costa Rica e Panamá), México (em sua totalidade) e o Caribe". Muito além das definições geográficas, históricas ou etnográficas, a Mesoamérica é uma entidade viva, uma identidade em construção.

Muitos dirão que as ilhas do Caribe e, inclusive, Belize e Panamá, não têm nada o que fazer na Mesoamérica. Porém, o problema sério é o México. Se para os gringos a América do Sul começa no "Rio Grande" e, segundo os chapines, a América do Norte inicia em Suchiate, nesse caso, os astecas estão no limbo. Geograficamente, somos parte da América do Norte e parte da América Central; para nossos governantes estamos fadados a ser a província mais equinocial da América do Norte ianque e, na percepção centro-americana, o México é terra hostil, ou melhor, um *Big Brother* prepotente e persecutório que se tornou o Cérbero do Império.

O distanciamento entre o México e a América Central é idiossincrático. Se o anti-ianquismo mexicano alimenta-se da perda de nossos estados setentrionais, para um guatemalteco o México é o país que lhes tomou a metade do território. Se a iniquidade econômica dos Estados Unidos para com o México, reforçada pelo Nafta, é um problema do Gabacho que renovamos todos os dias, a assimetria comercial México-América Central (por cada dólar que importamos da região, exportamos quatro), fortalecida por iníquos tratados comerciais com a Costa Rica (1995), com a Nicarágua (1997) e com a Guatemala, Honduras e El Salvador (2000), que não reconhecem as assimetrias, não incorporam o princípio da nação mais favorecida, não consideram a cooperação para o desenvolvimento e não incluem os direitos sociais, trabalhistas, ambientais nem migratórios, é uma ofensa cotidiana que acirra a relação.

Como podemos não ser anti Estados Unidos quando todos os anos esse país expulsa um milhão de ilegais, a maioria mexicanos?

Como pode a América Central não sentir rancor pelo México quando todos os anos nosso país deporta entre 100 e 200 mil ilegais, a maioria centro-americanos? Para o México, optar entre a América do Norte e a Mesoamérica representa um confronto histórico. Quando a gerência da nação olha em direção ao Norte, desejosa e obsequiosa, é reconfortante que os camponeses estejam envolvidos com o Sul. Porém, a aposta equinocial envolve o México como um todo. Os desafios mesoamericanos talvez comecem no Darién panamenho, mas não terminam em Puebla, como quer o PPP, pois, na verdade, seguem até o Rio Bravo. Da cintura para baixo, certamente o país tem particularidades. Contudo, sem menosprezar seus desafios e potenciais específicos, a problemática do sul demanda compromissos e ações em âmbito nacional. Já comentei em outra parte:

> Na ideia de que os assuntos do sul se resolvem no sul, subjaz uma visão dicotômica do país, segundo a qual há um México moderno, globalizado e viável, que é o do norte, e um México pré-moderno, subdesenvolvido e talvez não tão viável, que é o do sul.
> Um país branco, urbano, cosmopolita e sustentado na indústria e nos serviços, e outro país apertado, rural, provinciano e sustentado na agricultura. Um México cujo vizinho é os Estados Unidos e um México cujo vizinho é a Guatemala. Isso não vale, no entanto, nem como metáfora. Na verdade, o México é único em sua escandalosa diversidade. Suas regiões e setores socioeconômicos estão intensamente articulados; de maneira assimétrica e injusta, sem dúvida, mas imbricados até a morte. Esse extremo obscurantismo nos define como nação. Nossa agricultura suportou, durante décadas, a nossa indústria, nossas cidades são compostas por migrantes rurais, nosso sul provê os alimentos energéticos que nosso norte consome, nossa parte indígena outorga identidade à nossa mestiçagem, nossa pobreza abismal sustenta nossa ofensiva riqueza. O México do sul não é somente o das regiões equinociais; é o México das desvantagens comparativas, o México desconectado, redundante, anacrônico e lento...

Desse modo, o desenvolvimento e a integração com a América Central necessita ser pensado a partir do México como um todo porque nossas semelhanças com os países do Istmo não estão somente no sudeste; porque o México pode ser a nona economia mundial, mas é uma sociedade subdesenvolvida; porque o sul começa no Rio Bravo e não no Suchiate; porque, enfim, nossos problemas profundos são os da América Central e não os do Estados Unidos, de modo que no Sul estão nossos irmãos enquanto os do Norte são apenas nossos primos. (Intervenção no Primeiro Encontro Internacional sobre o Desenvolvimento Integral Regional no Sul do México e na América Central, São Cristóbal de las Casas, Chiapas, junho de 2003)

Há três anos, os mexicanos estão fazendo a tarefa, ou seja, na contramão da lógica do mercado marcham rumo ao Sul. Vez ou outra os camponeses de cá cruzam, por terra, fronteiras inóspitas que facilitam a passagem das mercadorias e penalizam a dos homens; aduanas a serviço da globalização comercial nas quais se hostiliza a mundialização plebeia. Em Quetzaltenango, em Manágua, em Tegucigalpa, seus irmãos centro-americanos e caribenhos lhes esperam. No encontro de Honduras, foram recebidos com o lema "O campo não aguenta mais!", com lenços, bolsas artesanais e gorros; uma cara palavra de ordem que ainda ressoa nos campos do México e nas ruas da capital. Contra a vontade de seus povos, alguns governos do Istmo firmaram um acordo de livre-comércio com os Estados Unidos; diante disso, os *catrachos* (hondurenhos), *chapines* (guatemaltecos), *guanacos* (salvadorenhos), *pinoleros* (nicaraguenses) e *ticos* (costarriquenses) querem saber como foi a experiência com os astecas e com seu Nafta e, principalmente, quais os argumentos e táticas que estão sendo utilizados para combater o capítulo agropecuário do acordo.

Assim, da mesma forma que os antigos habitantes da Hélade se tornaram gregos "expulsando os bárbaros", os homens da América do meio, da América crucial e crucificada, da América profunda, vão se tornando mesoamericanos.

Camponeses em movimento

As guerras contra o ogro: o movimento camponês mexicano entre dois séculos

> Em alguma parte há ainda povos e rebanhos, mas não entre nós, irmãos meus, entre nós há Estados. Estado? O que é isso? Prestem atenção, vou falar para vocês da morte dos povos. O Estado é o mais frio de todos os monstros frios: mente friamente, e esta e a mentira que surge de sua boca: "Eu, o Estado, sou o povo".
>
> Friedrich Nietzsche, *Assim falava Zaratustra*.
>
> A ideologia do Estado-povo representa os ideais da Revolução, de que é intermediário e porta-estandarte [...] [E] um Estado que se identifica-ideológica, real, sentimentalmente com o povo não pode encontrar oposição senão entre os inimigos do povo...
>
> Pablo González Casanova. *El Estado y los partidos políticos en México.*

Batalhas contra o "monstro frio"

Os camponeses mexicanos do século XX inventaram a si mesmos durante a Revolução. Em seguida, foram submetidos corporativamente pelo Estado. A tensão entre a rebeldia e a subordinação pautou sua história.

Na terceira década do século passado, com os atores coletivos desgastados por dez anos de conflitos bélicos, os vencedores da Revolução Mexicana refundaram o Estado, mas também refizeram a sociedade civil. Ainda que tenha havido resistência camponesa, a vertical e coercitiva sociogênese tornou-se exitosa. Seus primeiros frutos envenenados: a Confederação Regional Operária Mexicana e as Ligas de Comunidades Agrárias anteciparam o que na segunda metade do século ficou conhecido como *"charrismo"*, ou seja, sindicatos antidemocráticos e paraestatais, alimentados pelas escassas "conquistas da Revolução".

Poucos Estados não policiados do século XX tiveram tanto poder sobre a sociedade como o mexicano. Nosso Estado foi um autocrata benevolente que estruturou, do topo à base, operários, camponeses, classe média e empresários, mediante um implacável sistema corporativo articulado tanto com o governo como com o Partido Revolucionário Institucional (PRI), o encarregado dos rituais eleitorais do sistema.

Os "setores" do "partido quase único" foram pilares político-gremiais da "revolução feita governo", ou seja, o setor operário, formado pela Confederação dos Trabalhadores Mexicanos (CTM) e os grandes sindicatos nacionais (petroleiros, eletricistas, ferroviários, telefonistas, mineiros etc.); o setor camponês, composto principalmente pela Confederação Nacional Camponesa (CNC) e as Ligas de Comunidades Agrárias; o setor popular, formado por empregados, professores e outras camadas médias, e enquadrado na Confederação Nacional de Organizações Populares (Cnop); e ainda que sem ser formalmente setor, também os empresários, aglutinados em associações, confederações e câmaras, que se alinharam entre as corporações.

Ao controle orgânico também se agregava o controle sobre os meios de comunicação de massa e sobre a grande parte da indústria cultural. Tudo sustentado por um vertiginoso setor público da economia que, no início dos anos 1980, abrangia uns 125 órgãos descentralizados e quase 400 empresas de participação estatal que, no setor industrial, abarcavam por completo o petróleo, a eletricidade, os trens, telefones, telégrafos e a aviação comercial. Também abrangia, parcialmente, a siderurgia, a construção, o transporte público e a indústria editorial. No setor rural, era pública a produção de fertilizantes e a de sementes; boa parte das agroindústrias, como a açucareira, a de tabaco, a cordoeira, a cafeeira e a madeireira, além do sistema de provisão, armazenamento e comercialização das colheitas, também eram públicos. Nos serviços à população, o Estado controlava a maior parte da educação, da saúde, o abastecimento em zonas marginais e a construção de moradias populares.

Como se não bastasse, no início dos anos 1980, o presidente López Portillo embolsou todo o sistema financeiro. Assim, no começo daquela década, o setor público realizava, aproximadamente, 50% de todo o investimento, sendo a economia mexicana mais burocrática do que a de muitos países socialistas. O Estado era onipresente, mas também hipercentralista, pois como se tratava de um regime federal, as entidades que haviam firmado o pacto não guardavam entre si nexos horizontais e tudo passava pelo Palácio Nacional. Como a ordem era republicana, os encarregados do poder Legislativo e do Judiciário eram simples procuradores do presidente da República.

No México do século XX, não se movia a folha de um expediente se não fosse autorizada pelo Leviatã: um monstro frio comandado por príncipes superpoderosos, porém sexenais. *Tlatoanis*, cujo controle era tão absoluto no espaço como no tempo. Ogros filantrópicos, algumas vezes pródigos, outras vezes mesquinhos, embora sempre provedores. Assim, filhos de mães esgotadas e pais ausentes, os mexicanos do século passado foram encaminhados à *madrecita* de Tepeyac e ao papai governo.

Agora, necessitamos nos livrar do grande pai, matar o Leviatã. Ainda que o já doente patriarca não se assuste, visto que está cercado por impérios belicosos, organismos multilaterais, tratados iníquos e corporações planetárias. Cada vez pede menos, mas ainda assim, é preciso matá-lo. Com o déspota político nunca nos livraremos do Gargântua burocrático que todos nós levamos na bolsa, juntamente com o título de eleitor. Sem parricídio simbólico não exorcizaremos o íntimo monstro frio para colocar em seu lugar um Estado com rosto humano. Paradoxalmente, quando a globalização neoliberal debilita os Estados nacionais, é hora da sociedade civil mundializada e também os bons governos ou poderes públicos talvez limitados – porém dispostos a enfrentar os grandes problemas nacionais reivindicando o que resta de soberania – agirem. Então, deve-se matar o autocrata para nos reconciliarmos com o Estado democrático.

Em um país onde a sociedade civil foi recriada pelo ogro burocrático à sua imagem e semelhança, a luta cidadã pela autogovernabilidade torna-se assunto de primeira necessidade. Na imediata pós-revolução, enquanto os muralistas decoram edifícios públicos, adornando o Estado com história e povo, os grandes setores sociais entram aos poucos na forma corporativa.

Processo que culmina, nos últimos trinta anos, quando o reformismo radical de Lázaro Cárdenas concede legitimidade temporária aos grêmios, sempre justiceiros e antidemocráticos. Na segunda metade do século, a incontida proliferação de resistências autonomistas converge, primeiro, com o progressivo descrédito do sistema político, que se inicia, simbolicamente, em 1968; depois, com o desgaste da disciplina gremial, evidenciado pelas "insurgências" operárias, camponesas e populares dos anos 1970, e mais tarde com o desfalecimento do modelo econômico, dramatizado pela crise dos primeiros anos da década de 1980 e dos subsequentes descalabros financeiros dessa década e da seguinte. Por último, a ruptura da "corrente democrática" com o PRI, em 1988, assinala a esclerose definitiva dos mecanismos informais de reprodução do sistema político e o princípio do fim da "revolução feita governo".

Porém, a guerra contra o ogro tem história e percorre diversas fases. Durante as décadas de 1950 e 1960, a palavra "independente" torna-se emblema da oposição democrática, ou seja, centrais e uniões camponesas "independentes", encontros de organizações indígenas "independentes", frentes pela "independência" diante do poder público, revistas "independentes" que não aceitam "gratificações" nem cobram nos termos da governabilidade; enfim, até nossas pictóricas mostras "independentes", filmes "independentes", e uma companhia de valet "independente". Nesses anos, "independência" significa, simplesmente, não ser do PRI, desvincular-se do onipresente Estado mexicano; assim, uma federação de estudantes ou uma central camponesa podem proclamar-se "independentes", mas subordinar-se politicamente a um órgão de oposição como o Partido Comunista Mexicano (PCM).

Mais tarde, no último quarto do século passado, a palavra de ordem passa a ser "autonomia", conceito que se generaliza a partir de 1984, quando cerca de cinquenta agrupações rurais formam a União Nacional das Organizações Regionais Camponesas Autônomas (Unorca). A coordenação se opõe, expressamente, ao sobrenome "independente", pois "o termo [...] muito frequentemente é tomado como sinônimo de confronto com o Estado" (Gordillo, 1998, p.274). Muito além da lastimosa intenção inicial, nos anos seguintes, a "autonomia" é associada à "independência" – com o rechaço às servidões políticas, mas como alusão também, sobretudo, à autogestão econômica e social. Assim, os camponeses "autônomos" recusam a tutoria estatal e se "apropriam do processo produtivo", enquanto bairros e comunidades organizam-se em torno à dotação autogestionária de serviços básicos.

A autonomia indígena, que é reivindicada expressamente desde o final dos anos 1980 e se generaliza nos anos 1990, radicaliza ainda mais seu posicionamento. Em primeiro lugar porque para os povos originários "autonomia" implica independência e autogestão, mas também livre determinação política, ou seja, autogoverno. Em segundo lugar, porque trata-se de povos autóctones que remetem sua legitimidade à história, fundando a reivindicação autonômica em um direito anterior ao Estado nacional vigente e, em certo sentido, exterior ao sistema social hegemônico.

No caminho da independência política à autogestão socioeconômica e daí ao autogoverno, o conceito subjacente de autonomia reforça sua conotação de alteridade. Se, a princípio, é um modo superior e insubmisso de inserir-se na ordem imperante, em sua forma superior é prática antissistêmica pela qual resiste, edificando-se a contrapelo das ordens alternativas. Contudo, a progressão, que caminha desde a repulsa à política unânime a uma espécie de autogestão despolitizada e desta ao altermundismo, não é uma sucessão de etapas que uma vez transcorridas são canceladas, mas processos de superação-conservação que funcionam como os segmentos de um telescópio, ou seja, cada um contendo o que antecede e o que se segue. É que as experiências autônomas mais radicais não são ilhas e não poderão sobreviver sem as organizações independentes que reivindiquem aqui e agora as demandas básicas de seus associados, sem coletivos autogestionários operadores de produção e serviços populares em tensão perpétua com o Estado e o mercado, sem partidos institucionais capazes de impulsionar reformas e projetos alternativos desde a oposição ou no governo. Sem possibilidades não há utopia, e exigir o impossível é também fazê-lo possível, aqui e agora.

A resistência autonomista que cruza o século XX mexicano é subtexto profundo de uma esquerda política, ora integrada, ora apocalíptica, mas sempre em busca de identidade. Dois paradigmas simétricos: Vicente Lombardo Toledano – inspirador das reformas cardenistas e disciplinado opositor de ocasião – é o primo socialista da "grande família revolucionária", comunista dissidente e, logo, "espartaquista". José Revueltas funda seitas, desentranha as origens do "mal da esquerda" em romances e livros semiclandestinos como *Ensayo sobre un proletariado sin cabeza* [Ensaio sobre um proletariado sem cabeça], e paga com a prisão sua militância no movimento de 1968. Assim, também a esquerda socialista e comunista mexicana vive no século passado, já acometido pela síndrome de Lombardo, uma vez que Revueltas flutua entre o colaboracionismo e a marginalidade ou entre os favores do príncipe e suas iras, entre os cargos públicos e o "Palácio Negro de Lecumberri".[1]

Como os autônomos tornam-se heterônomos

No final de 1988, no ponto mais alto de uma insurgência cívica que ameaçava retirar o PRI de Los Pinos, dez organizações camponesas e indígenas assinam o Convênio de Ação Unitária (CAU), que articula exigências agrárias referentes à ocupação da terra, reivindicações agrícolas em prol da reativação produtiva do campo e demandas culturais e territoriais dos povos autóctones. O pacto é cozinhado em um Primeiro Encontro Nacional Agrário, pois na reunião realizada em 27 e 28 de novembro participaram organizações zapatistas como a Coordenação Nacional Plano de Ayala (CNPA), com agrupamentos camponeses de luta econômica como a Unorca e convergências étnicas como o Conselho Nacional de Povos Indígenas (CNPI). A independência, a autonomia e a livre determinação imbricadas; contestadores, conciliadores e alternativos convivendo; excitados, propositivos e abismados conciliando ações unitárias.

Pouco dura essa situação. Quarenta dias depois, em 6 de janeiro, o estreante Carlos Salinas inaugura seu ilegítimo governo anunciando a formação de um Congresso Agrário Permanente (CAP), cuja convocação torna-se pública em 10 de abril, a fim de enfatizar o ataúde de Zapata no 70º aniversário de sua morte. O CAP é apoiado pelas organizações oficiais, que encabeçam a Confederação Nacional Camponesa (CNC), mas surpreendentemente também pela maioria dos adeptos do CAU. Apenas três se abstêm e salvam a cara: a CNPA, a Frente Democrática Camponesa de Chihuahua (FDC) e o CNPI. No mês de maio é constituído formalmente o CAP, espaço de interlocução entre os camponeses organizados e o poder Executivo federal, cujos ignominiosos antecedentes são o Pacto de Ocampo,

---

1 Palácio Negro de Lecumberri foi uma prisão famosa na Cidade do México.

assinado em 1976 por iniciativa do presidente Luis Echeverría e da Aliança Nacional Camponesa, de curta vida e afilhada do presidente Miguel de la Madrid em 1983.

Com a formação do CAP, por instruções do presidente, uma vez mais o governo mexicano impõe formas organizativas à sociedade. Também quebra a incipiente articulação das correntes agrárias não oficiais, pois, desertado pela maioria, o CAU dispersa-se em poucos meses depois de seu nascimento.

Carlos Salinas ascende ao poder por meio de uma fraude eleitoral e em meio a vaias e descrédito, mas, uma vez na presidência, sua palavra torna-se "a voz do amo", ou seja, instrução final e inquestionável, pois o acesso aos favores do Estado depende da obediência. Nesse caso, a anuência de quase toda a liderança camponesa às instruções de Los Pinos tem gravíssimas consequências: no plano conjuntural isso significa dar o aval ao recente chiqueiro eleitoral, oferecer caravanas ao usurpador e dar as costas ao candidato defraudado, Cuauhtémoc Cárdenas, cuja campanha havia sido apoiada por muitas das organizações camponesas. No plano estratégico, isso constitui o primeiro passo na confabulação de uma parte da diligência agrária com o governo, encaminhada a uma mudança rural de grandes proporções, uma "reforma da reforma" que culminará, quatro anos mais tarde, nas mudanças do Artigo 27 da Constituição.

A oposição ao obscuro projeto salinista corre por conta do Movimento Nacional de Resistência Camponesa (Monarca), formado por doze organizações não governistas que em 28 de dezembro assinam o Plano de Anenecuilco, no qual é defendida a propriedade social da terra, ameaçada pelas presumíveis mudanças da Constituição; é também rechaçada a "política neoliberal que pretende, depois de levar o campo à ruína, levar-nos a competir [...] [em desvantagem] com o Acordo de Livre-Comércio" (Monarca, 1991). Durante os primeiros meses de 1992, a convergência oposicionista substituiu seu nome, que remetia à realeza, por outro mais adequado: Coligação de Organizações Agrárias (COA). Essa organização realiza diversas ações de protesto que culminam em uma mobilização nacional no cabalístico 10 de abril.

Enquanto os camponeses irados fazem oposição nas ruas e estradas, a contrarreforma avança inexoravelmente nos salões de Los Pinos. Negociações rápidas em que a liderança da CNC e de organizações autônomas, como a Unorca, tratam de aparar os aspectos mais regressivos das mudanças constitucionais e de corrigir as insuficiências da política agrícola do Estado. Salinas se interessa muito pela conquista da adesão da diligência ao seu projeto e, sabendo que em política tudo o que se pode comprar com dinheiro é barato, aceita as demandas que não comprometem a essência da contrarreforma. Assim, em 14 de novembro a presidência divulga os "Dez pontos para a liberdade e para a justiça no campo", uma promessa de mudanças progressivas com relação à política rural, que considera grandiosas atribuições de recursos, incluindo dinheiro para que os agrários mais radicalizados comprem terras para sua base de solicitantes. No fundo, a oferta de Salinas não é senão uma bomba obregonista...[2] não de 50 mil, mas de 14 bilhões de pesos.

Nessas condições, a iniciativa de reformas do Artigo 27 da Constituição, que suprime o direito dos camponeses de possuir terras, abrindo caminho à privatização de *ejidos* e comunidades, é aprovada pelos governistas do PRI e da Ação Nacional sem outra oposição que a do estreante Partido da Revolução Democrática (PRD), convergência da esquerda socialista e da corrente democrática cindida do PRI, que desde seu nascimento esteve vinculada ao campesinato progressista de tradição cardenista, como o de La Laguna, e que em 1989 impulsionara uma convergência agrária chamada União Camponesa Democrática (UCD). Esta última foi apoiada com dúvidas pela Cioac, CNPA e outras, as quais simpatizavam com a posição política, mas não com a afiliação corporativa a um partido, por mais que este fosse de oposição.

Nos meios de comunicação, as organizações camponesas que mantêm seu questionamento à contrarreforma rural são qualificadas de "intolerantes e conservadoras", e seu maior estigma é serem

---

2 Refere-se a um processo de corrupção durante a fase do general revolucionário de 1910, Álvaro Obregón.

apoiadas pelo PRD, o "partido da violência". Enquanto isso, a direita está contente e um deputado panista afirma orgulhoso que a iniciativa de Salinas "é um triunfo cultural da Ação Nacional" (Canabal Cristiani, 1992).

Com a debilitação dos independentes, a COA desaparece sem pena nem glória e, em 1993, os debates decisivos sobre o futuro do campo se desenvolveram entre o executivo federal e os cada vez mais domesticados CAP e CNC. O tema já não é a reforma constitucional, que foi aprovada, mas o Acordo de Livre-Comércio da América do Norte (Nafta), um acordo profundamente assimétrico que sacrifica a produção nacional em nome da globalização e anuncia a exclusão socioeconômica de milhões de mexicanos "obsoletos". Um pacto iníquo que, antes de tudo, ameaça a agricultura e cujas vítimas serão os camponeses. O problema é que, se os opositores radicais assinam um tratado nesses termos, partidos como o PRD e organizações como CNPA e Cioac estão fora da jogada.

Assim como já haviam aprovado as mudanças do Artigo 27 da Constituição, com uma resistência modesta e apagada pelas aclamações mercenárias no outro extremo, assim também é assinado o Nafta. O mais grave é que o grupo de tecnocratas comandados por Salinas não apenas impulsiona exitosamente seu projeto neoliberal, mas também rompe a resistência camponesa e desarticula o incipiente encontro dos "independentes" e dos "autônomos" rurais. Promissora convergência que, como se não bastasse, ao final dos anos 1980, confluía com poderosa insurgência cívica cardenista, essa multitudinária, porém invertebrada mobilização cidadã que foi suficiente para ganhar as eleições, mas não para colocar o filho do general na presidência da República. Em vez dessas aproximações com a esquerda, os autoproclamados "autônomos" preferem pactuar com Salinas e buscam a aliança com a oficial CNC, enquanto os "independentes" se afastam e enfrentam sozinhos o linchamento midiático. Assim, no início de 1992, ao mesmo tempo que as obstinadas organizações da COA realizam sessões no auditório do Sindicato Mexicano de Eletricistas (SME); CNC, Unorca, Ugocp, Aliança Camponesa do Noroeste (Alcano) e outras reúnem-se no balneário de Oaxtepec para formar o que chamam de "novo movimento camponês".

Na realidade, a única que sai ganhando dessa dança de alinhamentos e realinhamentos é a corrente renovadora da CNC, comandada por Hugo Araújo, membro do grupo fundador da Unorca, que pretendia dar impulso às reivindicações autogestionárias nas filas do oficialismo. Apoiado no Setor de Organizações Econômicas da Central, o grupo de Araújo promove uma série de encontros nacionais de agricultores organizados, com aproximadamente setecentas associações produtivas e a participação da Unorca, Ugocp e Alcano. Reuniões multitudinárias em que se discute a "nova aliança" entre o Estado e os homens do campo. No encontro de Oaxtepec, se proclama formalmente o "novo movimento camponês" e na terceira reunião, celebrada no mês de agosto em Hermosillo, Sonora, Hugo Araújo já está na Direção Nacional da CNC.

Olha, companheiro, se agora a gente pedir para reduzir a pequena propriedade, se forma uma fila. Pois para isso seria necessário mudar a Constituição e, como estão as coisas, qualquer reforma resultaria contrária aos camponeses. Por isso, no documento propomos apenas modificações à Lei Regulamentar. É melhor que não mexam, o Artigo 27 está bem como está.

A prudente e sensata resposta à demanda camponesa foi dada por um dos autores da iniciativa de reformas da Lei Agrária, que o Congresso da Unorca, reunido no outono de 1988 em Atoyac de Álvarez, Guerrero, estava discutindo. O destacado assessor sabia o que dizia ao alertar sobre o perigo, pois ele era parte do perigo: semanas depois ocuparia um alto cargo no governo de Salinas e, quatro anos mais tarde, redigiria algumas seções das considerações da reforma anticamponesa ao final do artigo 27 da Constituição.

Muito além das trajetórias pessoais, o importante é explicar como uma extensa e combativa corrente do movimento rural, que também reivindicava a autonomia em relação ao Estado e aos partidos, pode estreitar laços com um governo como o de Carlos Salinas, não apenas ilegítimo, como também motivador de políticas radicalmente anticamponesas, dramaticamente constatáveis nas mudanças do artigo 27 e no Nafta. A contrarreforma agrária salinista seduz, divide e coopta a parte da liderança rural, não apenas porque tem um canhão à la Obregón, mas também porque se une à ilusória emancipação livre-cambista, com a miragem empresarial que acompanha a corrente autogestionária, convencida de que desfeitos os grilhões estatais e operando no livre mercado, o setor social da produção agropecuária fortalecerá sua posição econômica, procurando o bem-estar de seus sócios e uma justiça social sustentável. O que para os tecnocratas no poder é privatização, desregulamentação e cancelamento de apoios governamentais, para os autogestores é a oportunidade que necessitavam os pequenos produtores associados para emancipar-se pela via da competitividade. Em sua luta por livrar-se da tutela do Estado, os camponeses acreditam ter encontrado um aliado no mercado. Assim, a ata de falecimento toma o disfarce de "velhice".

No livro *Campesinos al asalto del cielo. De la expropiación estatal a la apropiación campesina* [O assalto ao céu camponês – da expropriação estatal à apropriação camponesa], Gustavo Gordillo (1988, p.269) disse muito bem:

> A via para a reconstituição do *ejido* [...] passa [...] pelo alcance de um controle camponês sobre o processo produtivo [...] segundo o qual é indispensável a introdução de organismos econômicos [...] orientados para o bloqueio da fuga nos diferentes mercados [...] [do] excedente, [...] a disputa de espaços de decisão política nos organismos governamentais [...] [Enfim, tudo o que permite] estabelecer uma determinada articulação entre a democracia política e a econômica, ao mesmo tempo que se funda um espaço de exercício e exibição de poderes camponeses.

Poderíamos nos questionar se, no iníquo mercado realmente existente e com um Estado "nacional" que trabalha para o inimigo, os camponeses podem realmente "disputar o excedente". E mais, poderíamos nos perguntar o que poderá ocorrer se, privado das mínimas condições de produtividade, o camponês comum não produzir excedente econômico. Mesmo importante, esse debate torna-se gratuito, porque o que fracassou, no início dos anos 1990, não foi tanto o modelo de emancipação econômica mas a via política eleita para impulsioná-lo. Uma relação com o governo construída precisamente no momento em que os tecnocratas impulsionavam a mais descarada reforma neoliberal. Assim, a "nova aliança entre os camponeses e o Estado" não passou da captura de espaços de poder em órgãos rurais corporativos e da ocupação de alguns postos públicos de escassa relevância, em vez de uma Comuna de Paris camponesa, em vez de um "assalto ao céu", presenciamos um imprudente e lastimoso "assalto ao Estado".

Foi uma tragédia, e não uma comédia, pois o autonomismo camponês dos anos 1980 havia sido um movimento amplo, progressivo e inovador que desenvolveu notavelmente as estratégias rurais. A "apropriação" econômica e social que impulsionou algumas das organizações vinculadas à Unorca é um marco histórico na luta do povo mexicano por livrar-se do intrometido Leviatã, de modo que, quando o barco da autogestão encalha em Los Pinos, culmina um dilaceramento extremo, uma contradição insustentável. Líderes para quem o Estado, os partidos e a política haviam sido bestas negras, transformam-se em peões do governo salinista, aliados do PRI e comparsas da CNC, uma corrente convencida de que a burocracia deveria retirar-se do campo, cujos quadros ingressam na burocracia; são organizações que por acreditarem que incorporaram o "novo movimento camponês" encenam o último episódio do clientelismo agrário do século XX.

Maoistas tecnocratas, críticos do presidencialismo, amigos do presidente, uma "linha de massas" que aposta nos acordos de cima, política popular resolvida nos salões do poder. O mais grave, contudo, é que as reformas salinistas são vistas como triunfo da bandeira autonomista levantada desde o início dos anos 1980 pelos fundadores da Unorca. "A Lei [que regulamenta o novo artigo 27] facilita as decisões autônomas dos camponeses [...] com respeito à ocupação, à produção e as formas de representação [...]", disse Luis Meneses (1992), da Unorca. Gustavo Gordillo não deixa de assinalar uma contradição subjacente: a luta não vai ser fácil. A elaboração de uma agenda de transição elaborada entre distintos agrupamentos camponeses, incluindo destacadamente as centrais governamentais, parece indispensável.

Pode parecer um contrassenso. Também é possível adiantar o clássico argumento: "Nenhuma força social dominante se suicida" (Meneses, 1992). O contrassenso não era aparente, mas real, pois no acordo com o governo e os seus, o conceito de autonomia renunciava a sua conotação fundamental como independência política para encerrar-se na simples autogestão produtiva. Hugo Araújo, o autônomo líder governista e militante do PRI, reconhece, sem pudor, nas Conclusões do Congresso Nacional Extraordináro da CNC, em 1991: "o conceito de autonomia entendido *não* como independência do movimento camponês, mas como capacidade de [...] dirigir seus próprios projetos" (Araújo apud Meneses, 1992, grifo meu).

Aliar-se com o Estado, nos momentos em que este busca vorazmente desligar-se dos camponeses, a fim de construir a autonomia dos pequenos agricultores no mercado, demando o encontro de aliados que suplantem a recuante burocracia. Esses supostos aliados são os empresários. A nova associação capital privado-camponeses, que deve substituir a velha aliança dos lavradores com o Estado, concretiza-se nas Associações em Participação Agroindustrial, estabelecidas pela Lei de Fomento Agropecuário de 1981, mas motivadas pela ala campesina do salinismo desde a Subsecretaria de Planejamento da Secretaria de Agricultura.

O projeto piloto é a Vaquerías, uma associação entre a Promotora Agropecuária Gamesa S.A. e ejidatários e colonos dos municípios de China e General Terán, em Nuevo León, que para 1992 fracassou, apesar de o governo subsidiar e favorecer, de todas as formas, o experimento. Com isso, a contradição da aliança entre autônomos e governistas morde o próprio rabo: possuem um discurso sustentado pela ilusão de que a privatização é socialização, pois o que perde a nação ganham as empresas camponesas, e promove a partir do Estado a dissociação entre os camponeses e o Estado, mediante a associação subsidiada pelo Estado dos camponeses com o capital. O problema é que o capital privatiza os subsídios que devem terminar com os subsídios e o modelo entra em colapso. A substituição do assessor das combativas organizações camponesas, Gustavo Gordillo, pelo neoliberal ortodoxo Luis Téllez Kuenzler, na Subsecretaria de Planejamento da Secretaria da Agricultura, foi a cereja do bolo.

A retirada dos tecnocratas não é a "nova aliança entre o Estado e os camponeses", mas a modernização excludente, a conversão impossível sem um severo expurgo demográfico rural, sem uma cirurgia populacional que libere o país de 3 ou 4 milhões de famílias camponesas excedentes. Para isso, o essencial não é amputar a Constituição, mas uma nova política agropecuária orientada a propiciar o desmantelamento dos setores "não competitivos", basicamente os cerealistas, onde está localizada a grande maioria dos camponeses. Isso vinha de antes, da Lei de Fomento Agropecuário, de López Portillo (1981), do Programa de Modernização do Campo, de Miguel de la Madrid e, sobretudo, da renda do México e do Acordo Geral sobre Tarifas e Comércio (Gatt, sigla em inglês), de 1986, que assenta suas bases em nosso unilateral desarmamento econômico, na iníqua abertura dos mercados e no abandono das políticas de fomento e regulamentação, que permitirão firmar o Nafta nos primeiros anos da década de 1990. Esse acordo implica a renúncia expressa à nossa soberania alimentar e trabalhista, antecipa a morte da agricultura camponesa e anuncia o incontrolável êxodo rural do fim do milênio.

Morte e ressurreição do movimento camponês de autogestão

O projeto de reformas autônomas da Lei Agrária, desenhado pela Unorca no final dos anos 1980, é claramente progressista, portanto, busca ampliar as atribuições econômicas, sociais e políticas das organizações camponesas. Seu calcanhar de Aquiles é o dispositivo eleito para impulsioná-lo. Assim, concretiza-se a aliança com o corporativismo rural e as correntes "modernizadoras" do governo, com o argumento compreensível de que, de outro modo, a proposta se tornaria um chamariz frustrado. Aposta estrategicamente equivocada, pois os modernizadores neoliberais são anticamponeses, inclusive quando se disfarçam de "setor social de produção" estruturado em "empresas", e taticamente torpe, pois significa ficar nas mãos do suposto anticorporativismo sistêmico, precisamente quando a insurgência gremial está se tornando insurgência cívica; no momento em que a democratização desde baixo torna-se cardenista, passando da independência social, que se desvincula do clientelismo, à independência política, que rompe com o PRI.

Nessa difícil conjuntura, os que como a UCD filiam-se organicamente à insurgência cívica feita partido reeditam, desde a oposição, um corporativismo anacrônico. Os que se perseveram na linha independente-agrarista-contestatória ficam sem espaço. A corrente majoritária, enquadrada no "novo movimento camponês", perde aceleradamente sua credibilidade, pois se há uma transitória partilha neoclientelista de recursos estatais, logo se torna evidente que as portas para transitar exitosamente ao "livre mercado" estão fechadas para quase todos os camponeses e que, nessas condições, é ilusória a pretensão de substituir o fomento estatal por alianças com o capital privado.

"Reduzem o homem à indigência e, logo, querem lhe acolher com pompa e cerimônia", escreveu William Blake, e assim o governo de Salinas presume ressarcir os camponeses arruinados, com o Programa Nacional de Solidariedade (Pronasol), que é um modelo de gasto social basicamente assistencial, porém "participativo", que faz dos comitês gestores de dinheiro público a nova e efêmera base social com que os tecnopopulistas compensam o distanciamento das bases corporativas do priismo tradicional.

Entre o neoclientelismo assistencial da Pronasol e o desmantelamento das políticas compensatórias e de fomento, necessário para o acordo do Nafta, as organizações de produtores adentram no túnel dos anos 1990. Os questionadores perceberam isso claramente desde o princípio:

> a reforma coloca o campo e o país [...] sob os caprichos [...] do capital transnacional [...] e da globalização [...], principalmente dos requisitos do Tratado Trilateral de Livre-Comércio do México, Estados Unidos e Canadá [...] Portanto, inscreve-se em uma política neoliberal do governo mexicano, cuja assistência é a privatização total da economia,

escreveu o Monarca em um *Manifesto Agrário* de 19 de dezembro de 1991.

Um ano depois, na Declaração de Tempoal, assinada em 5 de dezembro de 1992, a Unorca, por conta própria, chega à mesma conclusão:

> As mudanças [...] têm consistido [...] em uma retirada das políticas de fomento [...] [e] a aplicação de um modelo de desenvolvimento agrícola excludente, que considera exclusivamente critérios de eficiência, produção e competitividade.

As previsões daqueles que poucos anos antes estavam na crista da onda, dificilmente podiam ser mais pessimistas, pois as "diretrizes para o movimento [...] [são] preservar nossa existência como camponeses e como setor rural. Frente à nova situação, está em jogo a existência do setor agropecuário e florestal, além da viabilidade da economia e da vida social camponesa" (Monarca, 2004, p.76).

No fundo, a intenção dos tecnocratas é aposentar com a menor indenização possível cerca de 3 milhões de lavradores excluídos. Assim, a abertura de fronteiras e o fim dos preços de garantia, do crédito agropecuário, dos programas de fomento e dos subsídios a insumos e serviços provocam a mortalidade nos agrupamentos camponeses de segundo e terceiro nível. De 1145 Uniões de Ejidos e 138 Associações Regionais de Interesse Coletivo (Aric) existentes no início dos anos 1990, apenas sobrevivem, no fim do sexênio de Salinas, uma em cada dez. É o salve-se quem puder, a crise de fidelidades das agremiações, o naufrágio de organizações abandonadas por sócios que optam por estratégias de sobrevivência familiar, como o assalariado local ou o destino comum da migração. As deserções são multitudinárias, mas também há lutas surdas e estouros espalhados entre aqueles que resistem diante da morte.

Particularmente golpeados pela abertura do mercado, que se inicia nos anos 1980 e acentua-se depois de 1994, encontram-se os produtores de milho, trigo, sorgo, soja, arroz, feijão e algodão. Culturas de importante participação camponesa cuja rentabilidade desaba com as importações. Um exemplo do descalabro organizacional em grãos é o destino da Aric Jacinto López, que agrupava produtores de trigo, soja e milho dos vales irrigados pelos rios Yaqui e Mayo, e contava com união de crédito, fundo de autoasseguramento, comercializadora, moinho, central de maquinários, entre outras empresas associativas. De 1993 a 1996, são embargados, progressivamente, os recursos e a infraestrutura da outrora poderosa corporação, até que finalmente quebra por dívidas. Sobrevivem ao desastre algumas empresas soltas que aglutinam grupos camponeses reduzidos.

Tampouco se saem bem os agroexportadores que gozavam de supostas vantagens comparativas. Assim, organizações consolidadas, como a União de Ejidos Cafeeiros da Costa Grande, de Guerrero, que dispunha de uma união de crédito e uma comercializadora, havia afiliado organizações de plantadores de milho, operava sistemas de abastecimento popular e, no início da década de 1990, inaugurou um complexo agroindustrial para beneficiar café que contava ainda com espaços para instalar processadoras de palma, mel e madeira; a União sai dos trilhos, carcomida pelas dívidas, e então é abandonada por seus sócios. Após a queda da grande ilusão costeira, ainda persistem algumas empresas que trabalham por conta própria e grupos de produtores de café orgânico.

Durante a primeira metade dos anos 1990, as organizações rurais já não sentiam o duro, mas o denso. Assim, achatadas e na contracorrente, absorvem o castigo até 1995, ano em que se combinam os primeiros doze meses do Tratado de Livre-Comércio (TLC) e os saldos do chamado "Erro de Dezembro", com o qual, em 1994, Ernesto Zedillo inaugura seu governo. Taxas de juros estratosféricas, desvalorização abismal do peso, altas de custos descontroladas enfrentadas mediante um programa de emergência econômica heterodoxo que incluía o controle de preços e propiciava a rearticulação do movimento camponês. No início do ano, as organizações de pequenos produtores de Jalisco, Sinaloa e Guerrero, além de redes como a Associação Mexicana de Associações de Crédito do Setor Social (Amucss), reuniram-se alarmadas pelo risco de que no iminente ciclo primavera-verão os camponeses não contemplados pelo plano não consigam plantar. No mês de abril, representantes de 120 organizações de 20 estados da República realizam uma assembleia na Cidade do México, na qual decidem lutar por uma nova política no campo que reative o setor e renegocie as quotas de importação previstas no Nafta, sobretudo de grãos básicos. Também pedem subsídio para os cereais, ao menos equivalentes aos oferecidos por nossos sócios comerciais, regulamentação do mercado, apresentação de crédito a taxas acessíveis e com garantias realistas.

Em maio, os camponeses de todo o país desfilam pelas ruas e rodovias, tomam escritórios públicos, instalam plantões e simbolicamente derramam nas banquetas toneladas de grãos desvalorizados. As mobilizações mais intensas são em Jalisco, Guanajuato, Sinaloa, Sonora, Puebla e Morelos, estimuladas por militantes de organizações nacionais como a Unorca, Coduc, Cioac e El Barzón, mas também por agrupamentos regionais como a Aliança Camponesa do Noroeste (Alcano), Comercializadora Agropecuária do Ocidente (Comagro) e alguns grupos da CNC. As jornadas de 1995 alcançaram conquistas pontuais, como a suspensão do pagamento de juros e o aumento de preços regionais, mas nada de mudanças estratégicas, assunto que o governo sequer discute.

No entanto, ficam as lições: a plataforma definida em abril apontou para uma mudança de modelo e o movimento foi a primeira expressão ampla e nacional de que os camponeses não querem continuar marchando rumo ao desfiladeiro; além disso, as forças que o impulsionaram congregam uma aliança ampla e plural que inclui tanto organizações independentes como oficialistas e conta com o apoio de alguns setores empresariais, afetados também pela abertura comercial e o desregulamento. Porém, o mais importante é que dá lugar a uma coordenação setorial de organizações regionais cerealistas, a Associação Nacional de Empresas Comercializadoras de Produtos do Campo (Anec), que se forma em julho de 1995, em uma reunião convocada por agricultores de Sinaloa, na qual comparecem aproximadamente cem organizações regionais de 21 estados da República.

A associação começa a trabalhar no final desse mesmo ano, impulsionando mecanismos mais diretos de comercialização. De início, busca a transferência de instalações da Armazéns Nacionais de Depósito S.A. e da Bodegas Rurais Conasupo S.A., que o governo estava privatizando. No início do presente milênio, a Anec tinha presença organizativa e comercial em 19 entidades federativas, onde operavam 220 organizações locais e 16 redes regionais e estatais, além de contar com empresas comercializadoras; de serviços de capacitação, assessoria, gestão e promoção de organizações camponesas; de industriais de milho e fabricação e venda de tortilhas. No final de 2002 e início de 2003, a associação foi uma das propulsoras do Movimento O Campo Não Aguenta Mais (Mecnam), que amplia e aprofunda o espírito das jornadas de 1995.

Paralelo ao dos cerealistas, mas anterior, é o processo organizacional dos produtores de café, um cultivo principalmente de exportação e cuja crise se inicia em 1988, quando a Organização Internacional do Café (OIC), que durante décadas regulamentou os preços, fixando quotas de exportação, suspende seus acordos econômicos, enquanto em âmbito nacional desmantela-se o Instituto Mexicano do Café (Inmecafé), que não só concedia as licenças de exportação, mas também intervinha decisivamente, desde os anos 1970, na habilitação, provisão, benefício e comercialização do grão aromático camponês. Desse modo, as organizações regionais de cafeicultores, que desde o final da década de 1970 haviam lutado contra as falhas e desvios do Instituto, fundam em 1999 a Coordenação Nacional de Organizações Cafeeiras (Cnoc).

A tendência em formar convergências setoriais não se apresenta somente entre os camponeses cerealistas e cafeicultores, também está presente nas comunidades donas de florestas que buscam agrupar-se como tais. Assim, com base na Rede Florestal impulsionada pela Unorca – que em 1991 se unia a oito uniões de *ejidos* silvícolas em outros tantos estados –, em 1994 é constituída a Rede Mexicana de Organizações Camponesas Florestais (Rede Mocaf). Com a mesma lógica, criam-se convergências em torno dos serviços, como fez a Amucss, estabelecida em 1992. A crise da agricultura camponesa e de sua organicidade expressa-se muito bem nas 32 uniões de crédito que, no início, congregava essa Associação. Em 1995, somente operavam 18, a maioria praticamente falida.

Essas redes, seja por especialidade produtiva ou por serviço, em quase todos os casos são desdobramentos ou desprendimentos da Unorca, por meio das quais as organizações regionais mais ou menos especializadas aglutinam-se nacionalmente em torno de seu específico interesse setorial. Como a Unorca, as redes especializadas adotam a forma de coordenação. Esse modelo foi criado pela CNPA, frente que surgiu no final dos anos 1970 como aliança solidária entre dezenas de organizações regionais em luta pela terra e que, ao operar por meio de uma direção colegiada, respeitar a autonomia das coligações e promover intercâmbios horizontais entre as bases, escapa radicalmente do paradigma vertical e centralista dos organismos gremiais induzidos pelo Estado pós-revolucionário; aparelhos cuja estrutura deveria facilitar o controle das bases e sua operação como correias de transmissão das instruções governamentais. De fato, a única organização camponesa ativa de maneira independente que leva o nome de central é uma das mais velhas, a Cioac, fundada em 1975, mas que vem da CCI, nascida em 1963, de uma confluência de priistas, enriquistas[3] e comunistas.

---

3 Apoiadores do movimento encabeçado por Miguel Enríquez Guzmán, opositor de Ruiz Cortines, e que contou em diferentes ocasiões com o apoio de Lázaro Cárdenas.

Diferentemente das coordenações plurissetoriais, que ao unir as diversas organizações regionais são multidimensionais e de perspectiva mais ou menos integral, as convergências em torno de um determinado produto ou função são especializadas, o que facilita seu maior desenvolvimento técnico. Contudo, também deveria propiciar uma maior pluralidade, visto que a ideologia e o projeto unem os membros de uma coordenação multifuncional. A argamassa das confluências setoriais seria, teoricamente, sua especialidade. No entanto, no geral, as convergências setoriais reúnem os ideologicamente afins, de modo que a representação de um setor passe pela confluência de diversos agrupamentos, tal como o caso do Fórum Café, organizado pela Cnoc, mas também pela Cioac e pela UNPC, entre outras.

A existência de organizações regionais, coordenações nacionais polifônicas e redes setoriais especializadas, permite, por exemplo, que um agrupamento local como o FDC do Estado de Chihuahua articule-se nacionalmente com a Anec no que concerne à sua atividade cerealista, enquanto no tocante ao seu trabalho de economizar e de crédito, vincula-se à rede de organismos financeiros chamada Colmena Milenária.

Já uma coordenação estatal, como a Cepco, que une dezenas de organizações cafeeiras regionais de Oaxaca, forma parte da Cnoc para os assuntos do grão aromático e trabalha com a Amucss seus sistemas financeiros. Contudo, também há tensões, pois a Unorca e a Cioac, por exemplo, têm áreas cafeeiras que não participam na Cnoc, uma coordenação nacional que, no entanto, lhes é afim; e a Rede Mocaf, que surgiu da Unorca, tem tido diferenças com ela. Com tudo isso e seus inevitáveis desencontros, essa plural conformação torna mais rico, complexo e diferenciado o tecido organizacional camponês, multiplicando suas relações, recursos, capacidades, saberes e sabores. Virtude que, como veremos, potencia-se extraordinariamente quando os diferentes âmbitos associativos convergem em um movimento plural, porém unificado, como o que foi desencadeado em 2002.

Assim como o EZLN e o CNI são o chamariz do indigenismo, o emblema do movimento rural mestiço dos anos 1990 é o El Barzón, uma convergência reativa, variada e multiclassista criada por agricultores ricos que, sobretudo por isso, dão conta do fio da crise rural e do alcance da exclusão.

Como os versos de uma velha canção de domínio público que se refere a dívidas impagáveis, "Ora, vou trabalhar para poder continuar pagando", o norte e o ocidente mestiço e rancheiro, derrotados pela abertura comercial indiscriminada e pela crise financeira, ganham relevo diante de uma luta camponesa declinante, quase ao mesmo tempo que, em Chiapas, as comunidades indígenas do sudeste anunciam sua presença com um levante armado.

Em 6 de dezembro de 1994, El Barzón marcha de Querétaro ao Distrito Federal por causa de uma Lei de moratória, e os tratores rebeldes entram, pela primeira vez, na capital. Em 1996, a seção agrária de El Barzón realiza um congresso com 5 mil representantes de 25 estados da República. Encontram-se ali plantadores de milho do Estado do México e de Guerrero, plantadores de feijão de Zacatecas, cultivadores de sorgo de El Bajío, cultivadores de abacate de Michoacán, produtores de pinheiros de Oaxaca, citricultores de Veracruz, pecuaristas das Huastecas, menonitas[4] diversificados de Durango. Debatem juntos grandes empresários, rancheiros medianos e camponeses "transicionais", todos vítimas financeiras da ilusão comandada pelo Banrural no final dos anos 1980 e princípio dos 1990.

Do regateio pelo excedente ao reconhecimento da multidimensionalidade

As deturpações da liderança rural ocasionam cismas, diáspora e descrédito, mas o papelão dos dirigentes não é o fim da tendência autogestionária. Ainda que debilitadas, algumas das forças regionais e setoriais sobrevivem e o espírito do projeto persiste e estende-se

---

4 Dissidentes dos anabatistas que aceitam a doutrina de Menno Simons, reformador holandês do século XVI.

a todo o movimento. A construção de uma economia associativa e solidária, sustentada na unidade doméstica e controlada pelos produtores diretos, responde às tendências profundas do perfil camponês. Tanto é assim que uma década mais tarde, no início do novo milênio, suas colocações básicas reaparecerão como bandeiras do exército de sobreviventes que se chama Movimento O Campo Não Aguenta Mais (Mecnam).

No entanto, durante os anos 1990, a vertente econômica da resistência rural sofre uma profunda revisão conceitual, política, organizacional e prática. Em uma década se vai da "apropriação" à "revolução" do processo produtivo; da integração vertical especializada dos setores à articulação horizontal diversificada das regiões; das organizações inclusivas à seleção da militância mais consistente; do apostar tudo à eficiência econômica de reivindicar a multifuncionalidade camponesa; da autogestão produtiva e social ao autogoverno. Mudança confusa e nada linear que, por isso, abordarei por partes.

A "retenção do excedente econômico", mediante uma "apropriação do processo produtivo", entendida estreitamente como deslocamento de intermediários e extensão do controle da cadeia a partir do setor primário, começa a ser aceita quando a maioria dos sistemas, produto de participação camponesa importante, converte-se em não competitivos por causa das políticas de abertura e desregulamentação. Se não há excedente, também não há nada para reter.

Em termos estritamente de mercado, a saída está na conversão: não somente apropriar-se do processo produtivo, mas também revolucioná-lo. Se for relativamente simples deslocar e substituir atores associativos por alguns elos privados da cadeia, já que não se toca no núcleo da produção camponesa, a necessária conversão é mais difícil, pois com frequência se supõe revolucionar os usos e costumes produtivos domésticos e, ocasionalmente, também os comunitários.

Um bom exemplo é a transição da cafeicultura convencional à orgânica, em um processo que agrega valor e permite o acesso a segmentos de mercado com melhores preços, mas demanda mudanças drásticas, não apenas na operacionalização da horta e da primeira industrialização, mas também na relação entre os produtores associados. Estes devem se autossupervisionar, aplicando rigorosas normas ecológicas, pois mediante a infração de um, todos podem perder a certificação. Por ser inevitável adequar-se produtivamente aos sinais do mercado no que estes têm de racional e indicativo das características da demanda, é completamente insuficiente quando o comércio que realmente existe, longe de ser livre, está preso aos interesses das megacorporações, de modo que o excedente agregado pela conversão talvez não termine nas mãos dos rústicos camponeses, mas sim nas das transnacionais agroalimentares.

A estratégia de ligar cadeias produtivas, sustentadas em monoculturas especializadas com lógica empresarial, esbarra no iníquo e imprevisível mercado real que castiga os que colocam todos os ovos na mesma caixa. Além disso, choca-se com a racionalidade de um camponês que, diferentemente do empresário, não pode ajustar-se mais às sinalizações do mercado, já que é movido pelo bem-estar da família e não pela rentabilidade, cujos recursos não são livres e monetarizáveis como os do capital, mas estão vinculados. Por último, também se tropeça na mãe natureza, ou seja, na diversidade agroecológica incompatível com a uniformidade técnica da agricultura de modelo industrial.

Por tudo isso, as organizações camponesas, principalmente as que no princípio eram netamente setoriais, adotam cada vez mais estratégias diversificadas, impulsionando policultivos e aproveitamentos múltiplos, que supõem relações verticais, mas também uma articulação horizontal que explora e potencializa a complementaridade de atividades múltiplas e misturadas. Assim, não só os camponeses se recamponizam para resistir aos vendavais do mercado, como também as organizações produtivas do setor social passam do modelo exclusivamente empresarial para o aberto paradigma camponês. Muitas são as razões da sobrevivência da Tosepan Titataniske, da serra de Puebla, que há um quarto de século está na lista, mas uma razão fundamental foi a combinação de dois produtos comerciais, a pimenta e o café, os quais apresentam bons resultados comerciais, com o incentivo à produção alimentar de autoconsumo e a crescente autoprovisão de serviços.

Muitos agrupamentos camponeses, antes inclusivos e praticantes do recrutamento indiscriminado que outorga representatividade e força numérica, estão transitando em processos de seleção "natural" ou induzida, pelos quais conservam os mais aptos em termos agroecológicos e econômicos, mas também os mais militantes e comprometidos com a organização. Quando não se trata somente de pressionar, ou de mediar a repartição das dádivas governamentais, a debilidade produtiva ou o oportunismo econômico de associados irresponsáveis são pesados obstáculos.

Um conjunto de membros desinteressados ou desonestos transforma os aparelhos financeiros comerciais e agroindustriais do setor social em insaciáveis vertedouros de subsídios; organismos clientelistas que afundam quando se suspende a distribuição de verbas. Porém, com frequência, a seleção também deixa de fora os camponeses de menores recursos, entrando em choque com a vocação solidária e justa das organizações sociais democráticas. Tensão entre o projeto emancipador e a razão econômica, que não se suprime, mas pode ser controlada mediante estratégias de diversificação, porque, nos sistemas, o produto da concorrência é implacável, e conservar agricultores marginalizados ou ineficientes é suicídio para os demais, enquanto explorar o aproveitamento múltiplo dos recursos disponíveis gera opções para os que foram excluídos.

Porém, apesar da conversão, diversificação e busca de eficiência, as estratégias de sobrevivência do setor social são atrapalhadas pela abertura comercial indiscriminada e pela morosidade do Estado. No princípio, muitos acreditavam que seriam chamados para a sobremesa, porém, poucos foram os escolhidos. Não restava outra alternativa do que a mudança de terreno, pois é preciso demandar a revalorização da agricultura e do mundo rural, não tanto por sua maior ou menor viabilidade econômica, mas por razões de soberania, de inclusão social, de saúde ambiental, de diversidade biológica e cultural.

Era preciso deslocar o debate de um setor da produção que apenas contribui com 5% do PIB, para o reconhecimento, ponderação e retribuição das múltiplas funções do mundo rural; transitar da defesa do excedente econômico doméstico à reivindicação da polifonia da comunidade camponesa e indígena. Isso somente será possível se o ogro filantrópico e clientelista do segundo e terceiro quarto do século XX e o Estado crupiê que nos anos 1980 e 1990 se limitou a distribuir cartas marcadas aos jogadores corporativos do agronegócio, derem espaço a um governo não fraudulento, mas ativista e enérgico. Uma das formas de resistir à globalização selvagem que oprime e debilita as nações é o Estado e a sociedade reassumirem juntos a soberania. No caso da agricultura, da qual dependem a vida, o trabalho, o meio ambiente e a cultura, a regulamentação estatal é absolutamente indispensável.

Diante do desafio civilizatório, reduzir o campesinato ao "setor social da produção agropecuária", é empobrecer sua missão. Foi necessário admitir que as habilidades empresariais não salvariam as organizações de produtores, que a integração vertical e a diversificação eram necessárias mas não suficientes, que a luta e o compromisso era pela colheita dos alimentos, mas também pela geração de emprego, pela produção de bens agropecuários, pelo ar puro, pela água limpa, pela terra fértil, pela biodiversidade e pela cultura. A mudança de área demanda a recolocação da economia em um nível superior, transitar da autogestão econômica ao autogoverno. Luta que, certamente, é evidenciada pelo exemplo do movimento indígena exibido no crepúsculo do século passado.

...E no terceiro lustro levantou-se entre os mortos

Em 31 de janeiro de 2003, o movimento O Campo Não Aguenta Mais e seus 100 mil representantes protestavam pelas ruas do centro histórico da Cidade do México, a maioria camponeses que, novamente, colocaram o movimento rural a marchar em oito colunas.

Não era a primeira caminhada, pois no início de dezembro mais de 3 mil pequenos agricultores haviam marchado durante vários dias até os escritórios públicos, a Câmara dos Deputados e a Embaixada dos Estados Unidos e, em meados do mesmo mês, camponeses da Unta e cavaleiros de El Barzón entraram, à força, no palácio legislativo de San Lázaro.

A demanda foi sintetizada em seis propostas para a salvação e revalorização do campo mexicano, cujo centro era a moratória ao parágrafo agropecuário do Nafta, mas também exigiam mais recursos fiscais e melhores políticas públicas, segurança pública e alimentar e o reconhecimento dos direitos e da cultura dos povos indígenas. A plataforma era sustentada por 12 organizações disformes, porém aliadas desde novembro: Cioac, CNPA, FDCCH, Unorca, Cnoc, Rede Mocaf, Amucss, Anec, Coduc, Coordenação Estatal de Produtores de Café de Oaxaca (Cepco), União Nacional de Organizações em Foresteria Comunitária (Unofoc) e Frente Nacional de defesa do Campo Mexicano (FNDCM)

Conjunturalmente, o movimento respondia a três coisas, pois, conforme o Nafta, em 1° de janeiro seriam suprimidos os impostos a todos os produtores agropecuários, com exceção dos produtores de milho, feijão e leite em pó; a nova Lei Agrária dos Estados Unidos aumentava em aproximadamente 80% os subsídios a seus agricultores; e a proposta da Lei de Gastos, de Vicente Fox, para o ano de 2003, reduzia o orçamento rural mexicano em 7% em termos reais.

Em dezembro, os deputados aumentaram em mais de 13 bilhões os recursos para o campo, mas não mudaram nada sobre o Nafta, de forma que em janeiro recomeçaram as ações camponesas com uma tomada simbólica da Ponte Internacional da Cidade Juárez, comícios em vários estados e um jejum dos representantes na Cidade do México. Para esse momento, já haviam se incorporado à luta organizações camponesas como El Barzón e a Unta, enquanto o CAP exibia-se com as doze aliadas. Paralelamente, eram realizados acordos com forças operárias como a União Nacional de Trabalhadores (UNT) e o conjunto da opinião pública era convocado em diversos fóruns.

Em 20 de janeiro, houve mobilizações em quinze estados da República e no dia 31 do mesmo mês foi realizada uma grande marcha convocada pelas 12 aliadas, as quais já se identificavam com o Mecnam, mas também com o CAP, El Barzón, a UNT, a Frente Sindical Mexicana (FSM) e outras duas dezenas de organizações. Mesmo sem ser convocada, a CNC também aderiu à mobilização.

A marcha torna-se um ponto de ruptura que obriga o governo a definir um formato aceitável para se chegar a um Acordo Nacional para o Campo e, em fevereiro e parte de março, foram realizadas oito mesas de diálogo públicas com mais de 2 mil debates. Paralelamente, as organizações que participaram da negociação (Mecnam, CAP, El Barzón e CNC) decidiram trabalhar como um bloco e definiram sua proposta de acordo, que consistiu em uma integral e estratégica plataforma programática.

Nas mesmas semanas, se forma a Frente Sindical Camponesa e Social para impulsionar a luta pela soberania alimentar, emprego, vida digna e o desenvolvimento sustentável no campo e na cidade. Em 10 de abril, 20 mil pessoas, entre camponeses e trabalhadores urbanos, marcharam no Distrito Federal em memória de Emiliano Zapata, comemoração que foi repetida em uma dezena de estados. Em 27 de abril, chega-se à versão definitiva do acordo, que é formalizado no dia seguinte, na presença do presidente, governadores e legisladores. Das organizações participantes na negociação, todas assinaram menos quatro do Mecnam, ainda que todas tenham destacado, também, as limitações do pacto e a necessidade de continuar a luta.

O Acordo Nacional para o Campo admitiu, declaradamente, a crise rural e a necessidade de uma nova política, mas de maneira mais concreta reconheceu a necessidade de excluir o milho branco e o feijão do Nafta. Enquanto isso, há negociações com os sócios, estabelece-se a urgência de uma lei plurianual para o planejamento agropecuário, na linha da soberania alimentar, assim como reformas profundas na institucionalização e normatividade das instâncias e programas agropecuários do Estado. De imediato, foram atribuídos cerca de 3 bilhões de pesos adicionais ao campo e constituída uma Comissão de continuidade do acordado para atuar nos cinco meses seguintes. As montanhas se partiram? É o início de um tombamento histórico? Como veremos, tudo dependerá da capacidade do movimento de dar seguimento ao pouco que foi acordado e dar também continuidade à luta pelo muito que ficou pendente. Capacidade que, em 2004, já estava muito reduzida.

Porém, ninguém rouba o bailado, e este é um passo na constituição do campesinato mexicano como classe. Nada mais e nada menos. Se por classe entendemos não uma coisa, uma estrutura ou uma categoria, mas um processo pelo qual "alguns homens, como resultado de experiências comuns (herdadas ou compartilhadas), sentem e articulam a identidade de seus interesses entre eles e contra outros" (Thompson, 1977), então as jornadas de inverno foram um grande passo na construção da identidade de classe dos camponeses daqui.

Porque a uma classe não se "pertence". Com a classe não se nasce, a classe se faz. Ela se constrói na luta, quando o passado comum e a experiência compartilhada ganham sentido identitário. Se para os operários é árduo tornar-se classe, muito mais será para os camponeses, já que são constituídos por uma variada multidão de trabalhadores rurais sujeita às mais diversas relações econômicas, que vão desde a produção independente até o trabalho assalariado, além de uma heterogênea experiência social que os leva de uma comunidade tradicional às metrópoles de Primeiro Mundo.

Dessa maneira, assim como é polifônica a condição camponesa, do mesmo modo são suas organizações, pois elas são constituídas por produtores e assalariados, por operadores de crédito e devedores, por vendedores e compradores, por artesãos e agroindustriais, por usuários e prestadores de serviços, por migrantes e por residentes fixos, por homens e por mulheres, por indígenas e por mestiços... Além disso, existem as diferenças por setor, pois plantar milho não é o mesmo que cultivar tomate, cuidar de vacas não é o mesmo que colher mel, tirar madeira não é o mesmo que recolher resina, caçar não é o mesmo que pescar ou coletar. Não se pode esquecer, ainda, a diversidade de paisagens, de climas, histórias, culturas e línguas que distinguem o indígena do mestiço; que tornam rude o nortenho, sutil o sulista e extrovertido o da costa.

Enfim, existem as identidades locais e as regionais: não é a mesma coisa ser um serrano ou um calentano,[5] nem são iguais San Juan de Arriba e San Juan de Abajo. Como se não bastasse, há ainda as

---

5 Natural de Tierra Caliente.

diferenças de adesão gremial, filiação política, de partido, de grupo. Para finalizar, os camponeses gostam de viver apartados, dispersos, espalhados em comunidades pequenas que mal se comunicam com outras, onde não haja jornais e nem televisão; contentam-se em ter terminado o ensino primário, não se importam de não saber ler nem escrever, de não falar espanhol.

Pluralidade extrema, que talvez tenha representado um entrave e vergonha quando a moda era a unanimidade do uniforme, mas privilégio e fortuna quando se reconhece que a virtude vive nas diferenças. Então, para que os camponeses se construam como sujeitos unitários, inventem-se como classe, é necessário tecer um barroquíssimo tapete com incontáveis fios e múltiplos teares; em rigor, trata-se de costurar a unidade na diversidade.

Isso foi, precisamente, o que fizeram por um tempo as organizações do Mecnam, que combinaram grupos de raiz agrária, como o Cioac, com outros de tradição produtiva, como a Unorca; colocaram juntos os pobres de sempre que militam no CNPA, com os novos pobres, que se alinham no El Barzón; combinaram os conhecimentos comerciais e cerealistas da Anec com a sabedoria financeira da Amucss; os saberes silvícolas e ambientais da Rede Mocaf com a experiência em cultivos orgânicos e mercados justos da Cnoc. Com essa massa crítica, já não se tornou tão difícil arrastar à convergência a antinatureza que se chama CAP e até conviver com o brontossauro reumático que é a CNC. Nem foi demasiado complicado integrar a plataforma comum, o Plano Camponês para o Século XXI, e trabalhar como bloco na negociação multilateral com o governo.

Uma convergência classista, um programa de classe e uma negociação de classe; e assim foi não por intransigência, mas por compreensão, não por serem acirrados, mas por serem inclusivos. Mas também por serem profundos, radicais, por ir fundo nas coisas. O fundo das coisas é o inóspito e predador modelo adotado pelos tecnocratas neoliberais desde os anos 1980. Hoje, o que unifica os camponeses mexicanos, a condição que possibilita sua convergência de classe, é a exclusão econômica, social e política compartilhada por todos os trabalhadores de origem rural. Assim, as jornadas de inverno foram a demorada, porém contundente resposta camponesa ao "agrocídio" de convergências amplas como o CAU, o Monarca e a COA, que abortaram um projeto campesino coletivo, no final da década de 1980 e princípio da de 1990, em prol das artes clientelistas de Carlos Salinas. (Como uma perversa recorrência, o próprio Mecnam aborta seu projeto, em meados de 2004, mas agora pelas artes clientelistas de Vicente Fox e seu "governo da mudança", pois a perversa síndrome do "ogro filantrópico" é cultural e não se rende facilmente à influência da "alternância".)

Enquanto durou, o Mecnam correspondeu aos seus postulados. Entre eles, o de que se a guerra anticamponesa das agrocorporações for planetária, também será global sua resistência a ela. Assim, o Mecnam participou destacadamente nas ações que visavam tirar os alimentos da OMC, organizado pela Unorca em Cancún, no Estado de Quintana Roo, como representante no México da rede mundial Via Campesina.

No entanto, não se deve apostar tudo nas *jaqueries* globalicríticas,[6] pois também há uma lenta e sistemática construção de convergências regionais, continuidade do velho internacionalismo de classe no seio da variada e multissetorial mundialização. Com relação ao Sul, o Mecnam foi fundador do Movimento Indígena e Camponês Mesoamericano (Moicam), constituído em Tegucigalpa, Honduras, em julho de 2003, depois de vários encontros camponeses regionais. Esse movimento é constituído por mais de cinquenta organizações de nove países (Guatemala, Belize, Honduras, Nicarágua, El Salvador, Costa Rica, Panamá, Cuba e México).

Com relação ao Norte, o Mecnam manteve frequentes intercâmbios com clubes e federações de mexicanos desterrados, como os zacatecanos, michoacanos, duranguenses, oaxaquenhos etc., de Chicago que em outubro de 2003 saudaram e enviaram ao Movimento sua fraternal cooperação, e também com organizações de granjeiros norte-americanos, como os Produtores de Milho Americanos, União Nacional dos Camponeses, Coligação Nacional das Granjas

---

6 Insurreição crítica à globalização.

Familiares, Organização para os Mercados Competitivos e Coligação Rural, que também em outubro participaram com a Mecnam no Forum Camponês Binacional, realizado em Des Moines, Iowa. Onde estavam os indígenas nas jornadas de inverno? Estavam ali, claro. Não pode haver um movimento rural realmente amplo sem que estejam presentes as comunidades indígenas. Ali estavam as dezenas de milhares de lavradores náhuatl, zapotecas, mixtecos, mixes, tzeltales, tzotziles e outros mais que militam na Cnoc; ali estavam os silvicultores purhépechas da Rede Mocaf; ali estavam os economistas indígenas das cooperativas de Amucss. A composição do FDCCH é de mestiços da Cidade Cuauhtémoc, mas também os rarámuri da serra Tarahumara; e na Anec estão os cerealistas de Jalisco e Nayarit, mas também os cultivadores de milho tzotziles da Casa del Pueblo de Venustiano Carranza, Chiapas. As que certamente não estavam eram as organizações indígenas definidas expressamente como tais, que na última década impulsionaram a luta pelos direitos e pela cultura dos povos autóctones. A ausência delas foi notável e muitos a sentiram.

A longa luta antiautoritária que foi o movimento camponês pós-revolucionário não está completamente isenta da contribuição das culturas indígenas, pois a independência e a autogestão não bastam para livrar-se das teias do poder, é necessário, também, um autogoverno, e nisso a experiência autonômica das comunidades autóctones é irrefutável.

Assim, seria benéfico aos "integrantes" das organizações camponesas que rompessem com os "apocalípticos" do CNI e similares, assim como seria útil aos "profundos" que adentrassem nas artes imaginárias que interagem com o monstro mercantil, com o ogro filantrópico sem que perdessem sua fisionomia ou se deixassem devorar. Em 2003, não foi possível, pois os indígenas e o EZLN ainda ruminavam as implicações da torpeza senatorial. Porém, na Sexta Declaração da Selva Lacandona, emitida em junho de 2005, os neozapatistas reconhecem, finalmente, que: "um novo passo adiante na luta indígena somente é possível se o indígena se juntar aos operários, camponeses, estudantes, professores, empregados, ou seja, aos trabalhadores da cidade e do campo". Essa declaração, ao ser retomada pelo CNI, facilitará, certamente, o encontro das duas grandes vertentes do movimento rural.

Pactos que não se cumprem e movimentos que se rompem

Em 28 de abril de 2003, quando foi assinado o Acordo Nacional para o Campo (ANC), as organizações do Mecnam definiram sua postura:

> A atual correlação de forças e a posição política adotada pelo Executivo reduziram as expectativas de uma verdadeira mudança estrutural, reivindicada pelos camponeses e pela sociedade mexicana, ficando em seu lugar um acordo limitado que não contém [...] as mudanças almejadas [...] O que hoje assinamos não é o Acordo Nacional para o Campo, ainda que se chama assim, mas somente um documento útil para iniciar o processo que nos permita consolidar os resultados até hoje acordados e [...] construir as condições necessárias para alcançar aquelas propostas programáticas que não estão incluídas nele [...] Fazemos um chamado a todas as organizações camponesas nacionais e regionais a manterem a unidade e a mobilização para que este e posteriores acordos não sejam letra morta. (Discurso do Mecnam sobre a assinatura do ANC)

Transcorridos 12 meses da assinatura do pacto, em 28 de abril de 2004, o Mecnam formulou a seguinte avaliação:

> Após um ano da assinatura do ANC, os resultados não são satisfatórios e, por isso, não há motivos para festejar e comemorar [...] o Executivo Federal não cumpriu com o essencial do acordo e se preocupou com o cumprimento de aspectos imediatos de maneira superficial [...] e puramente cosmética [...] o governo [...] não honrou a palavra empenhada nas negociações.

Entre "o essencial" que o governo de Vicente Fox deixou de fazer está o que foi estabelecido no primeiro número do parágrafo B, seção III do ANC, em que o Executivo Federal se compromete a realizar uma "avaliação integral dos impactos" que tanto o Nafta como a Lei de Segurança Agropecuária e Investimento Rural de 2002, dos Estados Unidos, tiveram e terão sobre a nossa agricultura. Essas avaliações deveriam ter sido realizadas "com a participação das organizações camponesas e de produtores", e deveriam ter terminado no mais tardar em dezembro de 2003. Isso para sustentar a utilização imediata por parte do México de "todos os mecanismos de defesa estabelecidos nas leis", e como base para novas negociações de nosso país com os Estados Unidos e Canadá orientadas a "revisar o estabelecido no Nafta", particularmente no que se refere ao milho branco e ao feijão.

Para começar, o governo não cumpriu os prazos estabelecidos e até esta data não há resultados oficiais da avaliação que se encarregou de fazer, mas, segundo comentários jornalísticos, ou de "especialistas" contratados, chegou-se à conclusão de que os parágrafos agropecuários do Acordo não devem ser revisados, pois o acordo comercial trouxe mais benefícios do que danos.

Tampouco foi concretizado o estabelecido no parágrafo C, da seção E, do capítulo III do Acordo, referente a uma iniciativa da Lei Federal de Planejamento Agropecuário e Segurança Alimentar, proposta que desde 2003 deveria ter sido apresentada ao Legislativo para o seu parecer e aprovação. A reforma jurídica, combinada no ANC, deveria ter como "sustentação o conceito de soberania e segurança alimentares", além de incluir e concretizar o "direito à alimentação", reconhecer o "princípio da paridade urbano-rural", estabelecer "investimentos estruturais, produtivos e sociais para regiões atrasadas", bem como criar um "sistema de renda objetivo para os produtores considerados como básicos e estratégicos pela Lei de Desenvolvimento Rural Sustentável", norma valiosa que custou muito para ser aprovada, mas que sem regulamentação é letra morta.

Tudo isso como base para um "planejamento, programação e orçamento plurianual". Uma Lei Federal com esse conteúdo constituiria o marco legal de um novo, viável e sustentável modelo de desenvolvimento rural, mudança estratégica com a qual o governo de Fox, obviamente, não quer se comprometer.

No parágrafo 1, da seção F, do capítulo III, ficou estabelecida uma reforma estrutural das instituições e programas públicos rurais que "buscará concentrar, coordenar e especializar os instrumentos-chave para o desenvolvimento do campo". Desse radical reordenamento administrativo, cuja proposta deveria ter sido concluída em meados de 2003, nem sinal.

O ANC não responde às demandas fundamentais dos movimentos, como restabelecer o espírito agrário no artigo 27 da Carta Magna e levar à Constituição os direitos por autonomia dos povos indígenas nos termos da Lei Cocopa. No tocante à reorientação do desenvolvimento rural, na lógica da soberania alimentar, o acordo é mais de proclamação do que substantivo. Por isso, o Mecnam sempre o considerou valioso, porém limitado, e fez um chamado para cobrar o seu cumprimento ao mesmo tempo que trabalhava por questões maiores. No entanto, conforme se aproxima o fim do governo de Fox, torna-se evidente que o governo não pensa cumprir os aspectos básicos do acordo, ou seja, recuperar a soberania alimentar dos camponeses começando por renegociar o parágrafo agropecuário do Nafta, motivar, mediante políticas do Estado, um desenvolvimento agropecuário justo e sustentável e, nessa tessitura, reformar radicalmente as instituições públicas que atuam no setor rural.

As propostas de Orçamento de Gastos que o Executivo Federal enviou aos deputados, no final de 2003 e de 2004, são a expressão mais explícita de que, para Fox, os acordos firmados com os camponeses não têm tanto valor. Apesar disso, o quinto dos Princípios Diretores do ANC, referente ao Orçamento, estabelece que "O Executivo Federal [...] designará recursos plurianuais [...] para criar as condições básicas de desenvolvimento das regiões marginalizadas e de competitividade dos sistemas produtores reconhecidos como básicos e estratégicos".

Contudo, o gasto público com o campo, proposto pelo presidente aos legisladores, foi decrescente nos últimos anos e, se chegou a conquistar aumentos tanto para 2004 como para 2005, foi porque as organizações camponesas impulsionaram, com êxito, suas próprias iniciativas em reuniões com a Comissão do Desenvolvimento Rural e Agrícola e com Comissões Unidas da Câmara dos Deputados. Caso ainda houvesse alguma dúvida, o secretário de Agricultura Javier Usabiaga declarou, em 13 de outubro de 2004, que o Acordo Nacional para o Campo não é uma "obrigação, nem está escrito na pedra" (apud Pérez, 2004).

O refluxo do movimento que se inicia a partir de maio de 2003 representou um importante papel no severo descumprimento governamental do ANC. Depois das intensas jornadas de inverno e das desgastantes negociações de meados de 2003, o distanciamento dos blocos era de se esperar, pois quatro anos antes as organizações camponesas ligadas ao PRI já vinham jogando seu próprio jogo neocorporativo, agora com os funcionários do PAN. Se elas participaram no movimento é porque foram arrastadas pela irresistível iniciativa dos autônomos.

Não podia ser de outro modo. As jornadas de inverno teriam sido menos transcendentes do que foram sem a participação do CAP e da CNC. Porém, o custo a pagar pela amplitude do movimento foi a inclusão de atores escancaradamente clientelistas, herança do regime do PRI e saldo da rançosa cultura política corporativa. O Mecnam também sofreu os impactos do refluxo. Uma aliança que havia superado sem maiores problemas diferenças táticas referentes ao fato de se devia assinar ou não o ANC, desmobiliza-se e se dispersa no segundo semestre de 2003 e, em meados de 2004, divide-se em duas tendências.

Não se trata de discrepâncias estratégicas, pois ninguém colocou em dúvida a plataforma compartilhada, identificada como Plano Camponês para o Século XXI; tampouco trata-se de diferenças táticas, pois todos estão de acordo em cobrar o cumprimento do ANC ao mesmo tempo que são reivindicadas demandas que ficaram de fora do pacto. Todos compartilham da ideia de combinar negociação com mobilização, todos reconhecem que a incorporação das organizações regionais é uma tarefa pendente e todos concordam com a necessidade de participar em frentes populares juntamente com outras forças que se opõem às reformas neoliberais.

Se descartarmos considerações impertinentes sobre a maior ou menor coerência prática e ideológica dos diferentes agrupamentos, o que fica claro é que o modo de relacionar-se com o governo foi uma importante causa de distanciamentos e poderoso fator de ruptura. Essa evidência chama a atenção sobre um problema de fundo que o movimento colocou, mas não resolveu: a perversa e recorrente relação corporativa entre Estado e sociedade, que surge da "revolução feita pelo governo" e transformada em cultura política que sobrevive à queda do sistema de "partido único".

Para as agremiações obrigadas a defender os interesses concretos dos trabalhadores, romper a independência clientelista com relação ao que Octavio Paz chamou de "ogro filantrópico" não significa ignorar o Estado ou renunciar ao direito legítimo de ter acesso aos recursos fiscais; significa, sim, redefinir o público, já não como o meio de benefícios impudicos como antes, mas como espaço participativo de corresponsabilidade e democracia direta. Esse é um assunto pendente para a "sociedade civil" íntegra, mas, sobretudo, para as novas e velhas organizações gremiais, pois o que está em jogo é a autonomia política das representações de classe. No México, a guerra contra o ogro não terminou.

Não só não terminou como resulta em uma questão vital quando no contexto do "governo da mudança", e alimentados pelo partido da direita democrática que por 60 anos repreendeu o corporativismo da "família revolucionária", ressurgem insólitos reflexos clientelistas. É que em meados de 2004 a Ação Nacional anunciou a criação da União Nacional Integradora de Organizações Solidárias e Economia Social (Unimoss) e do Programa de Ação Rural (Plantar), que segundo o Presidente do PAN, Luis Felipe Bravo Mena, deverão organizar "as centenas de milhares de camponeses e homens do campo que são panistas".

O problema não está somente no fato de que o partido cidadão por excelência forme verticalmente uma organização sindical em tempos que os partidos de esquerda abandonaram a pretensão de controlar os agrupamentos sociais e até a CNC reivindica sua relativa autonomia com relação ao PRI. O mais grave é que a organização camponesa branca e azul[7] nasce apadrinhada pelos funcionários governamentais que, além de ser de seu mesmo partido, têm em suas mãos os recursos públicos destinados ao campo.

Tudo nos leva crer que a Unimoss e o Plantar são subprodutos das jornadas camponesas de 2003. O fato é que o PAN-governo teria imaginado que, de todos os modos, necessitava dar de comer a umas tantas organizações camponesas para manter a governabilidade rural.

Assim como o Presidente Fox tratou de corporativizar parte do movimento indígena que acreditou em suas promessas de campanha, incorporando alguns líderes étnicos ao Instituto Nacional Indigenista e depois à Comissão Nacional para o Desenvolvimento dos Povos Indígenas, do mesmo modo está buscando corporativizar o movimento camponês, apelando aos atavismos clientelistas dos velhos grêmios agrários, mas também ao peleguismo branco e azul.

Dessa maneira, as lutas dos indígenas e dos camponeses colocaram em evidência a fragilidade das convicções democráticas da direita, mas, sobretudo, desmascararam a incapacidade dos governos neoliberais, independentemente de sua origem histórica e partidária, de cumprir acordos que implicam reformas significativas ao modelo inspirado no chamado Consenso de Washington.

O acordado em 1996 entre o governo federal e os indígenas não foi cumprido nem por Zedillo, nem por Fox, e o governo panista tampouco está honrando sua assinatura do acordo agrário de 2003. É que quando se trata de reivindicações transcendentes que questionam seu fundamentalismo mercadocrata, os governos neoliberais podem ser obrigados, circunstancialmente, a estabelecer um pacto graças à mobilização e à conjuntura, mas não podem ser forçados a cumprir, contra sua natureza, acordos que violentam suas mais autênticas convicções públicas e seus mais firmes compromissos privados.

---

7 Refere-se a uma posição clientelista que depende do partido governista, no caso, o Partido de Ação Nacional (PAN), cujas cores são banco e azul.

O direito à autonomia dos povos indígenas e o direito à soberania alimentar por parte dos camponeses e, em outros meios, uma reforma fiscal progressiva, uma política energicamente nacionalista, uma nova e democrática Lei Federal do Trabalho e um compromisso firme com a segurança social são questões que atentam contra "o modelo". Apesar dos multitudinários, combativos e persistentes movimentos sociais da última década, Zedillo não cedeu e nem Fox deu o braço a torcer.

As reformas antipopulares mais obscuras foram barradas temporariamente, mas as mudanças justas que o país necessita não têm data marcada para ocorrer. Nos diversos contingentes, começa a amadurecer a convicção de que não basta apoiar-se mutuamente, mas que é necessário formular um programa comum e uma grande convergência que os impulsione.

Em muitos sentidos, a presente conjuntura assemelha-se à dos anos 1980, quando passados mais de 15 anos de mobilizações camponesas, estudantis, operárias, magisteriais e de colonos, os inconformados chegaram à conclusão de que a pressão dos grêmios sociais não era suficiente para fazer o México tomar outro caminho e que era necessário mudar o terreno da disputa para a nação. Assim, no final da década, as insurgências gremiais tornaram-se uma generalizada insurgência cívica e, em 1988, a Frente Democrática Nacional, comandada por Cuauhtémoc Cárdenas, ganhou as eleições.

Muitas coisas mudaram: o PRI já deu os primeiros passos; as fraudes eleitorais enfrentam maior resistência; temos um partido progressista, certamente cambaleante, porém algo mais que testemunhal; a esquerda governa milhões de compatriotas e, sobretudo, as reformas neoliberais do final dos anos 1980 eram ameaça e, hoje, são uma desastrosa realidade repudiada pela maioria dos mexicanos, furor que se expressa na ampla simpatia angariada pelo zapatismo chiapaneco e na adesão crescente às propostas altermundistas.

Mas, hoje, como há 15 anos, é necessário assumir que a resistência popular e a pressão de baixo têm sido insuficientes para direcionar o rumo do país. Reconhecer que se a direita política não materializou a mudança justa e democrática que necessitamos, já é hora de que a impulsionemos a partir da esquerda, tanto a mudança política como a social. Dessa convicção generalizada, alimenta-se a popularidade do chefe de governo da Cidade do México, Andrés Manuel López Obrador, e a ela responde também a feroz campanha contra seu suposto "populismo" e que tem como objetivo retirá-lo da jogada política.

REFERÊNCIAS BIBLIOGRÁFICAS

ACUERDO Nacional para el Campo (ANC). Por el desarrollo de la sociedad rural y la soberanía y seguridad alimentaria. *Cuadernos Agrarios*, nueva época, n. especial: "!El campo no aguanta más!", México, 2004.

ALIGHIERI, Dante. *La divina comedia*. México: Hadise, 1974.

BALBOA, Juan. Transferencia de bolsillo y clubes migrantes. *La Jornada*, 6 set. 2004.

BARTRA, Armando (Coord.). *Crónicas del sur. Utopías campesinas en Guerrero*. México: Era, 2000.

_____. De viejas y nuevas reformas agrarias. *Cuadernos Agrarios*, nueva época, n.17-18, México, 1999.

_____. *El capital en su laberinto. De la renta de la tierra a la renta de la vida*. México: Universidad Autónoma de la Ciudad de México/Itaca, 2006.

_____. *El México bárbaro: Plantaciones y monterías del sureste durante el porfiriato*. México: El Atajo, 1996.

_____. Sobrevivientes, historias en la Frontera. *Cuadernos Agrarios*, n.16, México, jun. 1998.

BOLTVINIK, Julio. Pobreza indígena. *La Jornada*, México, 4 mar. 2001.

BONFIL BATALLA, Guillermo. Las nuevas organizaciones indígenas (Hipótesis para la formulación de un modelo analítico). In: *Indianidad y descolonización en América Latina*. Documentos de la Segunda Reunión de Barbados. México: Nueva Imagen, 1979.

CANABAL CRISTIANI, Beatriz. El movimiento campesino y la reforma constitucional, posiciones y reflexiones. *Cuadernos Agrarios*, nueva época, n.5-6, México, 1992.

CARPENTIER, Alejo. *El recurso del método*. México: Siglo XXI, 1974.

CASTAÑEDA, Jorge. Entrevista com López Dóriga. *La Jornada*, 17 set. 2001b.

_____. *La Jornada*, 12 set. 2001a.

CELIS, Fernando. Nuevas formas de asociacionismo en la cafeticultura mexicana. Manuscrito, México, 1999.

_____. UPVC: del cambio de terreno al fortalecimiento de una organización democrática. *Cafetaleros, la construcción de la autonomía. Cuadernos Desarrollo de Base*, México, 1991.

COORDINADORA Estatal de Productores de Café de Oaxaca. *Luchando Organizados por un futuro sin pobreza*. Oaxaca, 2000.

COORDINADORA Nacional de Organizaciones Cafetaleras. *Primer Congreso*. Oaxaca, 1994.

CORTÁZAR, Julio. El otro cielo. In: *Todos los fuegos el fuego*. Argentina: Sudamericana, 1971.

COSIO VILLEGAS, Daniel. Lecciones de barbarie. In: *Problemas agrícolas e industriales de México*. México, 1955.

DAVIRÓN, Benoit. *La crisis del mercado cafetalero internacional en una perspectiva de largo plazo*. Manuscrito, [s.d.]

DOMÍNGUEZ SANTOS, Rufino. La experiencia del Frente Indígena Oaxaqueño Binacional. In: FOX, J.; RIVERA-SALGADO, G. (Coords.). *Indígenas mexicanos migrantes en los EEUU*. México: Editorial Porrua, 2004.

EGEA, Gabriela. Uprocafe: una alternativa para la integración latinoamericana. *Cafetaleros, la construcción de la autonomía. Cuadernos Desarrollo de Base*, México, 1991.

EINSTEIN, Albert. *La relatividad*. México: Editorial Grijalbo, 1970.

EJÉRCITO Zapatista de Liberación Nacional y Gobierno Federal Mexicano. *Los acuerdos de San Andrés*. México: Gobierno del Estado de Chiapas, 2003.

ELISEO, Reclus. La geografía como metáfora de la libertad. México: Plaza y Valdés, 2001.

FAURE, Claude. Los campesinos, el centro y la periferia. *Sociológica*, ano 5, n.7, mai.-ago. 1990, México, Universidad Autónoma Metropolitana.

GARCÍA, María del Carmen; VILLAFUERTE, Daniel. Economía y sociedad. In: TARRÍO, M.; CONCHEIRO, L. (Coords.). *La sociedad frente al mercado*. México: UAM.X, 1998.

GÓMEZ, Alberto. En defensa de nuestro derecho a existir. *La Jornada*, suplemento Masiosare, 24 abr. 2005.

GONZÁLEZ AMADOR, Roberto. La migración podría trasladar a EEUU riqueza económica mexicana. *La Jornada* 6 jan. 2005.

_____.; VARGAS, Rosa E. Baja pobreza rural, pero crece desigualdad. *La Jornada*, 25 ago. 2005.

GONZÁLEZ CASANOVA, Pablo. *El Estado y los partidos políticos en México*. México: Editorial ERA, 1983.

GORDILLO, Gustavo. Campesinos *al asalto del cielo. De la expropiación estatal a la apropiación campesina*. México: Siglo XXI, 1988.

HARVEY, Neil. Efectos de las reformas al artículo 27 en Chiapas: resistencia campesina en la esfera pública neoliberal. In: *Movimientos sociales e identidades colectivas. México en la década de los noventa*. México, D.F.: La Jornada/CIICH-Unam, 1997.

_____. *La rebelión de Chiapas. La lucha por la tierra y la democracia*. México: Editorial ERA. 2000.

HAWKING, W. Stephen. *Historia del tiempo. Del big bang a los agujeros negros*. México: Editorial Crítica. 1988.

HERNÁNDEZ DÍAZ, Jorge. Organización de los migrantes oaxaqueños. El caso del Frente Indígena Oaxaqueño Binacional. *Cuadernos del Sur*, ano 6, Oaxaca, jun. 2000.

HERNÁNDEZ NAVARRO, Luis. Nadando con los tiburones: la Coordinadora Nacional de Organizaciones Cafetaleras. *Cafetaleros, la construcción de la autonomía. Cuadernos Desarrollo de Base*, México, 1991.

INSTITUTO MAYA. *Café en los confines*: Chiapas. Manuscrito, México, 2000.

_____. *Cafetales del Atlántico*: Veracruz. Manuscrito, México, 2000.

_____. *Cafetales del Pacífico*: Guerrero. Manuscrito, México, 2000.

_____. *Estudio de gran visión*: café. Manuscrito, México, 2000.

_____. *Huertas indias*: Oaxaca. Manuscrito, México, 2000.

KEARNEY, Michael. La comunidad rural oaxaqueña y la migración: más allá de las políticas agraria e indígena. *Cuadernos Agrarios*, nueva época, n.19-20, México, 2000.

KRAUZE, Enrique. El profeta de los indios. *Letras Libres*, n.1, jan. 1999.

LEVINE, Elaine. El nivel socioeconómico de los latinos en Estados Unidos y algunas implicaciones políticas para el próximo siglo. *El Cotidiano*, n.106, México, 2000.

LEVY, Santiago; DÁVILA, Enrique; KESSEL, Georgina. *El sur también existe: un ensayo sobre desarrollo regional en México*. México: Subsecretaría de Egresos de la Secretaria de Hacienda y Crédito Público, 2000.

LEYVA SOLANO, Xochitl. Redoble por Cañadas. In: *Cuadernos Agrarios*, nueva época, n.8-9, México, 1994.

MARTÍNEZ, Fabiola; VARGAS, Rosa Elvira. México expulsa para os EUA 400 mil pessoas por ano: Conapo. *La Jornada*, 9 jul. 2005.

MARX, Karl. *El capital*, Crítica de la economía política. México: FCE, 1975.

_____. *El capital*, libro I, capítulo VI (inédito). México: Siglo XXI, 1975.

MENESES MURILLO, Luis. Efectos de las reformas jurídicas en materia agraria, en el movimiento campesino. *Cuadernos Agrarios*, nueva época, n.5-6, México, 1992.

MOCTEZUMA LONGORIA, Miguel. La organización de los migrantes zacatecanos en los Estados Unidos. *Cuadernos Agrarios*, nueva época, n.19-20, México, 2000.

MOGUEL, Julio. La Coordinadora Estatal de Productores de Café de Oaxaca. *Cafetaleros, la construcción de la autonomía, Cuadernos desarrollo de base.* México, 1991.

MOORE, Barrington. *Los orígenes sociales de la dictadura y de la democracia.* Barcelona: Ediciones Península, 1973.

MORLEY, Silvanus G. *La civilización maya*. México: Fondo de Cultura Económica, 1961.

MOVIMIENTO INDÍGENA y Campesino Mesoamericano. *Manifiesto de Xochimilco*. México: Instituto Maya, 2004.

MOVIMIENTO NACIONAL de Resistencia y Lucha Campesina (Monarca). El Plan de Anenecuilco. *Cuadernos Agrarios*, nueva época, n.3, México, 1991.

_____. *Manifesto Agrario* (19 dez. 1991). Chiapas, n.16, México, 2004.

MUÑOZ, Alma E. Los migrantes destinan a remesas casi 10% de sus ingresos anuales. *La Jornada*, 18 jun. 2005.

MUÑOZ, Juan Pablo. Indígenas y gobiernos locales: entre la plurinacionalidad y la ciudadanía cantonal. In: *Ciudadanías emergentes. Experiencias democráticas de desarrollo local*. Equador: Ediciones Abya-Yala, 1999.

NARIDEL, Laure et al. *Un café por la causa. Hacia un comercio justo.* México: Equiteme/Madre Tierra/Comercio Justo México, 2000.

NIETZSCHE, Friedrich. Así habló Zaratustra. In: *Obras Completas*, t.7. Buenos Aires: Aguilar, 1950.

NUÑEZ, Orlando. *La economía popular asociativa y autogestionaria*. Managua: Cipres, 1995.

O'GORMAN, Edmundo. Meditaciones sobre el criollismo. *Centro de Estudios de Historia de México*. México, 1970.

PAZ PAREDES, Lorena. Una mirada al período de crisis de la caficultura mexicana. *Cuadernos Agrarios*, nueva época, n.11-12, México, 1995.

_____.; COBO, Rosario. Café caliente. In: BARTRA, Armando (Coord.). *Crónicas del sur*. Utopías campesinas en Guerrero. México: Editorial ERA, 2000.

PÉREZ, Matilde. *La Jornada*, 14 out. 2004.

PÉREZ ARCE, Francisco. Organizar la Selva: historia de la Unión de Uniones. *Cafetaleros, la construcción de la autonomía*. Cuadernos desarrollo de base, México 1991.

PIMENTEL, Arturo. Entrevista de Sergio Sarmiento. *Cuadernos Agrarios*, nueva época, n.19-20, México, 2000.

PLAN PUEBLA-PANAMÁ, Documento Base. México, 2001.

PRIMER CONGRESO INDÍGENA "Fray Bartolomé de las Casas": Ponencia tzeltal, Ponencia tzotzil, Ponencia chol, Ponencia tojolabal, Resoluciones. Manuscrito, México, 1974.

QUINTANA, Víctor. Respuesta desde lo invisible. *La Jornada*, suplemento Masiosare, 15 mai. 2005.

RELLO, Fernado. *Instituciones y pobreza rurales en México y Centroamérica*. México: CEPAL-Serie Estudios y perspectivas, 2001.

RENARD, María Cristina. *Los intersticios de la globalización*. Un label (Max Havelaar) para los pequeños productores de café. México: CMCA, 1999.

ROJAS, Carlos. *Iniciativa del Sur, Chiapas, Guerrero, Oaxaca*. México: Senado de la República, 2000.

RUBIO, Blanca. *Explotados y excluidos. Los campesinos latinoamericanos en la fase agroexportadora neoliberal*. México: Plaza y Valdés, 2001.

SAGRADA BIBLIA. Espanha: Editorial Vosgos, 1974.

SANTIBÁÑEZ ROMELLÓN, José. Los mitos de las remesas. *La Jornada*, 13 jun. 2005.

SARMIENTO, Sergio. Binacional. *Cuadernos Agrarios*, nueva época, n.19-20, México, 2000.

_____. El movimiento indio y la irrupción india Chiapaneca. *Cuadernos Agrarios*, nueva época, n.8-9, México, 1994.

_____. Entrevista a Arturo Pimentel, dirigente del Frente Mixteco Zapoteco.

SEMARNAT. Plan Puebla-Panamá. Propuesta de Proyectos para la Región. México, 2001.

SHANIN, Teodor. *La clase incómoda. Sociología política del campesinado en una sociedad en desarrollo*: Rusia 1910-1921. Espanha: Alianza Editorial, 1983.

SNYDER, Richard. *Negociated, Imposed and Compensatory Neoliberalism*: Regional Policy Regimes in México Coffee Sector. Manuscrito, 1995.

STAVENHAGEN, Rodolfo. El marco internacional del derecho indígena. In: Gómez, M. (Coord.). *Derecho Indígena*. México: INI, 1997.

_____. Las organizaciones indígenas: actores emergentes en América Latina. In: TARRÍO, M.; CONCHEIRO, L. (Coords.). *La sociedad frente al mercado*. México: UAM.X, 1998.

THOMPSON, Edgard. *La formación histórica de la clase obrera*. Inglaterra, 1780-1832. Barcelona: Laia, 1977.

_____. *Tradición, revuelta y conciencia de clase*. Espanha: Editorial Crítica,1979.

TOLEDO, Carlos; BARTRA, Armando (Coords.). *Del círculo vicioso al círculo virtuoso*. Cinco miradas al desarrollo regional sustentable de las regiones marginadas. México: Plaza y Valdés, 2000.

TOLEDO, Víctor Manuel. *La paz en Chiapas*: ecología, luchas indígenas y modernidad alternativa. México: Ediciones Quinto Sol, 2000.

TUCÍDIDES. *Historia de la guerra del Peloponeso*. México: Editorial Porrua, 1975.

USABIAGA, Javier. Entrevista de Matilde Pérez, *La Jornada*, 14 out. 2004.

VARESE, Stefano. Migrantes indígenas mexicanos en los Estados Unidos: nuevos derechos contra viejos abusos. *Cuadernos Agrarios*, nueva época, n.19-20, México, 2000.

VÁRIOS AUTORES. *Indianidad y descolonización en América Latina*. Documentos de la Segunda Reunión de Barbados. México: Nueva Imagen, 1979.

VARIOS AUTORES. *Reforma agraria y soberanía alimentaria* (Nicaragua y El Salvador). Nicarágua: Unión Internacional de los Trabajadores de la Alimentación, 2001.

VELASCO, Edur; ROMAN, Richard. Migraciones, mercados laborales y pobreza en el septentrión mexicano. *Chiapas*, n.6, Editorial ERA, México, 1998.

VERA HERRERA, Ramón (entrevistador). Esta lucha, se las recomendamos. *Ojarasca*, n.48, México, abr. 2001.

VERA HERRERA, Ramón. Rupturas en el presente perpetuo. In: *"No traigo cash"*. *México visto por abajo*. México: Editorial del EZLN, 2001.

VILLAMAR, Alejandro. Plan Puebla-Panamá: extensión y profundización estrategia regional neoliberal, o nueva estrategia de desarrollo regional sustentable desde las comunidades. Manuscrito, [s.d.].

VIQUEIRA, Pedro. Los peligros del Chiapas imaginario. *Letras Libres*, n.1, jan. 1999.

WARMAN, Arturo; ARGUETA, Arturo (Coords.). Movimientos indígenas contemporáneos en México. México: Unam, 1993.

WOLF, Erik. *Mesoamérica*. México: Era, 1984.

ZARCO, Francisco. *Congreso Extraordinario Constituyente (1856-1857)*. Colmex, 1957.

ZÚÑIGA, David Un millón de desempleados más al año la próxima década, prevé un investigador. *La Jornada*, 10 jul. 2005.

Foram utilizadas, também, muitas informações de artigos de Alfredo Bardini, Angélica Enciso, Alfredo Valdés, Víctor Vallinas, Ramón Vera Herrera e outros, publicados no jornal diário *La Jornada* entre 1999 e 2000. Recorremos também a uma entrevista de José Alberto Castro a Julio Glokner, publicada na revista *Proceso*, n.1260, de 24 dez. 2000.

SOBRE O LIVRO

Formato: 14 x 21 cm
Mancha: 23,7 x 42,5 paicas
Tipologia: Horley Old Style 10,5/14
Papel: Off-white 75 g/m² (miolo)
Cartão Supremo 250 g/m² (capa)

EQUIPE DE REALIZAÇÃO

Capa
Estúdio Bogari

Edição de Texto
Miro Gomes (Preparação de Original)
Alessandro de Paula (Revisão)

Editoração Eletrônica
Sergio Gzeschnik

Assistência Editorial
Alberto Bononi

Impressão e Acabamento
FARBE DRUCK
gráfica e editora ltda.